プーチンの実像

孤高の「皇帝《ツァーリ》」の知られざる真実

朝日新聞国際報道部
駒木明義　吉田美智子　梅原季哉

朝日文庫

本書は二〇一五年十月、小社より刊行された
ものを大幅に加筆修正しました。

はじめに

日ロ平和条約交渉が、重大な局面を迎えている。二〇一八年一一月、安倍晋三首相はロシア大統領のウラジーミル・プーチンとシンガポールで首脳会談を行い、一九五六年の日ソ共同宣言を基礎に交渉を加速することで合意した。これは、日本が長く返還を求めてきた北方四島のうち、当面の交渉対象を歯舞《はぼまい》、色丹《しこたん》の二島だけに絞ることを意味している。

本書のプロローグで述べるように、シンガポールでの首脳会談に先立つ九月、プーチンは安倍に対して北方領土問題を棚上げして平和条約を結ぶよう、公衆の面前で突然提案した。安倍の新方針は、プーチンの揺さぶりが引き出した答えだったと言えるだろう。

交渉がどういう帰結を迎えるのか、そのカギを握っているのもプーチンその人である。日本側の交渉打開に向けた期待の根底にあるのは、プーチンが決断すればロシア国内の反対も押さえ込めるだろうという皮算用だ。

ロシアに「皇帝《ツァーリ》」のように君臨するプーチンとはいったい何者なのだろうか。

この疑問に正面から取り組んでみようと私（駒木）が考えたきっかけは、二〇一三年四月に、五年ぶりに朝日新聞モスクワ支局に赴任したことだった。折しもこの月末、安倍は日本の首相として一〇年ぶりに公式訪ロ。日ロ平和条約交渉を再スタートすること、さらにプーチンが二〇一四年中に訪日することで合意した。プーチン訪日のタイミングに合わせて、新聞紙上でその実像を紹介したいというのが、このときの私の考えだった。

だが、事態は思わぬ展開を見せる。二〇一四年二月、ウクライナの大統領ヤヌコビッチが、反政権派に追われてロシアに亡命。プーチンは翌月、ウクライナ南部クリミア半島を一方的にロシアに併合し、第二次世界大戦後例を見ない規模の領土拡張を断行した。ウクライナ東部では、ロシアからの支援を受けた武装勢力が、ウクライナの新政権と激しい戦闘を開始した。日本は欧米と歩調を合わせて対ロ制裁に踏み切り、プーチンの訪日は当面望めない状況となった。

しかし、プーチンの実像を知ることの重要性はかえって高まった。

プーチンの評価は内外で両極端に割れている。主要八カ国（G８）首脳会議からは追放された。欧米では、戦後の国際秩序に挑戦する手法を、ヒトラーに重ね合わせる見方さえある。

一方で、クリミア半島併合後ロシアでの支持率は八割を超えた。冷戦後、破滅の瀬戸際に追い込まれたロシアを世界に恐れられる存在に押し上げた「救国の英雄」という見方が根強い。

悪魔でも救世主でもない、等身大の人間プーチンを知りたい。そう考えた私は、問題意識を共有する欧州駐在の同僚記者二人と共に、取材に着手した。

取材の手法として、「プーチンを直接知る人たち」へのインタビューを重ねることにした。伝聞や臆測ではない証言を集めることで、プーチンの人間像を多面的に描けると考えたからだ。

私たちは、約二〇人から話を聞くことができた。インタビューを行った場所は、日本、ロシア、欧州、イスラエル、米国に及んだ。少なくとも日本のメディアでは前例のない取り組みになったと思う。

取材の結果は、二〇一五年三月末から五月初めにかけて、連載企画「プーチンの実像」として朝日新聞に掲載した。連載は、プロローグ、第一部「KGBの影」、第二部「権力の階段」、第三部「孤高の『皇帝』」の、計三三回となった。当時国際報道部次長だった尾形聡彦（現サンフランシスコ支局長）が、担当デスクを務めた。

二〇一五年一〇月、新聞連載に大幅に加筆し、プーチンの対日政策に焦点を絞った第四部を付け加えた単行本『プーチンの実像――証言で暴く「皇帝」の素顔』が、朝日新聞出版から刊行された。

その後プーチンは、二〇一六年一二月に長く待たれていた訪日に踏み切り、山口県長門市と東京で安倍と会談した。さらに一八年三月の大統領選で大統領四選を決め、二四年までの任期を手にした。

今回の朝日文庫版では、こうした単行本刊行後の動きについての分析を、新たに盛り込んだ。また、その他の部分についても、全面的に記述を見直し、適宜加筆した。

三人の筆者の執筆分担は以下の通り。
吉田美智子：第一章のうち「ただ一人群衆の矢面に」「元市長の証言」「プーチンをかばう元デモ隊員」、第二章のうち「ドイツ人ジャーナリストの見方」、第一二章
梅原季哉：第九章
駒木明義：前記以外
文中に出てくる「私」は、その部分の執筆者を指すことを、ここでお断りしておきたい。
また、文中の敬称は略させていただいた。

朝日新聞論説委員（前モスクワ支局長）　駒木明義

プーチンの実像 ● 目次

はじめに　3
本書関連地図　14
プロローグ　19
突然の提案　スターリン以来の長期政権　思惑が外れた長門会談
オホーツク海はロシアの聖域　プーチンの安倍評価　「主権」へのこだわり
第一部　KGBの影　37
第一章　ドレスデンの夜　38
ただ一人群衆の矢面に　元市長の証言　プーチンをかばう元デモ隊員　プーチンが振り返る「あの夜」　KGBの同僚は語る
第二章　国家崩壊のトラウマ　51
文書破棄に追われる　プーチンの失望　体制転覆への嫌悪と恐怖
ドイツ人ジャーナリストの見方
第三章　KGBとプーチン　56

子供時代　ＫＧＢ入り　秘密の小部屋で本音の会話　新たな祝日に込めた「国のかたち」　「主たる敵」はＮＡＴＯだった　「なぜ包囲網を敷く」漏らした不信感　芝居がかった言い回し　コネも、出世の願望もなかった

第四章　人たらし　83

山下泰裕との出会い　とろけさせる天賦の才　森との出会い　初対面で見せた涙　一日がかりで訪日を説得　墓参の約束を果たす

第二部　権力の階段　113

第五章　初めての訪日　114

灰色の枢機卿　「ロシア国旗は掲げないでほしい」　大阪の地下鉄に乗った？　冷徹なカミソリ

第六章　改革派市長の腹心　127

改革派市長のもとへ　外資導入に邁進　ソ連保守派のクーデターに抵抗　ソ連への先祖返り　サンクトペテルブルク人脈　学位論文が予言していた国有化　具体的で現実的、指導者の資質　富豪ぞろいのお友達人脈

第七章　権力の階段　154
「忠誠心」の原点　モスクワへ　驚くべき出世　不名誉な情報
チェチェン攻撃で支持を固める　イスラエルの情報機関　「無菌
状態」の候補　国家に仕えた男
第八章　インタビュー　173
エリツィン辞任　「誰も彼を知らないんだ」　雄弁な登場　メデ
ィアにあふれていた政権批判　ソ連の過ちを批判　キッシンジャ
ーとプーチン　「国民はうんざり」長期政権を批判　権力の罠
劣等感と冒険主義　いつもと違う「大記者会見」　サプチャーク
の娘との対決　芝居じみた「プーチンホットライン」　プーチン
語録
第三部　孤高の「皇帝」　215
第九章　コソボとクリミアをつなぐ線　216
核ミサイル発射将校を従えて　「君たちが関心を示す必要がある」
「皇帝に喝采」　本質は「KGBの男」　コソボへの国際部隊展開
をめぐる混乱　プーチンの空手形　繰り返されたパターン
「コソボはセルビアのもの。クリミアはロシアのもの」

第一〇章　G8への愛憎　230
はしゃぐプーチン　G8への失望　かつての「シェルパ」は語る
第一一章　権力の独占　247
消えていった政敵　消えたプーチン　制度化されていない専制国家　大統領の動向は藪の中　誰もプーチンの言葉を信じない
第一二章　欧州が見たプーチン　274
「シュレーダーは真の友人だ」　「プーチンは別の世界に住んでいる」
第一三章　「皇帝」の孤独　283
欧米への失望と疑心　NGOは外国の手先？　冷戦後の屈辱　核の力への依存
第一四章　プーチンはどこに向かう　298
クリミア併合、真の理由は？　「プーチンは止まらない」
第四部　大統領復帰後のプーチンと日本　307
第一五章　「引き分け」の舞台裏　308

選挙直前のインタビュー　日本に触れない外交論文　身を乗り出したプーチン　作戦的中　「引き分け」と「始め」　解釈に隔たりも　プーチン復帰への期待

第一六章　日本首相、一〇年ぶりの公式訪ロ　327
プーチン、大統領に復帰　ボランティアに日本旅行をプレゼント　第二次安倍政権誕生　会見で見せた底力　臆測呼ぶ「二等分論」

第一七章　プーチン訪日への模索　343
ソチ訪問を大歓迎　ウクライナ危機の影　顔色を変えたプーチン　森とプーチンの対話　かかってきた電話　北京での再会　停滞する交渉

エピローグ　367
二人の「皇帝」　進む中ロ接近

謝辞　377
本書関連年表　381

解説　佐藤優　393

地図／加賀美康彦

ロ シ ア
バイカル湖
イルクーツク
カザフスタン
モンゴル
ウズベキスタン
キルギス
トルクメニスタン
タジキスタン
中 国
アフガニスタン

本書関連地図（ロシア西部〜ヨーロッパ）

本書関連地図（ロシア東部〜日本）

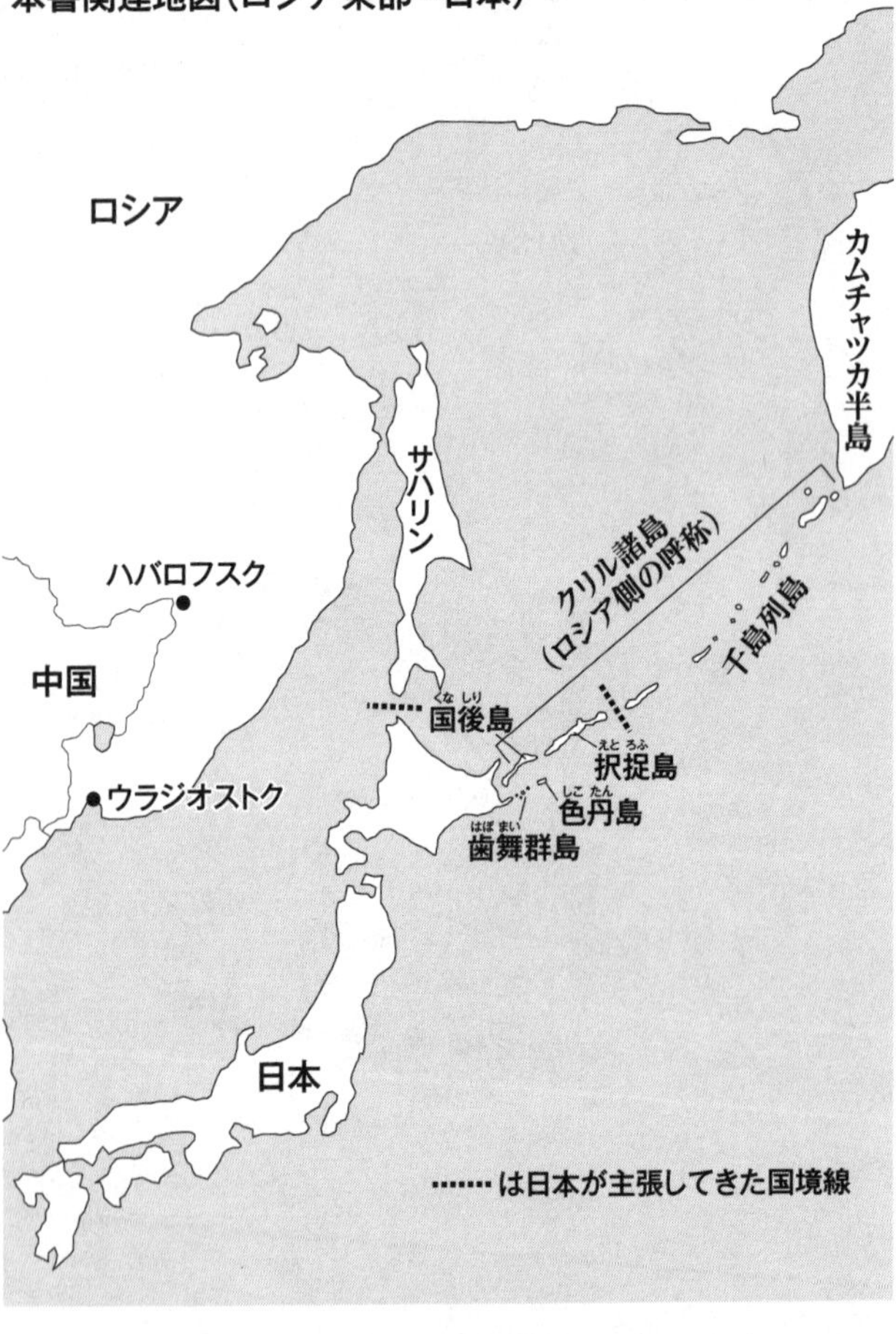

プーチンの実像

孤高の「皇帝《ツァーリ》」の知られざる真実

プロローグ

突然の提案

「平和条約を締結しようじゃないか。今とは言わないが、年末までに。いっさいの前提条件をつけないで」

二〇一八年九月一二日。プーチンは突然、日本との年内平和条約締結を提案した。ロシア極東のウラジオストクで開かれた国際会議「東方経済フォーラム」の枠内で開かれた討論会でのことだった。壇上には日本の首相安倍晋三のほか、中国国家主席習近平、韓国の首相李洛淵、モンゴル大統領バトトルガがパネリストとして並んでいた。会場にはこれらの国々の代表団や、ロシアの閣僚、知事らが詰めかけていた。

プーチンは、続けた。

「その後で、その平和条約を基盤として、友人同士として、すべての係争中の問題の解決に取り組もうじゃないか。七〇年間解決できなかった問題の解決が容易になると、私は思う」

「七〇年間解決できなかった問題」とは、言うまでもなく北方領土問題のことだ。要するにプーチンは「北方領土問題はいったん棚上げして、平和条約を先に締結しよう」と持ちかけたのだった。

北方領土問題を解決しないと平和条約を締結する意味がないと一貫して訴えてきた日本政府にとっては、とうてい受け入れられない提案だったが、安倍はあいまいな笑みを浮かべて聞いているだけだった。

全体会合はこの後、一時間あまり続いた。その間、安倍は何度か発言したが、プーチンの真意をただすことも、「北方四島の帰属の問題を解決して平和条約を締結する」という日本の立場を念押しすることもしなかった。

受け流されたと思ったのだろうか。プーチンは討論会の終了間際に、重ねて説明した。

「私は冗談でいっさいの前提条件をつけないで平和条約を結ぼうと言ったのではない。条約の中に、すべての問題の解決を目指すということを書き込むことができる。私はいつの日か、それができると確信している」

この言葉を聞いてもなお、安倍は発言を求めなかった。日ロ関係に詳しくないロシアのクレムリン担当記者の一人はこの様子を見て、プーチンの提案を安倍が前向きに受け止めたのだと考えたほどだ。

なぜ、プーチンは突然このような提案を持ち出したのだろうか。プーチンが以前からこの考えを温めていたことは確かだろう。かねて打ち出すタイミングをはかっていたのかもしれない。しかしこの討論会は、今後の交渉の新しい出発点に据える重要な提案をするには、あらゆる意味でふさわしくない場面だった。討論会は国営テレビがロシア全土に生中継していた。中国をはじめとする諸外国の首脳もいた。これでは安倍にしても、真意を探るような微妙なやりとりや、今後の交渉の進め方をプーチンと相談することもままならない。

何より、プーチンはこのわずか二日前、ウラジオストクで、安倍と正式な首脳会談を行っていた。本気で年内の平和条約締結を目指すのであれば、そのとき提案していたはずだ。おそらく、場違いなプーチン提案の引き金になったのは、その直前に安倍が行ったスピーチだった。

日ロ平和条約の重要性を強調した上で、プーチンにこう呼びかけたのだ。

「プーチン大統領、もう一度ここで、たくさんの聴衆を証人として、私たちの意思を確かめ合おうではありませんか。今やらないで、いつやるのか、我々がやらないで、他の誰がやるのか」

さらに、たたみかけるように「力強い拍手を、聴衆のみなさんに求めたいと思います」と、外国の代表団らで埋まった会場に拍手を促したのだ。

居並ぶ外国の首脳や代表団を「証人」として巻き込んで、平和条約締結への圧力をかけるような安倍の振る舞いを、プーチンは挑発的だと受け止めたのだろう。

プーチンの言い分は、「そんなに今すぐ平和条約を結びたいのなら、年内に結ぼう。あなたが言う通り『新しいアプローチ』で。だが、私にとっての『新しいアプローチ』とは、領土問題は後回しということだ」ということだったのだろう。安倍の言葉を逆手にとって逆襲したのだ。

プーチンの言葉に会場から拍手が沸くと、プーチンは「私はお願いしなくても拍手をもらった。支持していただいたことに感謝する」と、聴衆の拍手をあおった安倍のパフォーマンスを当てこすった。

そもそもロシアは、日本が平和条約交渉に第三者を巻き込むことを嫌う。ソ連崩壊直後の一九九二年にミュンヘンで開かれたＧ７サミットでは、日本政府は他の参加国に強引に働きかけて、政治宣言に北方領土問題を盛り込ませることに成功した。しかし、ロシアはこれに激しく反発して態度を硬化させ、交渉は一時停滞を余儀なくされた。

プーチンは二日前に行った首脳会談後の記者会見では、安倍の目の前で平和条約問題について「すぐに解決できると考えるのは幼稚だ」と述べ、「解決は、ロシアと日本、そして双方の国民に受け入れられるものでなくてはならない」とも指摘していた。こちらがプーチンの本音だろう。

結局、討論会でのやりとりで浮き彫りになったのは、瞬時に状況判断して、時には相手の言葉も利用して、自分のペースに引きずり込むプーチンの能力だった。

プーチンは討論会の締めくくりに「もしこの提案がだめだというのなら、私は安倍首相と島の上で共同経済活動を行えるよう作業を進めることで合意している」と付け加えた。これまでの首脳間の合意に沿った取り組みを今後も続けていくことも容認する姿勢だ。北方領土問題の棚上げが、本気で突きつけた最後通告ではない、という逃げ道を残したようにも見えたし、思うように安倍が反論してこなかったので、先回りして答えを披露したようにも見えた。いずれにしても、老練さを感じさせる隙のない対応ぶりだ。

討論会が終わった後、プーチンと安倍はウラジオストクで開かれていた柔道大会をそろって観戦した。プーチンが後に明らかにしたところによると、安倍はこの場で初めて、プーチンの提案に対して反論した。日本としては今、この提案は受け入れられず、まず領土問題を解決する必要があるという原則的な立場を説明したのだという。

プーチンの歓心を買うことに腐心してきたはずの安倍が、中韓の首脳の目の前で不用意なパフォーマンスを行ったこと、そしてプーチンの反撃にとっさに対応できなかったことは、ロシアとプーチンの内在論理を理解して安倍に適切なアドバイスができる側近が不在だという現実もまた、露呈した。

スターリン以来の長期政権

プーチンは二〇一八年三月一八日に行われた大統領選で四選を決め、二〇二四年まで六年間の任期を手に入れた。新生ロシア二代目の大統領の座に就いたのが二〇〇〇年。二〇〇八～一二年の四年間は大統領の座を盟友のメドベージェフに委ねて自身は首相を務めたが、その間も事実上の最高指導者だった。

ソ連時代、長期政権の代名詞だったブレジネフの一八年一カ月はすでに超えた。任期を務め上げれば、レーニンの死後三〇年近くソ連を率いた独裁者スターリンに迫ることになる。

三月の大統領選では、得票率七六・七％を記録した。投票率は六七・五％で、全有権者の過半数の信任を得るという目標をクリアした。これは、ソ連崩壊後六回行われたロシア大統領選で初めてのことだ。

一方の安倍も、同年九月の自民党総裁選で三選を決め、二〇二一年までの任期を手にしている。

日ロ双方の政権基盤が安定した後に、平和条約交渉を再加速させようというのが日本側の思惑だった。しかし、ウラジオストクでの顛末は、先行きが容易ではないことを見せつけた。

思惑が外れた長門会談

プーチンが、日本との平和条約問題についての厳しい姿勢と、その理由の一端をのぞかせたのは、二〇一六年のことだった。この年の一二月にプーチンは日本を訪れて、安倍と首脳会談を行った。プーチンが大統領として訪日するのは二〇〇五年以来一一年ぶりのことだった。

安倍は会談場所に自身の地元である山口県長門《ながと》市を選んだ。この地で平和条約交渉に突破口を開き、「長門宣言」を採択して歴史に刻む野心があったのだろう。だが、実際にはそうした画期的な会談とはならなかった。

会談に臨むプーチンの基本的な姿勢が浮き彫りになったのは、訪日を目前に控えた二〇一六年一二月一三日に公表された日本テレビと読売新聞によるインタビューだった。モスクワのクレムリンで行われたインタビューに、プーチンは二〇一二年に日本から贈られた秋田犬「ゆめ」を連れて登場し、終始にこやかな笑みを浮かべていた。しかし、その態度とはうらはらに、言葉は極めて厳しいものだった。

「我々は、(日本との間に) いかなる領土問題もまったく存在しないと考えている。ロシアとの領土問題があると考えているのは日本側だ」

日本との対話を続ける姿勢こそ示したが、領土問題の存在自体を否定したのは衝撃的だった。

さらに重要なことは、プーチンが公然と日本の外交政策への不信感を口にしたことだった。プーチンは、日本が欧米主要国と足並みをそろえて対ロシア制裁に加わっていることへの不満を語った上で、こう指摘した。

「日本が同盟国として負っている義務の枠内で、どの程度我々の間の合意を履行できるのか、どの程度日本が独自に決定できるのかを見極めなければならない」

プーチンは、よほどこの懸念を強調したかったのだろう。いったん別の話題に移った後、再びこの問題を蒸し返した。

「日本はロシアに経済制裁を科した。しかし、シリアやウクライナの出来事と日本やロシア・日本関係はほとんど関係ないはずだ。つまり、日本は同盟上の義務に縛られているということだ。そのこと自体は尊重するが、我々は、日本がどれほど自由で、どこまで踏み出す用意があるのかを理解する必要がある」

「日本は自由に物事を決定できるのか」というのは強烈な問いかけだ。

安倍政権は、平和条約締結に向けた雰囲気作りのために、ロシアへの大胆な経済協力を打ち出している。二〇一六年九月に「ロシア経済分野協力担当大臣」というポストを新設し、世耕弘成《せこうひろしげ》経済産業相に兼務させたのは、その象徴だ。特定の国を対象とする経済協力担当大臣を置くのは、史上初めてのことだ。

その一方で日本は、二〇一四年三月にロシアがウクライナのクリミア半島を一方的に併合したことを受けて、G７各国と足並みをそろえて対ロ制裁に加わっている。プーチンの問いかけは、この矛盾を突いて「日本はロシアとの協力を選ぶのか、それともG７との協調を選ぶのか」という選択を迫ったと言えるだろう。

このインタビューが公表された二日後に日本にやってきたプーチンは、今度は日米同盟の軍事的側面に焦点を当てた。長門での会談の翌日、東京の首相公邸で一二月一六日に行われた締めくくりの記者会見で、プーチンは縷々《るる》語った。

「ウラジオストクと少し北方に、ロシアは大きな海軍基地を二つ持っている。ロシアの艦船はここから太平洋に出て行くのだから、我々はこの地域で起きていることを理解する必要がある。しかし、日本と米国の特別な関係や日本が日米安保条約で負っている義務を考えたとき、こうした関係がどうなっていくのか、我々にはわからない」

プーチンが公の場で日米安保条約に直接言及して懸念を表明したのは、初めてのことだ。後になってわかったことだが、プーチンは訪日前にも、こうした懸念を安倍に直接伝えていた。一一月一九日にペルーのリマで行われた日ロ首脳会談でのことだった。この会談は、プーチン訪日前の、両氏による最後の顔合わせだった。

「君の側近が『(日本への返還後の)島に米軍基地が置かれる可能性はある』と言ったそうだが、それでは交渉は終わる」

朝日新聞の取材によると、プーチンはこんな言葉を安倍に突きつけていた。

この首脳会談に先立って、安倍側近で国家安全保障局長を務める谷内《やち》正太郎が、プーチン側近の国家安全保障会議書記パトルシェフと会談。このときにパトルシェフが、「一九五六年の日ソ共同宣言に基づいて歯舞、色丹の二島を日本に引き渡した場合、日米安保条約に基づいて米軍基地が置かれる可能性があるのか」と尋ねたのに対して、谷内は「可能性はある」と答えていた。これは、日本政府が固持してきた原則的な立場だ。

プーチンはこのやりとりについて報告を受けており、リマで安倍に直接不満をぶつけたのだった。安倍は「それはまったくの誤解だ」と打ち消した上で、「原則論を言えばそうだ。だが、我々はそのことについて本音で話をしたい。嫌なら言ってくれ。これから交渉しよう」と持ちかけたという。

だが、プーチンが東京で行った記者会見は、安倍の説明に依然として納得していないことを物語っていた。

オホーツク海はロシアの聖域

プーチンの日米安保条約への懸念の背景にあるのは、オホーツク海をロシア軍の聖域として守らなければならないという軍事的な要請だ。プーチンが東京での記者会見で述べた通り、ロシア海軍は極東ウラジオストクと、カムチャツカ半島東海岸のペトロパブロフスク・カムチャツキーに重要な基地を持っている。特にペトロパブロフスク・カムチャツキーに配備されている原子力潜水艦に搭載された核ミサイルは、ロシアが米国から核攻撃を受けたときに反撃する報復戦力の役割を担っている。米ロ関係が急速に悪化する中で、オホーツク海でロシアの艦船が自由に航行できるような条件を維持することは、戦略的に極めて重要だ。

プーチンが日本を訪問する直前のタイミングで、ロシア軍が国後島《くなしり》と択捉島《えとろふ》に地対艦ミサイルを配備したことをロシアメディアが報じた。これも、ロシア軍が両島をオホーツク海を守る拠点として位置づけている証左だ。ロシアは千島列島中部の松輪島《まつわ》や北部のパラムシル島などの軍備強化も急いでいる。カムチャツカ半島と合わせ、オホーツク海を囲む鎖を作るイメージだ。

一方、北方四島の中でも、歯舞群島と色丹島は面積も小さく、オホーツク海に直接面しているわけではない。国後、択捉ほどの戦略的な重要性はない。それでも米軍のレーダー施設などが置かれる事態はロシアにとっては避けたいだろう。

いや、そうした軍事的な価値以上に、平和条約を結んで日本に引き渡した島に米軍が出てくるようでは、プーチンのメンツは丸つぶれだ。とうてい容認できることではない。

プーチン自身がこの問題を深く研究していることが明らかになったのは、長門会談から半年経った二〇一七年六月一日のことだ。サンクトペテルブルクで毎年開かれる国際経済フォーラムに出席したプーチンは、世界の主要通信社幹部との会見に臨んだ。

日本の共同通信から、日本に島を引き渡したら米軍が展開される可能性があるのかを聞かれたプーチンは即答した。

「そうだ。そうした可能性は存在する」

そして、思わせぶりな言葉を付け加えた。

「それは、（日米間の）協定に由来することなのだ。私たちに示されてはいないが、その内容をすべて知っている。詳細には立ち入らないが、細かい点まで知っている。米軍が配備される可能性はあるのだ」

プーチンはいったいなんのことを言っているのだろうか。日本の交渉関係者が「おそらく、あれのことだ」と推測する文書がある。それは、日本外務省が作成した秘密文書「日米地位協定の考え方」だ。

日米地位協定は、一九六〇年の日米安保条約改定に伴い、日本に置かれる米軍の施設や駐留軍人らの扱いについて日米両政府が交わした約束だ。「考え方」は、協定の具体的な運用の手引書にあたる。

日本の外務省が内部向けに作成し、秘密指定されているが、沖縄県の地元新聞、琉球新報が二〇〇四年に全文をスクープしている。

その中に、こんなことが書かれている。

「『返還後の北方領土には（米軍の）施設・区域を設けない』との法的義務をあらかじめ一般的に日本側が負うようなことをソ連側と約することは、安保条約・地位協定上問題がある」

つまり「対米関係上、日本が米軍の施設を将来北方四島に置かないことをロシアに約束することはできない」ということだ。その内容といい、対外秘密扱いといい、プーチンがほのめかした言葉と符合する。

日米安保条約と日米地位協定に強く拘束される日本の姿が端的に示されているこの文書は、プーチンが突きつけた「日本はどこまで自由に物事を決められるのか」という根源的な疑問に通じる内容だ。

ここで、プロローグ冒頭で紹介した二〇一八年九月のウラジオストクでの討論会に話を戻そう。

領土問題を棚上げして平和条約を結ぼうと言い出す直前に、プーチンは司会者との間で、こんなやりとりを交わしていた。

司会者「現在ロシアの領土である南クリル（北方四島）、太平洋への出口に位置する重要な島々に、突然米国の軍隊が現れるかもしれない。こうしたことは（安倍首相との）協議のテーマになっているのでしょうか？」

プーチン「安全保障の問題は、大きな意味を持っており、すべての点について討議している。その中には、あなたが今言ったことも含まれる。当然のことながら我々は、この地域の軍事協力をめぐるさまざまな状況を心配しないわけにはいかないし、その中には、米国のミサイル防衛システム（ＭＤ）の配備も含まれる。こうしたことすべてが、我々の交渉の対象になっている」

司会者の妙に具体的な質問は、明らかに事前に大統領サイドによって仕込まれたものだった。プーチンは中国の習近平らを前に、ロシアが抱いている安全保障上の懸念を改めて表明する機会として、この討論会を位置づけていたと思われる。

ただプーチンはこのとき、議論の詳細に立ち入る前に安倍のパフォーマンスへの「反撃」に移ってしまったため、その懸念がどれほど深いのか、安倍から聞いている説明がどこまで満足のいくものだったのかを推し量ることは難しい。

プーチンの安倍評価

討論会での安倍の振る舞いに即座に反撃したプーチンだが、個人的に安倍に悪い感情を抱いているわけではない。少なくとも、世界各国の首脳の中でも高く評価していた一時期があった。

そのことを私（駒木）が強く感じたのは、二〇一六年九月に中国・杭州で開かれたＧ20サミットだった。

プーチンが最終日に行った締めくくりの記者会見で、ロシア人記者が指摘した。

「安倍首相は（杭州に来る直前の）ウラジオストクの会合で、あなた（プーチン）を『きみ』と呼ぶほど感情的になっていたが」

ここで「きみ」と訳したのは、ロシア語では「ты（トゥイ）」。家族や恋人、親しい友人同士で使われるほか、子供やペット相手にも使う。なれなれしいニュアンスがあると言ってよいだろう。ちなみに「あなた」に相当する丁寧な呼びかけは「вы（ヴイ）」となる。国際会議など改まった場面では、こちらを使うのが一般的だ。

ロシア人記者は、自分たちの大統領が日本の首相から「ты」と呼ばれたことを、屈辱的とさえ感じている様子だった。

しかし、プーチンは少しも騒がずに説明した。

「実際、私は晋三とは『きみ』で呼び合う仲だ。普段から彼は私をファーストネームで呼び、私は彼をファーストネームで呼ぶ。『きみ』『ぼく』の間柄なんだ」

そして、こう付け加えた。

「彼が感情的だったとあなたは言うが、彼は優れた政治家で、輝かしい雄弁家だ。しかし、彼のスピーチの値打ちはそこにあるのではない。八項目の協力計画という自分の考えを実現しようとしている点にあるのだ」

人間としても政治家としても自分が安倍を評価していることを記者会見を通じて内外に示しておこうという意図がうかがえる説明ぶりだった。

「プーチンがここで言及した安倍の「八項目の協力計画」とは、安倍が二〇一六年五月にロシア南部ソチを訪問した際に、プーチンに示した提案だ。

⑴健康寿命の伸長　⑵快適・清潔で住みやすい都市作り　⑶中小企業交流　⑷エネルギー　⑸ロシアの産業多様化と生産性向上　⑹極東振興　⑺先端技術協力　⑻人的交流の拡大――の八分野で、日本がロシアへの経済協力を積極的に進めるという内容だ。

並べられたメニューがプーチンの気に入ったことも確かだろう。だがそれ以上に、ロシアがウクライナ問題やシリア問題で国際的な批判を浴びる中、G7の一員である日本が大胆な対ロ経済協力に踏み出したこと、さらに言えば、安倍が当時の米大統領オバマの強い反対を振り切ってロシアを訪問し、プーチンとの会談に踏み切ったことを、プーチンは極めて高く評価したのだった。

当時、米国はあらゆるレベルを通じて日本側に「プーチンを孤立させなくてはならない」と伝えていた。二月には、オバマ自ら電話で安倍に「時期を考えてほしい」とロシア訪問を再考するよう求めていたが、安倍はこれを押し切ってソチに向かった。私がこのとき取材したロシアの専門家たちは異口同音に「ようやく日本の首相が米国の言いなりから脱却して、自国の国益のために行動するようになった」と、歓迎していた。

「主権」へのこだわり

このときのプーチンの心象風景を推しはかる手がかりを与えてくれるインタビューがある。安倍がソチを訪問する前年、二〇一五年の一二月二〇日にロシア国営テレビが放映したドキュメンタリー番組「世界秩序」の一場面だ。

そこでプーチンは欧州の現状について、次のように語っている。

「欧州の問題は、自立した外交政策をまったく進めようとしないことにある。事実上、それをやめてしまったのだ。自分たちの主権の一部、それも主権の中でもおそらく最も大切な一部分を（NATO＝北大西洋条約機構という）軍事ブロックに渡してしまった」「ことの本質は、欧州は主権の一部を単にNATOへというだけでなく、NATOの盟主たる米国に引き渡してしまったということなのだ」

プーチンは「欧州の国々は、米国からの指令に毎回敬礼して従っているだけだ」と皮肉った上で、以前はそうではなかったと、昔を懐かしんだ。プーチンが名前を挙げたのは、ドイツの元首相シュレーダーとフランスの元大統領シラクだった。

二人の首脳は、米国のブッシュ（子）が二〇〇三年三月にイラク戦争に踏み切ったとき、強硬に開戦に反対した。米国との関係悪化もいとわなかった。プーチンから見れば、まさに「自らの主権を行使した」ということになる。結果的に、米国が開戦の理由として挙げた大量破壊兵器はイラクからは見つからなかった。シュレーダーとシラクの止しさが歴史的に証明された、というわけだ。

仮に今のドイツやフランスをシュレーダーやシラクが率いていたとしても、プーチンによるクリミア半島併合やシリアのアサド政権への軍事的な支援を容認していたかといえば、極めて疑わしい。だが、それはここでは置いておこう。

とにかくプーチンは、米国の言いなりにならない周辺国、米国の言いなりにならない指導者を渇望している。そして、安倍がそのような存在たり得るのではないか、プーチン自身の言葉を借りれば「米国に主権を譲り渡さない」日本にしてくれるのではないかと、一時は期待をかけたのではないだろうか。

だが、結果的にはプーチンの思惑は外れた。そもそも無い物ねだりだったのだろう。日本は経済面では対ロシア制裁を継続。軍事面では日米同盟を強化。政治面でも、クリミア併合を容認しなかった。「日本は同盟国としての義務に縛られており、独自に物事を決められないのではないか」というプーチンの疑問は強まりこそすれ、払拭《ふっしょく》されることはなかった。二〇一六年一二月に訪日する時点では、安倍への期待はすっかり色あせていたように思える。

今後、プーチンが北方領土問題で日本にわずかでも譲るとすれば、日本が米国から「主権」を取り戻したとプーチンが考えたときなのかもしれない。

国家の「主権」や「自立」についての独特の理解と、強いこだわり。NATOや日米安保条約といった軍事同盟への加盟を「主権の放棄」として嫌悪する姿勢。これらはいずれも、政治家プーチンを支える太い根っこになっている。

こうした根っこはどのように形づくられたのだろうか。それは、若き日のプーチンの原体験に深く関係している。まだソ連という国がこの世にあった一九八九年にさかのぼって見ていくことにしよう。

第一部　KGBの影

第一章　ドレスデンの夜

ただ一人群衆の矢面に

底冷えがする夜だった。一九八九年一二月五日。旧東ドイツ・ドレスデンの秘密警察シュタージ支部は外気とは裏腹に、約五千人の群衆の熱気に満ちていた。東西冷戦の象徴「ベルリンの壁」崩壊から一カ月、約二〇〇キロ南のドレスデンでも、民主化を求める群衆が押し寄せていた。

「私たちの（情報を記録した）資料を返せ」。興奮した群衆は雄たけびをあげ、壁をよじのぼった。ほぼ無抵抗のシュタージ支部を占拠して約六時間が過ぎたころ、群衆の中から声があがった。

「KGBも占領してやろう」

一五人ほどのグループが約一〇〇メートル離れたソ連国家保安委員会（KGB）の支部に向かった。

当時、旧東ドイツの政府系研究所のエンジニアだったジークフリート・ダナートグラプスも、この中にいた。

「シュタージの建物をあまりに簡単に占拠できたので、みんなKGBもできると確信していた」

深夜にもかかわらず、KGBの支部があるコンクリート造りの建物は、いつも通り明かりがついていた。一メートルほどの高さの鉄製の門の前にたどり着くと、警備の兵士が慌てて中に入っていくのが見えた。少しして、「制服を着ていなければ将校とは思えないほど、小柄でやせ気味」の男が出てきた。

男は門から少し離れた位置に立ち、デモ隊をじっと見ながら告げた。

「ここに侵入することは断念しろ。武装した同僚に、ここを守るよう指示した。もう一度言う、立ち去れ」

男の脇の兵士は、銃で武装している。侵入すれば撃つ、という意思表示だった。ロシア語のなまりが少しあるものの、流暢《りゅうちょう》で正確なドイツ語。とても静かだが、断固とした口調にダナートグラプスは「本当に撃つ気だ」と感じた。

押しかけた群衆はこの警告に驚き、恐れをなして、すぐに引き揚げた。わずか五分間の出来事だったが、ダナートグラプスに二五年経っても色あせない鮮烈な印象を残した。後に、ロシア大統領エリツィンの後継者をめぐる報道で、この小柄な男が、当時三七歳のプーチンだったと知る。

取材した際、八二歳になっていたダナートグラプスはプーチンをこう評価した。

「武装していない将校が言葉を発しただけで、群衆は去った。権力で人を意のままに動かすことができる人間だということだ」

元市長の証言

ドレスデンのプーチンの目撃者ダナートグラプスを私（吉田）に教えてくれたのは、ドレスデンの元市長ヘルベルト・ワーグナーだ。一二月五日のデモの呼びかけ人の一人である。当時四一歳だった。

ワーグナーは、シュタージ支部を改築した記念館を案内してくれた。記念館の中には、シュタージ支部長の書斎を再現した部屋もあった。ワーグナーは一人の男の肖像画を指して、こう言った。

「プーチンを理解するには、この時代にさかのぼらなければならないだろう」

ソ連が最初に創設した政治警察で、ＫＧＢの前身にあたる反革命・サボタージュ取締全ロシア非常委員会（チェーカー）初代議長のジェルジンスキーだ。

「プーチンは思想的な面など、この人物を模範としている。旧ソ連が存在し続け、権力を維持するには、その手段のＫＧＢを守らなければならないということだ」

廊下には、ドレスデンで催されたＫＧＢの創設七一周年を記念する式典の写真がかかっていた。集合写真の片隅で、細面の男がじっとこちらを見据えている。若かりし日のプーチンだ。ダナートグラプスがあの日、ＫＧＢ支部の前で見たように、現在の筋肉質で屈強

KGBのドレスデン支部で働いていた当時のプーチン〈写真の左から2人目〈後列の人物を入れると3人目〉〉、下は拡大写真＝旧東ドイツ国家保安省文書に関するドイツ連邦委員提供

なイメージとは逆のきゃしゃな印象だ。

さらに、ワーグナーはプーチンにまつわるおもしろいエピソードを話してくれた。ワーグナーは九〇年代初め、ドレスデン市長として、姉妹都市サンクトペテルブルクの市長サプチャーク一行を迎えた。また、サンクトペテルブルクにも行った。なのに、市長に付き添っていたはずの副市長プーチンの記憶がまったくない。

「どこかへ行っていたのか、印象に残らなかっただけなのか。それもKGBの諜報員《ちょうほういん》らしい」

こう言うと、ワーグナーは笑った。

元ドレスデン市長のワーグナーは記念館で、シュタージ支部に殺到する群衆の写真を指しながら、時代の変わり目の緊迫した雰囲気を語ってくれた。

一九八九年一一月のベルリンの壁崩壊後、ドレスデンでも他の東ドイツの都市と同じように、民主化を求めるデモが起きていた。だが、デモを組織していたワーグナーらは、シュタージ支部周辺をデモ会場に選ぶことだけは避けていた。追い詰められたシュタージの関係者が民衆に発砲し、「不測の事態による流血の惨事が起きる」ことを何より恐れていたからだ。

だが、あの一二月五日は、シュタージが保管文書の処分を進めていて、それを阻止するために警察が捜索に入るとのうわさが流れた。暴徒化した群衆が一気に支部に詰めかければ、シュタージが武器で反撃するかもしれない。デモを計画的で、統制のとれたものにする必要があった。ワーグナーはラジオなどでデモを午後五時に開始するよう呼びかけた。デモが始まってからすぐ、シュタージの支部長が自らドアを開けた。

シュタージ支部に入ったワーグナーは六時間ほどして、「これからKGBを『解体』に行く」という一団に会った。やめるよう説得しようと思ったが、興奮した一団は聞き入れないだろう。幸い、KGB支部の警備のために東ドイツ駐留ソ連軍が出動したという情報はまだなかった。「とにかく、気をつけろ」とだけ声をかけて見送った。

この一団の中にいたのが、ダナートグラプスだった。

ワーグナーは、二〇〇〇年一月二八日付の地元紙に掲載されたダナートグラプスの投稿のコピーを私に渡した。

「プーチンはドレスデンで無名ではない」という見出しの投稿は、こう続く。

「私は今度ロシアの大統領に就任するウラジーミル・プーチンをKGB支部で数分間、実際に見たことがある」

投書には、デモの当日、ダナートグラプスがKGB支部で目撃したプーチンの言動が記されていた。プーチンのたった一言で、熱狂に冷や水を浴びせられたデモ隊の雰囲気が十分に伝わってくる。

どうしてもダナートグラプスに会いたいと思ったが、ワーグナーは「連絡がとれない。取材は難しいと思う」と言う。

ダナートグラプスがこの投書以外で当時のことを語った記録も見あたらなかった。だが、探し回った末に、なんとか直接コンタクトをとることに成功した。日本メディアということで関心を持ってくれたのか、取材ＯＫの返事をもらえた。

プーチンをかばう元デモ隊員

ダナートグラプスの家は、ＫＧＢ元支部の建物の斜め向かいだった。自宅の応接室で、プーチンのことを一時間以上も語ってくれた。会う前は漠然と、デモ隊を威圧したプーチンに悪い感情を持っているのではないか、と考えていた。だが、意外にも、好意的な評価を聞かされた。

ロシアによるウクライナ南部クリミア併合についても、擁護して語った。

「プーチンのやっていることは西側の脅威からロシアの領土を守ろうとしているだけだ。何より、彼はソ連が崩壊したことを残念に思っている」

「そういえば」と、私は二〇〇九年一月に当時ロシア首相だったプーチンがドレスデンを訪問したときのことを思い出した。私はそのとき、研修中でドレスデンにいた。ジョージア（グルジア）紛争にロシアが介入し、ジョージアからの分離独立を求めていた南オセチアやアブハジアの独立を承認したばかりだった。旧西ドイツのメディアは、ドイツを訪問するプーチンに批判的だった。だが、それとは対照的に、ドレスデンの地元メディアや市民はプーチンを歓迎しているように見えた。

ドレスデンは一六世紀以降、芸術や文化の都として栄え、「エルベ川のフィレンツェ」

とも呼ばれた。第二次世界大戦末期のドレスデン爆撃で壊滅的な打撃を受けた後も、工業都市として復興した。ただ、東西ドイツの統一後は、若者が旧西側に出るなど人口が流出し、街全体が沈んでいた。

ドレスデンの住民は、ドレスデンから権力の階段をかけあがり、ロシアのトップにまでのぼり詰めたプーチンによって、ある種の懐古的な感情をかき立てられるのかもしれない。ダナートグラプスの話を聞きながら、私は改めて当時感じたことを思い出していた。

ダナートグラプスは写真撮影をかたくなに拒否し、「メディアの取材を受けるのは、これが最初で最後になると思う」と話した。

ドレスデンの住民がプーチンに特別な感情を抱いているように、プーチンにとってもドレスデンは特別な場所だったようだ。

一九七五年にＫＧＢに入ったプーチンは、外国に勤務したいという願望がかない、八五年から九〇年までＮＡＴＯに関する情報収集などの任務にあたった。妻、娘二人と共に暮らし、お気に入りのバーに頻繁に顔を出すなど、生活を楽しんでいたらしい。だが、それはベルリンの壁崩壊後に吹き荒れた民主化の波によってあっけなく断ち切られた。

ＫＧＢ元支部があったこぢんまりとした白い建物は取材当時、哲学者で思想家のルドルフ・シュタイナーが提唱した「シュタイナー教育」の研修施設になっていた。ＫＧＢの元施設というイメージを払拭するために、周囲を囲んでいた高さ約二メートルのコンクリート壁は改築し、低くしてあるという。

取材に訪れたとき、プーチンが二五年前の一九八九年に下りてきた階段周辺には、中高生ぐらいの子供たち数人が集まっていた。私が記者だと知ると、中に招き入れてくれた。一階の通りに面した大部屋の窓のカーテンを開けると、デモ隊が詰めかけた門が見える。近くにあったシュタージ支部は数時間にわたり、デモ隊に占拠された。その騒がしさを聞きながら、プーチンも同僚たちと、こうして外をうかがったのだろうか。

プーチンが振り返る「あの夜」

一九八九年一二月にドレスデンで起きた出来事について、プーチンはこれまで多くを語っていない。大統領に就任した二〇〇〇年に出版されたインタビュー本で、わずかに触れているぐらいだ。

その本の題名は『От Первого Лица』。「第一人者から」または「一人称で語る」といった意味の表題だ。この本の成り立ちについては、本書の中で詳しく触れる。

日本では『プーチン、自らを語る』との表題で扶桑社から出版された。ただしこれは、英訳本から日本語に訳した本だ。ロシア語の原文は二〇一五年の時点で、大統領府の過去の文献を集めたページ（http://archive.kremlin.ru/）に公開されていた。

本書の中では、しばしばこのインタビューからプーチンの言葉を引用している。その内容は、ロシア語の原文から翻訳したものであることをここでお断りしておきたい。つけ加えれば、今回の私たちの取材の結果、プーチンがインタビューの中でドレスデン

プーチンが勤務していた旧ソ連の国家保安委員会（KGB）ドレスデン支部
＝吉田美智子撮影

の出来事を語った言葉が、ほぼ事実に沿っていたことが明らかになったと言えるだろう。

さて、プーチンはこのインタビューの中で、一九八九年一二月にドレスデンのKGB支部にデモ隊が押しかけたときのことを振り返って以下のように語っている（＊以下、カッコ内は、筆者注）。

「群衆が私たちの建物の周りに集まってきた。ドイツ人が自分たちの保安省の支部を破壊する、それなら彼らの国内問題だ。しかし、我々は彼らの国内問題では済まされない。脅威は深刻だった。私たちのところには（機密の）文書があったからだ。我々を守るために少しでも動こうとする者は誰もいなかった」「私たちは（ソ連と東ドイツの）国家間、機関間の合意の枠内で、自分たちで対処する用意はできていた。そして、そうした用意ができていることを（デモ隊に）示さざるを得なくなった。それは、必要な印象を与えることができた。しばらくの間ではあったが」

プーチンはここで、当時起きたことを相当オブラートに包んで語っている。実際にどんな行動をとったのか、具体的には明らかにしていない。デモ隊に対して「対処する用意があること」を示したというだけだ。実は、それこそが、二五年が過ぎてもダナートグラプスの脳裏に焼き付いていたプーチンの行動だったのだ。

プーチンはインタビューで「私たち」と語っている。しかし、建物にいたＫＧＢ要員のうち、実際にデモ隊に立ち向かったのはプーチンただ一人だった。

このとき、プーチン以外に何人がＫＧＢのドレスデン支部に居合わせたのか、正確なところはわからない。プーチンの当時の妻だったリュドミラは、二〇〇〇年のインタビューで、プーチンが住んでいたアパートにはＫＧＢの要員とその家族が五世帯入居していたと語っている。後で述べるように、ＫＧＢの支部は機密書類の処分作業に追われており、要員の多くが建物にいたのではないかと思われる。

ＫＧＢの同僚は語る

私たち（駒木と吉田）は今回の取材で、このときの様子を知るもう一人の証人から話を聞くことができた。ドレスデンのＫＧＢでプーチンの同僚だったウラジーミル・ウソリツェフだ。ウソリツェフは事件当時すでにドレスデンから離れており、プーチンの行動を直

プーチンが旧ソ連の国家保安委員会（KGB）ドレスデン支部に勤務していたころに住んでいたアパート。ウソリツェフは、プーチン一家と家族ぐるみのつきあいをしていた＝吉田美智子撮影

接目撃したわけではない。後になってその場に居合わせた同僚たちから聞いた話として、以下のように証言した。

「デモ隊が押し寄せたとき、ワロージャ（プーチンの名前、ウラジーミルの愛称）は、自動小銃を手にとって中庭に出ていった。柵を越える者は誰であれ発砲すると、強い調子で警告した。デモ隊は気おされて去っていったという」

「彼が威嚇のために発砲したという話もある。地面だか空だかに向けて、誰にも当たらないように。一方で、引き金はひかず、安全装置を外していつでも発砲できることを示しただけだったという話も聞いた。本当のところはわからない」

プーチン自身が自動小銃を手にしていたというウソリツェフの話は、銃を持った兵士を横に従えていたというダナートグラプスの目撃証言とは少し食い違っている。ただ、プーチンがただ一人でデモ隊に立ち向かい、彼らを解散させた点では一致している。

ウソリツェフは言う。

「そのとき起きたことを聞いたとき、私はまったく驚かなかった。ワロージャは実際、本当に勇敢な男だからだ。彼は本物の戦士で、男の中の男だ。そして、このとき初めて、そのことが誰の目にも明らかになったのかもしれない」

「よほどの強い神経と決断力がなければ、柵を越えてなだれ込もうとしている群衆に一人で立ち向かうことはできない。柵の高さはせいぜい一メートル六〇～七〇センチといったところで、若者が越えようと思えば簡単だった。そんな中、自動小銃を手に出ていって、建物を守ると言ったのだ」

第二章　国家崩壊のトラウマ

文書破棄に追われる

一九八九年一一月にベルリンの壁が崩壊してからというもの、プーチンらドレスデンに駐在していたKGBの要員は、機密書類の破棄に追われていた。デモ隊に立ち向かったプーチンが一番恐れていたのが、彼らの手に書類が渡ることだった。だからこそ、なんとしても建物への乱入は防がなければならなかったのだ。

プーチンは二〇〇〇年のインタビューの中で語っている。

「我々はすべてを廃棄した。連絡先、ネットワーク。私自身、膨大な文書を焼却した。焼却炉が破裂するほどだった。昼も夜も焼却した」

KGBの要員として築き上げてきたすべてのものが価値を失い、逆に自分たちの安全を脅かす危険物となっていた。

ウソリツェフは、当時の状況を私たちに次のように説明した。

「ドレスデンの同僚たちが膨大な文書を処分したのは、人々がその先も平穏に暮らしていくことができるようにと考えてのことだった。だがドイツでは今も、シュタージが残した文書の解析が続けられている。それなりに注意深く行われているし、集団ヒステリーが起きたり、人々の髪の毛をつかんで広場で引っ張り回したりするようなことは起きていない。しかし、いずれにしてもこれは不愉快なことだ。なぜなら、当時の東ドイツの私たちの同僚たちが、すべての文書を処分しなかったことを意味しているからだ」

いざというときは、自分たちの協力者が明らかになるような文書はすべて完全に消し去るのがスパイの矜持《きょうじ》だ、という考えが伝わってくる感想だ。

プーチンの失望

プーチンは、詰めかけたデモ隊に立ち向かい、いったんは追い払うことに成功した。しかし、平穏が長続きしないことは明らかだった。そのため、東ドイツに駐留していたソ連軍に救援を求めた。だが、返ってきた答えは、プーチンを失望させた。

「モスクワの許可がなければ何もできない。だがモスクワは沈黙している」

プーチンはこのときを振り返って語っている。

「もうソ連も長くないと感じた。ソ連が病んでいることが明らかになったのだ。それは死に至る、治療不可能な麻痺という病だった。権力の麻痺だ」

プーチンは自身が受けた衝撃を率直に打ち明けている。

「実際、東ドイツにおいてあんな急激な変化が始まり得ると想像することは難しかった。

誰の頭にもそんな考えはよぎらなかったはずだ！　そしてそれが始まったとき、それがどんな形で終わるのかささえ我々は理解できなかった」

それまで、プーチンは念願かなって手に入れた外国での生活を存分に楽しんでいた。ソ連で悩まされた品不足や行列とも東ドイツは無縁だった。本場のビールのうまさにはまり、一一キロも体重が増えたという。そんな生活が、突然断ち切られたのだ。

若きプーチンがKGBのスパイとして命を捧げる覚悟で仕えてきたソ連の同盟国のあっけない崩壊。怒りにかられて押し寄せる群衆の前に、なすすべもない国家権力。この体験が、その後のプーチンに決定的な影響を与えたことは想像に難くない。

体制転覆への嫌悪と恐怖

二〇〇〇年に大統領となったプーチンは、その後一貫して政権の崩壊や民衆による反政権運動に強い嫌悪感を示してきた。

例えば二〇〇三年、ジョージア（グルジア）で議会選への不正疑惑がきっかけとなって大統領シェワルナゼが辞任に追い込まれた「バラ革命」。二〇〇四年、ウクライナの大統領選で不正があったと訴える民衆の抗議運動で大統領選がやり直しとなり、親欧米派の大統領ユーシェンコが誕生した「オレンジ革命」。二〇一一年のリビアでのカダフィ大佐殺害。シリアのアサド政権を打倒しようとする欧米の取り組み。

こうしたことが起きるたびに、プーチンは嫌悪感をむき出しにするだけでなく、政権転覆を狙って反政権勢力を支援する欧米の策謀があるという考えを語る。

ロシアもそうした策謀の対象になっている。プーチンはそうした考えを隠そうとしない。単なる「嫌悪感」にとどまらない「恐怖」のような感情にプーチンがとらわれているのではないか。そう感じられることさえある。

プーチンは核戦力をはじめとするロシアの力を誇示して周囲を威嚇し、力に頼る外交を展開している。そうした見方は、一面では確かに正しい。しかしプーチンをそうした行動に駆り立てている背後には、立ち上がる民衆や欧米の策謀によって、ロシアという国家が崩壊に追い込まれることへの抜きがたい恐怖感があるのではないだろうか。

ドイツ人ジャーナリストの見方

ドイツの週刊誌『フォークス』モスクワ支局長を務めたボリス・ライトシュスターは、プーチンへのインタビューの経験もあるロシア通のジャーナリストだ。

ライトシュスターと私（吉田）が会ったのは、南ドイツ・ミュンヘン近郊の小さな街だった。民主主義と独裁者をもじった『プーチン民主独裁者』など、プーチン批判の本を立て続けに出版し、プーチンの報復を恐れて、家族と身を隠しているということだった。

ライトシュスターのプーチン批判は辛辣《しんらつ》だ。まず、KGBの諜報員としてのプーチンを評価していない。KGBドレスデン支部についてのシュタージの記録を大量に読み込んだが、その中にプーチンの記録はほとんどなかったという。KGBがプーチンを東ドイツの首都のベルリンではなく、ドレスデンに派遣したことからも、「プーチンは組織から期待されておらず、大した仕事もしていなかった」とみる。

真偽は不明だが、プーチンが東ドイツの兵士をスパイに勧誘しようとして、シュタージがクレームをつけたという説もあるのだという。

ライトシュスターは語る。

「プーチンにとって重要なのは自分の権力と体制の維持。ロシアやソ連という帝国の復活も二次的なものだ。自分の強さを誇張したがる弱い人間だ。本当に強い人は筋肉を見せたり、デモンストレーションをしたりはしない」

プーチンがドレスデンでデモ隊に立ちはだかったのも、ライトシュスターによれば「不安を隠したかっただけだ」ということになる。

「プーチンはドレスデンで、民衆が権力に牙をむくことによって、国、そして自身の穏やかな生活が崩れ去るのを目の当たりにし、一種のトラウマを負った」

「この体験が政治家プーチンの起点になり、その後、プーチンはこの体験に支配されている」

ロシアでの反体制派に対する弾圧や、ウクライナへの介入についても「民衆が抵抗をみせる度に、プーチンの前にドレスデンの亡霊がよみがえり、プーチンは不安を払拭するために威圧的な行動に出ている」と推察する。

第三章　ＫＧＢとプーチン

子供時代

ここで、プーチンがＫＧＢの要員となるまでの生い立ちを簡単に振り返っておきたい。

プーチンは一九五二年一〇月七日、レニングラード（現サンクトペテルブルク）に生まれた。第二次世界大戦が終わって七年後のことだった。父親は息子と同じ名前のウラジーミル・プーチン。母親は、マリヤ・イワノワ。ソ連、ロシアでは夫婦別姓が認められており、珍しいことではない。

プーチンの父方の祖父は、腕の良い料理人で、レーニンの、そしてレーニンの死後はスターリンの別荘の一つでコックとして働いていたという。

プーチンの両親は共に一七歳のときに結婚。父親は徴兵され、ソ連海軍の潜水艦艦隊に勤務する。復員後、息子二人をもうけるが、二人ともプーチンが生まれる前に幼くして亡くなっている。

すぐに第二次世界大戦が始まり、父親は前線に送られる。今度は内務人民委員部に所属。

ドイツ軍が支配している地域に潜入して破壊工作に従事していた。戦闘で重傷を負い、片足を動かせなくなる後遺症を負った。

終戦後、父親は鉄道車両工場の熟練工として働いた。プーチンが生まれたのはそのころだ。両親が四〇代になってから授かった子供だった。プーチンは、事実上の一人っ子として育った。

一家は、エレベーターもない共同住宅の五階で暮らした。

プーチンは自分が問題児だったと認めている。共同住宅の中庭でけんかばかりしている一一歳のころ、人生を大きく変える出来事が起きる。プーチンがその後生涯の師と仰ぎ、二〇一三年八月に七五歳の生涯を終えたアナトリー・ラフリンとの出会いだ。ラフリンのもとでロシアの格闘技サンボを始めたプーチンは、勧められて柔道に転向する。柔道に打ち込むようになってからのプーチンは成績も目に見えて向上し、教師からも一目置かれるようになっていった。「柔道は単なるスポーツではない。哲学なのだ」と、プーチンは今に至るまで、繰り返し語っている。

プーチンは、次第に将来はスパイになりたいと考えるようになった。大きな影響を受けたソ連映画「盾と剣」について、プーチンは二〇〇〇年のインタビューでこう語っている。「何よりも驚かされたのは、たった一人の小さな力で、全軍をもってしても達成できないような成果をあげられることだ」「私は自分の針路を決めた。スパイになろうと」

プーチンは学校の九年生（日本の中学三年に相当）のころ、ＫＧＢの支部を直接訪れて、どうやったらスパイになれるのかを聞いたという。返ってきた答えは「第一に、志願してきた者は採用しない。第二に、兵役を終えるかどこかの大学を卒業した者でないと入れない」というものだった。

「どんな大学ですか？」

「どこでもよい」

「でも、有利なのはどこでしょうか？」

「法学部だな」

「わかりました」

こうして、プーチンはレニングラード国立大学法学部への進学を目指すようになったという。

KGB入り

大学在学中、プーチンはKGBへの連絡を控えていたという。「志願者は採用しない」という言葉を覚えていたからだ。果たして大学四年になって、KGBの職員の方から接触してきた。一九七五年に大学を卒業後、プーチンはKGBの一員となった。

プーチンはKGBの内部機関で教育を受けた後に対外諜報に従事する第一総局に配属され、一九八五年に東ドイツのドレスデンに派遣された。八五年といえば、ソ連最後の指導者となったゴルバチョフが共産党書記長に就任した年だ。プーチンは、ゴルバチョフがペレストロイカを進め、西側陣営との和解に乗り出した時期を東ドイツ駐在のＫＧＢ要員として過ごした。ベルリンの壁崩壊のニュースや、その後の米ソ首脳による冷戦の終結宣言も東ドイツで聞くことになる。

秘密の小部屋で本音の会話

この時期にプーチンの同僚としてドレスデンに勤務していた一人が、先に触れたウラジーミル・ウソリツェフだ。

チェコのプラハの先方が指定した場所に現れたウソリツェフの第一声は「私を写真に撮らないでくれ」というものだった。私（駒木）がテーブルの上にカメラを置いているのを見とがめたのだった。ウソリツェフは偽名だといい、本名も明かさなかった。年齢は、プーチンより五歳上だという。

人当たりは非常にやわらかい。豊かな白髪とひげをたくわえ、めがねの奥では温厚そうな目が光っている。数年前に大きな手術を受けたと話し、歩くときは杖をつき、足を引きずっている。突っ込んだ質問をすると「私は非常に大きな手術を受けて、長時間麻酔をかけられた。どうもそれが私の頭に影響してしまったようだ」と、はぐらかされることもしばしばだった。だが、話の端々からプーチンのことをとても気に入っている様子が伝わってくる。

ウソリツェフがドレスデンに勤務していたのは、一九八二年から八七年までのことだった。プーチンがやってきた一九八五年から約二年間、同僚として過ごした。

プーチンとは家族ぐるみのつきあいだった。KGB職員が官舎として使っていたアパートは大きな建物だった。プーチンの当時の妻リュドミラの記憶によると、入り口が一二もあった。ウソリツェフとプーチンの住居は同じ入り口で、階が違うだけだった。ウソリツェフによると、同じ階にはKGBのソ連人の世帯が入居する部屋と、ドイツ人の世帯が入居する部屋が二つ並んでいた。同じ階にソ連人が並んで住むことはなかった。だから、KGB組の中で、二人は最も近い住人同士だったということになる。

プーチンは、ドレスデンに赴任する二年前に結婚していた。赴任の年に長女のマリヤ、ドレスデンに赴任直後に次女のカテリーナが生まれ、家族四人で暮らしていた。ウソリツェフの妻は、しばしばプーチンの幼い二人の娘の子守をしていたという。

ウソリツェフはプーチンと二人だけで、友人としてさまざまなテーマを率直に語り合った。

「プーチンは共産党員であり、ソ連の愛国者だった。スパイの仕事を、自身の愛国的な任務として受け止めていた。心からそう考えて働いていたのだ。しかし一方で、彼の考え方は、ほとんどリベラルと言ってよいものだった」

「私は彼と、そうしたテーマについて幾度となく語り合った。プーチンは、私有財産を神聖で侵すことができないものだと考えていた。私有財産は社会を発展させるこれ以上ない原動力だ。私有財産と並んで重要なのが、相続の権利だ。人間が労働の成果を自分の子孫

旧ソ連の国家保安委員会（KGB）ドレスデン支部だった建物の１階の窓から見える風景。プーチンは、建物内で盗聴器がしかけられていない場所を選び、ウソリツェフに秘めた持論を語っていた＝吉田美智子撮影

に残す。それは自然なことであり、当然なことだ。これが、プーチンの考えだった。これは当時の共産主義の教義とは矛盾する意見だったが、私たちは率直にこうした意見を交わしていた」

共産主義を旗印に掲げるソ連という国家を擁護する使命を帯びているＫＧＢとしては公然と語ることが許されない思想だった。

「表沙汰になれば、ＫＧＢを追われるか、逮捕されかねない。だから私たちはある小部屋でこうした話をするのが常だった。そこでは私たちが盗聴される恐れがないとわかっていたからだ」と、ウソリツェフは振り返る。

ＫＧＢ支部では、定期的に盗聴器がしかけられていないかの検査を行っていた。その状況を知っていた二人は、安心して話ができる場所をよく知っていたのだという。ウソリツェフは法学部出身のプーチンとは異なり、法律の素養がなかった。プーチンはそんな五歳年上のウソリツェフにまるで同級生のように接した。プーチンと話をする時間を、ウソリツェフは気に入っていた。

「私たちの対話ではっきりしたことは、共産主義のすべてが良いわけではない。修正が必要だということだった」

こうした考えは、実はKGBの多くの要員に共通の考えだったと、ウソリツェフは証言する。

「事実上KGBのすべての工作員がペレストロイカを歓迎し、民主化を支持していた」

だから、一九八九年一二月にKGB支部に詰めかけた東ドイツのデモ隊の気持ちをプーチンはよくわかっていたはずだとウソリツェフは考えている。

「当時私たちはみんな、東ドイツは火薬庫の上に座っているようなものだと言っていた。東ドイツの人々が自分の国の指導部をとても嫌っているのを自分たちの目で見ていたからだ。（指導者の）ホーネッカーにしても、政治局にしても、KGBが仕事を共にしていたシュタージにしても、ひどく人々から嫌われていた。私たちはそのことを理解していた。むしろそうした人々に共感していたと言ってもよいくらいだった」

しかし、いくら体制を憎む市民に共感していたといっても、彼らがKGBの建物になだれ込もうとしたとあってはのんきなことは言っていられない。

「集まった群衆が私たちの建物を襲撃するとなれば、これは別の話だ。プーチンは武器を取らねばならなかった。だが、誓って言うが、誰かを本当に傷つけようという考えではなかったはずだ。なにしろその建物には機密文書がまだ残されていて、処分している最中だったのだから」

新たな祝日に込めた「国のかたち」

プーチンはソ連の復活を狙っている――欧米などでしばしばささやかれてきた見方だ。特に二〇一四年に始まったウクライナ危機以降、ロシアと欧米との間に再び「鉄のカーテン」が現れているという論評や、新冷戦という言葉が人口に膾炙《かいしゃ》している。

しかし、ウソリツェフは反論する。

「プーチンはいつもソ連に対して批判的だった。その理由は、まさに体制の閉鎖性ゆえだった。もしも我々が国民を幸せにしているのなら、なんで彼らを外界から隔離する必要があるのか。なんでも見せてやればいいじゃないか、というのが彼の考えだった。今もプーチンは（欧州との間で）ビザ無し訪問を実現しようとしている。欧州に行かせないようになどはしていない。プーチンはいつも、彼がしてもいないこと、言ってもいないことで批判を受けているような印象だ」

プーチンはソ連共産党員だった。党員でなければＫＧＢで働くことはできない。しかし、私有財産や相続権を認めるべきだと熱弁を振るっていたことからわかるように、共産主義に対しては極めて批判的だった。

プーチンは大統領に就任後、こうした信念を象徴するような大きな決断をしている。それは、一一月七日に祝われてきたロシア一〇月革命記念日の廃止だ。一一月七日は、革命前のロシアで使われていたユリウス暦の一〇月二五日。レーニンが権力を掌握した、いわばソ連の誕生日にあたる。

ソ連において一一月七日は、五月九日の対ナチス・ドイツ戦勝記念日と並ぶ、あるいはそれ以上に重要な祝日だった。今、赤の広場の軍事パレードは毎年五月九日に行われる。しかしソ連では一九七〇年代以降、一一月七日に行われるのが通例だった。パレードの際、赤の広場にはレーニンの巨大な肖像が掲げられ、赤旗が広場を埋めた。ソ連指導部がずらりとレーニン廟の上に並び、西側の専門家らは並んだ順番から、ソ連内部の権力構造を占った。

ソ連を解体して急進的な経済自由化を進めたロシアの初代大統領エリツィンは、革命記念日の軍事パレードを取りやめた。しかし、一一月七日は、「和解と合意の日」と名前を変えた上で祝日として残した。国民の間にすっかり根付いていたからだ。

だがプーチンは二〇〇五年、その「和解と合意の日」の廃止に踏み切った。一一月七日は、今やただの平日となった。共産党などが強く抵抗したが、押し切った。当時プーチンは大統領二期目。権力基盤を盤石にしていたからこそできた荒業だった。

プーチンにとって、革命記念日は忌むべき日だったのではないだろうか。廃止する機会を、就任以来ずっとうかがっていたのではないだろうか。

実際プーチンは二〇一七年一〇月、ロシア革命一〇〇周年を前に次のような評価を語っている。

「否定的な結果と、そして認めなければならないが、肯定的な結果が非常に緊密に絡み合っている」

「肯定的な結果」があったことは渋々認める、といった風情だ。さらに革命一般については「時代遅れをそのままにしたい人と、転換をせき立てる人それぞれの無責任の結果なのだ」と、極めて否定的だ。

二〇〇五年に、ロシア革命記念日に代わる新しい祝日としてプーチンが選んだのが、その三日前の一一月四日だった。その由来は一六一二年にまでさかのぼる。

一六世紀末にリューリク朝が途絶えたロシアでは、「スムータ（動乱）」と呼ばれる時代を迎えた。

「リューリク朝」は、九世紀後半、ロシアの政治、文化、経済の中心がキエフ（現在のウクライナの首都）にあった時代に始まった王朝の系譜だ。

ちなみに、ロシア人が今もウクライナに対して特別な感情を抱くのは、国としてのロシアの発祥の地も、現代に至るまで多くのロシア人の精神的基盤を形作っているキリスト教（正教）を国教として受容したのも、「キエフ・ルーシ」と呼ばれる、キエフを中心とする国家だったという歴史があるからだ。

ロシアの中心地はその後モスクワに移るが、リューリク朝は一六世紀末まで、一貫して支配者の座を占めた。だが、初めて「ツァーリ」の称号を名乗り、雷帝と呼ばれ恐れられたイワン四世（一五三〇～八四）の息子フョードルが一五九八年に死亡したことで、リューリク朝は途絶える。

その後、ロシアは混乱のただ中にたたき込まれる。死んだはずのイワンの息子ドミトリーを自称する青年「偽ドミトリー」が出現し、ポーランド軍を率いてロシアに攻め入り、一六〇五年には皇帝に即位する。偽ドミトリーはその後殺害されるが、しばらくして第二の偽ドミトリーが現れてまたもやポーランド軍を率いてロシアに攻め入った。一六一〇年には、ついにポーランド軍がモスクワを占領するに至る。

これに対してロシア側では一六一一年、ニジニノブゴロドの市民ミーニンの呼びかけで商人たちが軍資金を拠出し、ポジャルスキーを指揮官とする国民軍を編成。ついにモスクワを解放したのが一六一二年一一月四日だとされている。

こうした歴史自体は、ロシア人に広く知られている。モスクワ解放の英雄、ミーニンとポジャルスキーの銅像は、赤の広場の端、カラフルなタマネギ形の屋根で有名なワシーリー大聖堂の前に建てられており、観光名所になっている。ムソルグスキーの傑作歌劇「ボリス・ゴドゥノフ」は、「スムータ」が始まるころのロシアを取り上げた歴史ドラマだ。

とはいえ、一一月四日という日付自体は、多くのロシア人にとってまったくなじみがないものだった。歴史家たちも、実際にいつモスクワが解放されたのかという点では見解が一致していないようだ。

だが、プーチンはとにかくこの日を革命記念日に代わるような重要な祝日にしようと考えたのだった。

新しい祝日は「国民統合の日」と名づけられた。プーチンは、一六一二年のモスクワ解放を祝日にする意義についてこう語っている。

「さまざまな宗教、民族、階層の人々が、祖国を救い、国家としてのロシアを守り抜くためにそのとき一つになった。それは、我が国の将来のために実現した、真の国民的統合だった」

この言葉に、プーチンが共産主義のイデオロギーに置き換えようとしているロシアの「国のかたち」が表れている。

多宗教、多民族の国民が、混乱に付け入ろうとする外敵に対して団結して立ち上がり、国家を守るために戦うのがロシアという国だ、というわけだ。

ソ連崩壊後の混乱を、一六世紀末から一七世紀初頭にかけての「スムータ」に重ね合わせ、国民に団結と「外敵」への抵抗を呼びかける意図がプーチンの言葉に込められている。

だが新しい祝日は、なかなか国民の間には根付かなかった。二〇〇七年には、なぜこの祝日を祝うのかを説明するために国策歴史スペクタクル映画「１６１２」が制作され、全国の映画館で封切られた。

モスクワに攻め入ったポーランド軍に抵抗する二人の若者の友情を軸に物語は進む。そのうちの一人、主人公のロシア人の若者アンドレイは、混乱のロシアに秩序を取り戻すプーチンを彷彿とさせる。

興味深いのは、アンドレイの無二の親友のコーシカが、タタール人という設定になっていることだ。ロシア正教徒のアンドレイが、イスラム教徒のコーシカと力を合わせてロシアを救い、大国の復活を目指す。これは、映画を観るロシア国民への明確なメッセージだ。映画の中で、プーチン政権誕生後に影響力を増していると言われるロシア正教が果たす役割が意図的に極小化されていることも、他教徒への配慮からだったように思う。

ソ連崩壊後のロシアをさらなる分裂の瀬戸際まで追い込んだチェチェン共和国は、住民のほとんどがイスラム教徒だ。カルムイク共和国のように仏教徒が多い地域もある。そして忘れてはいけないのが、都市部に多く住み、実業界や学界など社会的な指導層にも人材を多数送り出しているユダヤ人だ。

ロシアという国家を「ロシア人の国」あるいは「ロシア正教徒の国」と定義した瞬間、国は分裂の危機に瀕する。その危険性を熟知しているプーチンは、他宗教、他民族への目配りを忘れない。そして、そのことを国民の目に見える形で示すのが一一月四日の「国民統合の日」の役割となっている。

国民統合の日、プーチンは、ロシア正教、イスラム教、ユダヤ教、仏教の指導者らと共に、赤の広場でミーニンとポジャルスキーの像に花を供えるのを通例としている。

だが、ここで一つ気になることがある。ロシア一〇月革命記念日を廃止したことで、ロシアの二大祝日、つまり五月九日の対ナチス・ドイツ戦勝記念日と一一月四日の国民統合の日がいずれも「外敵を打ち破った日」になってしまったことだ。

ソ連には、当時の二大祝日がそれぞれ象徴する「世界初の社会主義国家」と「第二次世界大戦でナチス・ドイツを破り、世界を破滅の淵から救った国家」という、二つのナショナル・アイデンティティーがあった。このうち「社会主義」は、実態はどうあれ、世界の歴史を先取りしたという前向きの意味を持っていた。世界に与えた思想的な影響の大きさも計り知れない。

しかし今や、ロシアという国は、祝日でみる限り、「一七世紀にポーランドを破り、二〇世紀にナチス・ドイツを破った国」として定義づけられるようになってしまった。これでは、世界に共有されるような前向きの意味がない。何より、ばらばらになりかねないロシアという国が一つにまとまるためには、「外敵」の存在が不可欠だということにもなりかねない。当然、「敵」とみなされる可能性がある周辺国はロシアに対する警戒感を募らせることになる。

確かにプーチンは、社会主義、共産主義のイデオロギーからは完全に決別した。その意味で、ソ連の復活はあり得ないだろう。しかし、意図しているか、していないかは別にして、ロシアをまとめるために、国民に対して常に「外敵」の浸透への警戒を呼びかける論調が強まっていることは事実だ。これは、プーチンがＫＧＢの対外諜報部門でキャリアを積んだこととと、決して無縁ではないだろう。

では、プーチンが頭に描く今のロシアの「外敵」とはいったいなんだろうか。

「主たる敵」はNATOだった

話を冷戦末期の東ドイツ・ドレスデンに戻そう。

KGBの要員として、プーチンはどんな任務にあたっていたのだろうか。

当時のプーチンの同僚、ウソリツェフは語る。

「東ドイツにおけるKGBの仕事は、第一に、西ドイツを対象にしたものだった。中でも重要なのは、当然のことながらNATOの動きを探ることだった」

NATO。正式名称は北大西洋条約機構。米国を中心に、西欧諸国とカナダが加盟する軍事同盟で、ソ連の封じ込めを主要な任務としていた。第二次世界大戦後急激に悪化したソ連・東欧の東側陣営と米国・西欧の西側陣営の対立を背景に、一九四九年に設立された。ソ連はこれに対抗して、一九五五年に東ドイツなど東欧の共産圏の国々と軍事同盟「ワルシャワ条約機構」を設立。米国とソ連はそれぞれ西欧と東欧に核ミサイルを配備してにらみ合った。プーチンが勤務した東ドイツは、いつ熱い戦争に転化するか予断を許さない東西冷戦の最前線だった。

「我々の最も重要な任務は、『異変』、つまり核ミサイル攻撃に向けた準備の動きを暴き出すことだった」

「ソ連のスパイのすべての努力は、我々が持っている『目』と『耳』が、核ミサイルによる奇襲の準備の予兆を適時に察知できるようにすることに向けられていた。KGBだけでなく、ソ連軍の参謀本部情報総局（GRU）も同じ任務を担っていた。例えば、NATO

軍の戦車一台が格納庫から出たというときでも、誰かが電話してきてその情報を伝えるといった具合だ。おそらく、同じようなことを米国のスパイもやっていたのだろう。こうした任務は極めて困難なものだった」

プーチン自身、二〇〇〇年のインタビューで端的に語っている。

「私たちは『主たる敵』についてのあらゆる情報に関心を持っていた。『主たる敵』と考えられていたのはＮＡＴＯだった」

「情報源を確保し、情報を受け取り、処理をして、中央に送る。情報というのは、例えば政党について。つまり、政党内部の傾向や、現在の、そして将来の可能性がある指導者について。政党や政府内の特定のポストに向けた人々の動きについて。誰がどのように何をしているのか。我々が関心を持っている国の外務省で何が行われているのか、世界のさまざまな地域のさまざまな問題について、どのように政策を決めているのか。例えば、軍縮交渉で我々の交渉相手がどのような対応を取るのか。こういったことを知ることが重要だった」

ウソリツェフによると、その他に日常業務もあった。それは、彼ら自身が住んでいた東ドイツ国内の情勢の観察と分析だった。こちらはずっと簡単な仕事だった。

当時の東ドイツは秘密警察「シュタージ」をはじめとする治安機関が社会の中に監視の網を張り巡らせていた。

「当時の東ドイツは国家と党（ホーネッカーが率いるドイツ社会主義統一党）の組織によっ

てがちがちに固められていた。東ドイツ社会に占めていたシュタージの重みをソ連と比べるならば、東ドイツの住民の方が、こうした特務機関の人間とかかわる機会がずっと多かった。その密度はソ連の五倍から一〇倍といったところだったのではないだろうか。ドレスデン一帯には約三〇〇万人が住んでいたが、そこで活動する情報機関員は、約一千万人が住むベラルーシ全体で活動する情報機関員よりもずっと多かった。まったく比較にならないぐらいだった」

プーチンも当時の東ドイツについて同じような見方を語っている。

「東ドイツという国はある意味で私にとって発見だった。私は欧州の中心に位置する東欧の国に行くのだと思っていた。世の中はもう八〇年代の後半になっていた。しかし、東ドイツのシュタージの同僚と話をしてわかったのは、彼ら自身、そして東ドイツそのものが、ソ連がもう何年も前に通り過ぎてしまった過去の状態にいることだった」

「それは厳しい全体主義国家だった。我々で言えば、三〇年も前のような状況だった。その上悲劇的だったのは、多くの人々が共産主義の理想を心から信じていることだった」

プーチンは子供時代に「スパイになりたい」という夢を抱き、KGBに入った。そこで念願かなって、国外で勤務するチャンスをつかんだ。当時のソ連人としては例外的に恵まれた立場だったと言えるだろう。視野を広げ、ソ連を改革する必要性を痛感していた。

当時の東ドイツは、物質的にはソ連よりずっと豊かだった。プーチンの給与の一部は外貨で支払われた。週末にはソ連の庶民にとっては高嶺《たかね》の花の乗用車が貸与され、家族四人でドレスデン郊外へのドライブを楽しんだ。

しかし一方で東ドイツは、ソ連以上に息苦しい監視社会だった。プーチンが西側の自由な空気を肌身に感じる機会はなかった。それどころか、ＫＧＢの任務として西側の国々を「主たる敵」として接していた。このことは、ロシアの指導者となったプーチンの一つの限界を形作っているのではないだろうか。

「なぜ包囲網を敷く」漏らした不信感

プーチンは二〇〇〇年にロシアの大統領に就任してからも、ＫＧＢ時代のＮＡＴＯへの不信感をそのまま抱いている様子を日本で見せていた。

二〇〇〇年九月三日、プーチンは日本を初めて公式訪問した。五日までの三日間の日程の最終日の朝、プーチンは当時首相だった森喜朗と朝食を共にした。前年の大晦日にエリツィンが電撃的に大統領の職を辞したことで、首相だったプーチンが大統領代行に就任。三月の大統領選で勝利してまだ半年だった。しかし、森にとってプーチンとじっくり話をする機会はすでに三回目だった。

森はプーチンが当選を決めた直後の四月にサンクトペテルブルクを訪れ、大統領就任式前のプーチンと丸一日を共に過ごした。このときの様子については、後に詳しく触れる。七月には主要八カ国（Ｇ８）サミットのホストとして、会場の沖縄でプーチンを迎えた。ウマが合った二人の間にはすっかりうちとけた雰囲気ができあがっていた。

最終日の九月五日、プーチンが宿舎とした元赤坂の迎賓館で行われた朝食会は、二人がさまざまなテーマについて率直に意見交換をする機会となった。両国の外交当局者が事前に準備した内容に沿った協議は、前日までに終わっていた。

森が二〇年近くを経てもはっきりと覚えているやりとりがある。

「いいかい、ヨシ」とプーチンは切り出したという。

「ロシアは自由と民主主義、法の支配といった価値観を、米国や日本と同じにした。これは決して簡単なことではなかったんだ」

鉄壁のように硬く、氷のように冷たいソビエトの体制を根本から作り替えることは並大抵のことではなかったと、プーチンは説いた。

「ところがヨーロッパはなんだ」

ここで、プーチンは不快感をあらわにした。

「相も変わらずNATOで、ロシアの包囲網を作ろうとしている」

「ソ連はロシアに変わるとき、カザフスタン、キルギス、ウズベキスタンといったソ連内の共和国をみんな解放した。チェコやハンガリーなど、共産圏の東欧の国々も全部解放した。彼らは自由になった。それは良いことだったと思う。彼らはEU（欧州連合）に入るという。それも、大事なことだろう。経済が大切なことはよくわかる。しかし、そこまで止めるべきだった。なぜNATOに入るのか。NATOに入るということは、米国やカナダと一体になってロシアの包囲網を敷くということだ。軍事同盟じゃないか。そんなところにやるために彼らを放したわけじゃないんだ」

一息にこう言い切ったプーチンは、はっと気がついたようにこう言葉をつないだという。

「そういうことを言う連中が、ロシアにはいっぱいいるんだ。そんなことをやらせていいのか、という」

プーチンは、ここから話を北方領土問題に広げていった。

ここでもプーチンは「自分がそう思うわけではないが」と断った上で語った。

「例えば、あそこを日本に引き渡したら『米国がそこに基地を造るんじゃないか』『そんなことになるのにどうして引き渡さなければいけないんだ』という強硬な連中もいる」

「それは絶対にあり得ないよ」と応じる森に、プーチンはたたみかけた。

「どうしてあり得ないと言えるんだ」

森は答えた。

「ロシアと領土問題を解決したら平和条約ができる。そんなときに、条約を結んだその相手国の対岸をよその国の兵隊に守ってもらうような、そんなことをするはずがないじゃないか。そのために平和条約を結ぶんじゃないか」

「それはそれでわかる。だが我が国にはそういうことを言って反対する者もいるんだ」

北方領土問題の解決とは、ただ島を引き渡せば済むという問題ではない。その先が大事だ。現に欧州ではソ連の勢力範囲だった東欧諸国は自由になったというのに、ＮＡＴＯに加盟して、軍事的にロシアへの対決姿勢を強めている。「日本だってそうならないとは限らない」。プーチンは、そう言いたかったのだろう。

実際プーチンは、プロローグで紹介したように、このとき森にぶつけたのとまったく同じ疑問を二〇一六年に安倍に突きつけることになる。

森は、ウクライナ問題を見ながら、「ロシアが置かれている立場もわかってほしい」という当時のプーチンの考えが、今につながっていると感じるという。

プーチンは、NATOに加盟させるために東欧を解放したわけではないという考えについて、「自分ではなく、ロシア国内にそういうことを言う人たちがいる」という言い方をしているが、プーチンの本音だと言ってよいだろう。

芝居がかった言い回し

ところで、このエピソードを森から聞いたときに印象的だったのは、話の内容もさることながら、プーチン一流の芝居がかったような言い回しだ。

いったん「そんなところにやるために彼ら（東欧）を自由にしたわけではない」と、非常に厳しいことを言い切ったその後で、一拍おいてから「ということを言う連中が国内にいる」と言葉をつなぐことで、森に強い印象を残した。

これとよく似た例がある。二〇一五年四月、ロシア国営テレビは、プーチンが二〇〇〇年に初めて大統領に就任してから一五年となるのを記念するドキュメンタリー番組「大統領」を放映した。その中で、一九九九年に、当時首相だったプーチンがロシア南部チェチエン共和国に隣接するダゲスタン共和国を訪問した際の映像を紹介した。貴重な発掘映像だという。

当時、チェチェンの独立派内部ではイスラム過激派の影響が強まっていた。一部はチェチェン周辺にも勢力を伸ばし、一般住民を多数巻き込む悲劇的な戦闘をロシア軍と続けていた。

プーチンはダゲスタンの前線本部を訪れ、現地の指揮官らを激励した。軍用のテントの中に、簡単なテーブルが据えられ、その上に果物やコップが並んでいる。プーチンはウォッカが注がれているコップを手にとって語り始めた。

「ロシア、そしてダゲスタンの伝統に則って、戦闘で死亡した者の記憶のために、負傷した者の回復を祈って、そしてここにいるすべての者の幸福を願って乾杯したい」

その場にいた全員がコップを手に取った。しかし、プーチンは突然「だがちょっと待て。待ってくれ」と、それを制した。その上で、言葉を以下のようにつないだのだった。

「しかしだ。我々の前にはまだ、多くの問題と大きな課題が残されている。我々には、一秒たりとも隙を作るような権利はない。なぜなら、死んだ者たちは、無為に死んでしまったのではなかったのだろうか。従って今日のところは、このコップをいったん置くことを提案したい。乾杯は課題が解決してからにしよう」

プーチンはそう言うと、自らのコップをテーブルの上にコツンと音を立てて置いた。

ドキュメンタリー番組では、この場面に重々しい音楽をかぶせていた。プーチンの厳しい表情と相まって、プーチンの悲壮感と断固たる覚悟が伝わってくる、まるで映画の一コマのような感動的なシーンに仕上がっている。

当時のことを覚えているロシアの視聴者であればなおのこと、テロと戦争にまみれた苦境からわずか一五年の間にロシアはよくここまで立ち直ったものだという感慨をかみしめたのではないだろうか。

だが私はこのときのプーチンを見て、すぐにプーチンが森と交わした言葉のやりとりを思い出した。これが、プーチン一流の話法なのではないか。確かに非常に劇的で、その場にいた全員に生涯忘れないような強い印象を残しただろう。

プーチンは、相手に自分の言葉を強く印象づけたい局面で、意識的にこうした言い回しを使っているのではないだろうか。もしかすると、KGB時代に訓練で身につけた武器かもしれない。そう思わせるほど、見事な手腕である。

コネも、出世の願望もなかった

一九九〇年一月、プーチンはKGBの要員として約五年を過ごした東ドイツのドレスデンを後にして、故郷のレニングラードに戻った。

前年一一月九日のベルリンの壁崩壊から二カ月。ドレスデンのKGB支部に詰めかけたデモ隊にプーチンが単身向き合って解散させた一二月五日からわずか一カ月後のことだった。

その三日前の一二月二日から三日間にわたり、ソ連大統領ゴルバチョフと米大統領ブッシュ（父）が地中海の島マルタの岸辺に浮かぶソ連客船マクシム・ゴーリキー号の船上で歴史的な会談を行い、「冷戦が終わり、新しい時代に入った」と宣言していた。

ゴルバチョフは記者会見で述べた。「熱い戦いは決して起こらないだろうと大統領に確約した。まだ第一歩を踏み出したばかりだが、そこから出発することにしたい。対立、軍備拡大、精神的な不信感は過去のものになった」

機密書類の処分を終えたプーチンたちがドレスデンにいる意味は、すでに失われていた。歴史の歯車は、誰も想像していなかった速度で回り始めていた。

プーチンのレニングラードへの異動。それは、必ずしも恵まれた処遇とは言えなかった。ドレスデンでプーチンの同僚だったウソリツェフは語る。

「国外で勤務したＫＧＢの要員にとって、成功とは中央、つまりモスクワに行くことだった。東ドイツで働いていた者の、おおよそ三〇～四〇％がモスクワに引き立てられた。それが、功績に対する報賞だった。しかし、プーチンはそこには入らなかった」

しかし、そのことはプーチンの能力が低かったことを示すわけではないとウソリツェフは力説する。

「プーチンは実務的で、勤勉で、ＫＧＢの中で悪くない出世ができる男だった。しかし、そうはならなかった。なぜなら、ＫＧＢで出世するには、単に能力や仕事の質以外に、特別のコネ、知り合いが必要だったからだ。プーチンは、有力者のつてとか、自分を引き立てくれるような人物を持っていなかった」

プーチン自身、出世には無関心だったというのが、ウソリツェフが当時抱いていた感想だった。

「プーチンは出世を目指して何かをやるようなことはなかった。彼は決して出世主義者ではない。彼自身の経歴、ＫＧＢでの任務がそのことを物語っている」

ウソリツェフは、ソ連の体制への批判を含むプーチンの本音を、盗聴される心配のない片隅で聞かされた。しかし、プーチンから将来の出世への意欲などは一度も聞かされたことはないのだという。

「プーチンは本当に男らしかった。出世についてうじうじ話をするなんていうのは、男のすることではない。それは暇な女性のおしゃべりの種だ。プーチンはサムライだった。そんな話をするほど落ちぶれていない。私たちはいつも高尚な話をしていたよ。法のこと。宇宙のこと。哲学のこと。文学のこと。誰がどのポストを狙っているとか、誰にどんなコネがあるとか、一度もそんな話を彼としたことはない」

しかしプーチン自身は、二〇〇〇年のインタビューで、ドレスデンでの勤務の後にモスクワで働くチャンスがあったと語っている。公平のために、彼自身の言葉も紹介する必要があるだろう。

「私がなぜ、モスクワの本部で働かなかったのか。誘いはあった。しかし、私はすでにこの組織には未来がないということを理解していた。国にも将来がなかった。その組織の中に座って、それが崩壊するのを待っている。それはとてもつらいことだと考えたのだ」

「我々がやっていたことは誰にも必要がないことだとわかってしまったのだ。報告書を書き、情報源を確保し、情報を収集する意味はなんだったのか？　本部では、誰も何も読んでいなかった。我々は何が起こるかを予告することも、どのように行動すべきか提言することもしなかったとでも？　そうではない。単に反応がなかったのだ。誰がむなしい仕事をやりたがるだろうか？　自分の人生を何年間も捧げる。だがなんのために？　ただ給料を受け取るためだろうか？」

「例えば、私の友人に、科学技術分野のスパイがいた。数百万ドルを支払って、重要な科学的な発明についての情報を入手した。もし我が国で独自に同じようなプロジェクトを実行するとすれば、数十億ドルが必要だっただろう。私の友人はそれを入手し、本部に送った。そこで情報は検討された。彼らはこう言った。『すばらしい。ものすごい情報だ。ありがとう。みんな君たちに感謝している。勲章に値する』。しかし、実際には何もできなかったのだ。やってみようとさえしなかった。（ソ連の）産業の技術的水準がそもそもそこまで達していなかったからだ」

　プーチンが国と組織に絶望していたということも事実だっただろう。半生を捧げてきたソ連という国自体がなくなろうとしている現実に直面して、このころのプーチンは半ば精神的な虚脱状態にあったようだ。

　だがプーチンは、レニングラードに戻ってからも、見切りをつけたはずのＫＧＢを辞めたわけではなかった。

「一九九〇年一月にドイツから戻ってからも、私は組織に残っていた。しかし、少しずつ別の道についても考え始めていた。私には二人の子供がいたのだ。すべてを捨てて、どこにいくかわからない道に踏み込むことはできなかった」

山下泰裕との出会い

出世欲は見せなかったというプーチンだが、周囲の人たち、特に年長者を魅了する不思議な力を持っていた。ウソリツェフは、その力こそ、プーチンが一介のKGBの要員から大統領へと駆け上がる原動力の一つになったと考えている。

そんなプーチンの力をまざまざと見せつけられた一人が、柔道家の山下泰裕だ。山下は、プーチンと初めて会った日のことを今もはっきりと覚えている。それは、二〇〇〇年九月五日。プーチンがロシア大統領として三日間の日程で訪日した最終日のことだった。この日の朝、プーチンが首相の森喜朗とNATOや北方領土をめぐって交わした率直なやりとりについては、先に紹介した。

この日プーチンは、日本から離れる直前に、柔道の聖地・講道館を訪れた。柔道家プーチン自らのたっての希望だった。

山下は、事前に外務省から一つの頼み事をされていたという。

「できれば、大統領が柔道着を着ないようにお願いします。時間を読むのが非常に難しくなるので。交通を全部止めたりしているものですから」

プーチンは文京区春日の講道館から直接、大統領専用機が待つ羽田空港に向かう予定だった。車列が通る際には、首都高速も含めた大規模な交通規制を敷く。プーチンが柔道着を着てしまうと講道館からの出発が予定より遅れて、規制する時間が長引くなど、警備態勢や交通に大きな影響が出るというのがその理由だった。

山下は「隣国のトップが講道館で柔道着を着るとすれば、こんなに画期的なことはないのに」と感じていたが、外務省からの頼みは聞かないわけにはいかなかった。

その外務省にしても、今だったらプーチンが柔道着を着るのを止めたりしないかもしれない。むしろ喜んでプーチンの希望をかなえようとするのではなかろうか。

だが、このときプーチンは大統領に就任してわずかに四カ月。一年前までほとんど無名で、前大統領エリツィンとその取り巻きに選ばれた操り人形という見方さえあったころだった。

山下は、道場受付がある四階でプーチンの到着を待っていた。プーチンが車から降りたところで立ち話はしないでほしい。これも警備上の要請だった。狙撃される危険があるような場面は、極力減らさなければならないという理由からだ。

そこで、講道館側からは、当時の館長だった嘉納行光だけがプーチンの車の到着を出迎えた。その場では立ち止まることなく、すぐに四階まで上がってきた。

山下がそこで目にしたプーチンは、すでに自分の柔道着を小脇に抱えていた。

「どこで着替えたらいいかな？」

これが、山下が初めて聞いたプーチンの肉声だった。

柔道着に着替えたプーチンは、道場であいさつの言葉を語った。

「講道館に来ると、我が家に帰ったような安らぎを覚える」とプーチンは切り出した。

「これは私だけではないはずだ。世界中の柔道家がそう感じるはずだ。なぜなら、世界の柔道家にとって、講道館は大切なふるさとだからだ。柔道が世界に広がったのはすばらしいことだ。しかし、もっと大切なことは、柔道を通じて日本の文化、日本の心が世界に広がっていく。そのことに価値がある」

山下は当時を振り返って、「あの場にいた全員がしびれました」と語る。

「ロシアの大統領のあいさつというよりは、日本人。いや、日本人でさえ思っていないようなことをおっしゃった」

それだけでは終わらなかった。プーチンが周囲の人々を魅了する力をまざまざと見せつけたのは、講道館の行事の最後でのことだった。

講道館はこのとき、プーチンに六段の段位を贈った。黒帯を外して、六段以上の者だけに許される紅白の帯を締めるよう促されたプーチンは、なぜかそれを断った。少しがっかりした空気が道場に広がるのを予期していたかのように、プーチンはマイクをとった。

「私は柔道家だ。六段がどれほど重いものかをよく知っている。大変光栄なことだが、ただ残念ながら、私の実力はまだこの帯を締められる水準に達していない。ロシアに帰ったらさらに練習を積んで、早くこの帯を締められるような柔道家になりたい」

万雷の拍手。山下は「あのときその場にいた全員が、大統領のことを大好きになった」と振り返る。

山下はこれがきっかけで、プーチンと親しくつきあうようになる。プーチンとは、多人数の懇談も含めれば、二〇回以上の会談を重ねてきた。日本では一番プーチンと親しくつきあってきた人物だと言えるだろう。

日本の外交関係者も「プーチンは、日本との関係の中で、山下さんとのパイプは大切にしているようだ」と話す。実際、プーチンは山下がロシアに来る機会には、多忙な日程をさいて、極力直接会う機会を作ろうとしてきた。

山下はプーチンと会う前から、ソ連、ロシアと浅からぬ因縁で結ばれている。一九八〇年のモスクワ五輪を、日本は米国などに追随してボイコットした。ソ連によるアフガニスタン侵攻への抗議だった。山下は、モスクワ五輪に参加できなかった「幻の代表」の一人だ。

一九八〇年四月二一日、日本がボイコットへと傾く中、急遽開かれた選手やコーチの集会で、山下ら代表選手が涙ながらに参加を訴える姿は、多くの日本人の心を揺さぶった。翌日の朝日新聞は「心ゆれ練習に気合が入らぬ　声をふるわせ、涙の山下選手」という見出しで、山下の訴えを伝えている。

「小学校一年のとき、東京五輪をテレビで見て感激した。柔道をはじめてから、今度はボクが、と夢を抱いた。それなのに……」

二〇〇八年五月、山下ら柔道の「幻のモスクワ五輪代表」のうち六人が、モスクワを訪れた。ボイコットから二八年。この間一度もロシアを訪れたことがないメンバーもいた。山下は一九八四年のロサンゼルス五輪に出場し、無差別級で悲願の金メダルを獲得するが、他の五人は、その後五輪に出場する機会に恵まれなかった。

プーチンは一行を、到着翌日の五月一一日に夕食会に招いた。このときのプーチンは多忙を極めていた。二〇〇〇年から二期八年間の大統領任期を終えて、大統領の座をメドベージェフに譲り、首相に就任したのがわずか三日前の五月八日。その翌日は対ナチス・ドイツ戦勝記念日。モスクワの赤の広場で行われたソ連時代以来一八年ぶりとなる本格的な軍事パレードに、メドベージェフと共に出席していた。山下ら幻の五輪代表と会ったときには、まだ新閣僚の名簿も発表されていなかった。

だが、山下らを前にしたプーチンは、一時間半ほどの夕食会で、終始上機嫌だった。

「私が大統領として最後に会った日本人が福田さん、首相になって最初に会った日本人がみなさんだ。記念すべき人たちだ」

「福田さん」とは、四月末にロシアを訪問した当時の首相福田康夫のことだ。

話題が東京が招致を目指していた二〇一六年の夏季五輪に及ぶと、プーチンはこう激励した。

らと夕食を共にした翌日のことだった。

「どこが東京のライバルか。招致が成功するようがんばってほしい」

プーチンが新閣僚の名簿を新大統領となったメドベージェフに正式に示したのは、山下らと夕食を共にした翌日のことだった。

ロシア側は事前に山下に対して「今回はプーチン首相が会うことは極めて難しいと思う」と伝えていた。プーチン本人の強い意向があって会食が実現したことに疑いはない。

山下と二〇回以上会ったプーチンだが、政治的な話をすることはほとんどないという。しかし、プーチンから、北方領土問題を抱える日本との関係打開に向けた意欲について聞かされたことはある。それは、二〇〇五年一二月、プーチンの故郷サンクトペテルブルクでのことだった。山下は、シドニー五輪金メダリストの井上康生と共に、夕食に招かれた。当時プーチンは大統領二期目。第一副首相だったメドベージェフも同席した。

夕食会の冒頭、プーチンはワイングラスを手にこう語ったという。

「山下さん、ロシアと日本との間には前々から難しい問題が一つある。でも、これ以外の問題は何もない。そして、これ以外の問題を作ろうという気持ちもまったくない。だから何も心配しないで、安心してほしい」

プーチンは、いったんグラスを置いて続けた。

「その難しい問題も、ロシアと日本が知恵を絞れば必ず解決できる。そして、この問題を解決できれば、ロシアと日本の間にはなんの問題も存在しなくなる。その日が来ることを願って乾杯しよう」

柔道のけいこを終え、プーチン大統領（中央右）は、山下泰裕（中央）、井上康生（中央左）らと記念撮影した＝2005年12月24日、サンクトペテルブルク、駒木明義撮影

日本側の外務省や大使館などの関係者は同席していなかった。山下は、「この言葉は、横にいるメドベージェフに聞かせる意味もあって言っているのかもしれない」と感じていた。

プーチンはこの翌日、サンクトペテルブルクのスポーツ学校の道場で、山下、井上と共に柔道着を着て、柔道に取り組む子供たちの指導にあたった。

山下は、プーチンの人間像について「厳しさと愛の両方を併せ持った人だと思う」と語る。

「柔道というものを本当に大切にしている。私たちの思いに対して、真摯《しんし》に、誠意をもって応えていただいているのをいつも感じる」

山下は、ロシアのトップ選手も含め、プーチンの柔道仲間たちと親しく交流してきた。彼らは、山下に異口同音にこう言うのだという。

「大統領はあれだけ偉くなっても、我々と会うときは大統領としてではなく、柔道仲間として会ってくれる。あれだけ偉大になっても、我々に対する対応、言葉づかいが変わらない。決して下に見るようなこともない。昔と同じ仲間なんだ」

とろけさせる天賦の才

プーチンを直接知るロシア人の多くが、接した人々を魅了する「人たらし」の才能がプーチンにあると語る。私たちの取材に応じた一人は、この部分だけ匿名にしてほしいと頼んだ上で、「あの愛想の良さは、典型的なＫＧＢ流だ。警戒することをお勧めする」と語った。

確かに、相手の警戒心を解き、信頼させる手腕が、情報入手を仕事とするスパイに不可欠なのは、うなずける。

しかし、東ドイツのドレスデンのＫＧＢ支部でプーチンの同僚だったウソリツェフは違う意見だ。

「彼は本物だった。彼は、演じていたのではない。彼は、あるがままに振る舞っている」

「我々の世界から俳優は輩出していない。別人になりすますやり方だって習っていない。我々は単なる作戦将校だ。非合法の工作員なら演ずることが必要かもしれないが、我々には必要ないことだった。もちろん、多少の演劇的な手法は我々のような仕事の役に立つことはあったが、いずれにしても、そうした教育を受けることはなかった。変装なんかもしたことがない」

ウソリツェフが考える「典型的なＫＧＢ」は、元大統領府長官で、プーチンの盟友の一人でもあるセルゲイ・イワノフだ。愛想は良いが、その下で何を考えているのかわからない。

「見ればすぐにわかる。彼はいつも仮面をつけている。しかしプーチンは、あるがままに生きている。何かを装っているようなことはまったくない。あらゆることに対して、感情豊かに反応する。ただ幸いなことに、完全に外向的な性格というわけではない。自制することができる。非常にバランスのとれた個性を持っている」

そんなプーチンは、ドレスデン時代から周囲の人々に大変好感を持たれるのが常だったとウソリツェフは言う。

「特に、年配者はまるでプーチンにとろけてしまうようだった」

講道館でのエピソードなど知るはずもないウソリツェフだが、「日本では年配者を大変に敬うものだと聞いている。もしかすると、彼はあの礼儀正しい態度を、柔道を通じて身につけたのではないだろうか」と推測した。

「プーチンは実際、年配者と同じ席にいるとき、大変な敬意を払っていた。このことはいつも、年配者に大変な感銘を与えていた」

森との出会い

元首相の森喜朗も、初対面のときからプーチンの細やかな気配りに強い印象を受けた一人だ。

森がプーチンと初めて会ったのは、二〇〇〇年四月二九日のことだった。

森は病に倒れた小渕恵三の後継として、四月五日に首相に就任したばかりだった。一方のプーチンも、三月二六日の大統領選で初当選を決めたばかり。就任式前で、肩書はまだ大統領代行だった。

森にとって、当面の大きな懸案はその年七月に沖縄で開く主要八カ国（G8）首脳会議だった。サミットの沖縄開催は、沖縄問題への思い入れの深い小渕の政治的決断で決まった。沖縄では、ひしめく米軍基地への複雑な感情が渦巻いている。小渕は、正式決定前に米国に「沖縄でも問題ないか」と打診して、了解を取り付けるなど、万全を期した上で開催地を決めた。しかし、小渕が沖縄サミットを見ることはなかった。

急遽サミットの議長役を務めることになった森は、就任直後の連休を利用して、G8の首脳全員と会談をすることになった。「沖縄で議長として首脳たちを迎えて、そこで『初めまして』というわけにはいかないだろう、ということだった」と、森は振り返る。

七カ国をどの順番で回るかという段になって、森は「ロシアに最初に行こう。プーチンからにしよう」と事務方に指示をした。外務省サイドは「それはちょっと」と、抵抗したという。同盟国の米国を差し置いて、平和条約も結んでいないロシアを最初の訪問国に選んだ首相は例がないからだ。だが、森は「俺はそうしたいんだ」と押し切った。

森の頭の中には二つの理由があった。一つは、小渕が首相時代に、自民党幹事長だった森に「外交案件はいろいろあるが、ぜひロシアをやりたい」と、協力を求めたことだった。対ロ関係打開は、小渕が果たせなかった夢だった。

もう一つは、当時自民党総務局長だった鈴木宗男が、小渕が倒れた直後にロシアを訪問して四月四日にプーチンと会談。日本の新首相と四月末に会談するという約束を取り付けていたことだった。

小渕は、倒れる前に鈴木に親書を託していた。小渕の再起不能は明らかだったが、プーチンは鈴木と会談し、小渕の親書を受け取った。その上で、新首相と会うことを鈴木に確約したのだった。このとき鈴木は、次期首相に森が就任するという見通しをプーチンに伝えていた。

森は「鈴木君がそう言っている以上、やはり礼儀として最初にロシアに行くべきだろうと考えた」と、当時の事情を明かした。

こうして、四月二九日、森とプーチンの初対面がサンクトペテルブルクで実現することになる。

森にとって幸いだったのは、プーチンが大統領に就任する前ということで、比較的時間に余裕があったことだった。森は結局この日、朝から夜までほぼ一日中プーチンと共に過ごし、率直なやりとりができるような間柄になるのだった。

初対面で見せた涙

朝一番の会談場所は、プーチンの生まれ故郷のサンクトペテルブルクにあるロシア美術の殿堂、ロシア美術館が選ばれた。

会談は、森とプーチンと通訳らわずかな同席者による少人数会合から始まった。形式的に一〇分か一五分、自己紹介を含めた簡単なやりとりをして、外務省幹部らが待つ別室に移動して本格的な会談を始める。そんな段取りを森は事前に聞かされていた。しかし、実際はこの場で話が思わぬ方向に広がっていくことになる。

プーチンはまず、「首相就任後、初めての外国訪問先にロシアを選んでいただいて感謝する」とあいさつした。あいさつが終わると、いきなり森に質問をぶつけた。

「あなたのお父さんはシベリアに抑留されていたのか」

「いろいろと調べているもんだなあ」と、森は思った。森の父茂喜は、実際シベリアとの縁が深い。石川県根上町《ねあがり》(現在は町村合併で能美市《のみ》)の町長として、ソ連との交流に尽力した。根上町の姉妹都市となったシベリア・バイカル湖に近いイルクーツク市郊外のシェレホフ市には、茂喜の遺骨を分骨した墓がある。茂喜が音頭をとった交流の結果、金沢市もイルクーツク市と姉妹都市となった。イルクーツクには「金沢通り」と名づけられた通りがある。

ただ、茂喜は終戦を南方で迎えたため、シベリアには抑留されていない。

森は説明した。

首脳会談の席に着く森喜朗首相（左）とプーチン・ロシア次期大統領＝2000年4月29日、サンクトペテルブルク市内で、安藤保雄撮影

「父は、直前まで満州（中国東北部）の牡丹江にいた。ところが戦況が急に激しくなって、米国との戦いを優先するということになって、満州にいた連中の半分がサイパンへ、もう半分はトラック島、今のミクロネシアに行かされた。うちの親父はミクロネシアに行った。それで助かったんだけれども、もし満州に残っていたらどうなっていたか。将校だったので、将校待遇を受けていたかもしれないが、シベリアには行かされていたかもしれない」

「そうか」と、プーチンは応じた。

「あなたのお父さんは、大変ソ連との関係を熱心にやっておられた、特にイルクーツクからシベリア方面を非常に熱心にやっておられたと聞いている。抑留されていたから関心があるのかと思った」

「いや、もしもシベリアに抑留されていた

ら、やらなかったんじゃないですか」

森の言葉で、場が和んだ。

ちなみに、初対面の相手に家族の情報をぶつけるのはプーチンの常套《じょうとう》手段だ。

二〇〇六年一一月、小泉純一郎の後継首相となった安倍晋三が初めてプーチンと会ったときのことだ。プーチンは、まだ記者団がいる会談の冒頭で安倍の父、安倍晋太郎の業績を持ち上げた。

「あなたのお父さんは外相として、当時のソ連と日本の関係発展に非常に大きな貢献をされたことを私たちはよく知っている。私たちは、そうした意味で、あなたが日ロ関係の発展に向けて、ご家族の伝統を引き継がれることを願っている」

いきなり相手のバックグラウンドに触れる話をするのはいかにもKGBらしいやり方だ、と同席していた日本の外交関係者は感心した。

この会談は、アジア太平洋経済協力会議（APEC）の首脳会議が開かれたハノイで行われた。当時私（駒木）も取材でこの現場に居合わせた。印象に残ったのは、プーチンのあいさつだけではない。ハノイの国際会議場の一角にベトナム政府が用意した会談用の部屋で、安倍の到着を待つプーチンの様子にも驚かされた。

プーチンは、郵便はがきをひとまわり大きくしたほどのカード数十枚の束を手に、落ち着きなく室内を歩き回りながら、カードをめくり熱心に目を通していた。

ロシアや日本が会場を用意する場合は、プーチンは直前まで姿を現さないため、こんな場面を見ることはできない。

　プーチンは首脳会談の際には、相手の家族だけでなく、相手国との貿易高やその変化、協力が進んでいる分野などを資料も見ることなく滔々《とうとう》とそらんじてみせるのが通例だ。そのために事前にプーチンはこんな準備をしているのか、と私は感心させられた。まるで試験前夜に暗記に取り組む学生のような、きまじめな姿だった。

　話を森とプーチンの初対面の場面に戻そう。

　森はプーチンに、父親の墓がなぜシベリアにあるのかを説明した。

「一九八九年に親父が死んだとき、イルクーツクの市長が私のところに来て『お骨を分けてください』と言ってきた。いいですよ、と答えたけれど、本当にそんなことができるのかと思っていた。だけど次に来たとき、日本と同じ墓石を使って、墓地の公園の一番真ん中の大きな区画に立派な墓を用意してくれた」「それまで正直言って私はソ連に関心がなかった。親父は一生懸命日ソ友好をやっていたけれど、私は青嵐会《せいらんかい》の方だから、ソビエトなんかなんだ、と思っていた」

「青嵐会」は、自民党のタカ派若手議員が一九七三年に派閥横断で結成したグループだ。中川一郎、藤尾正行らが代表世話人を務めて、森のほか、石原慎太郎、浜田幸一らが名を連ねていた。

「イルクーツクの市長から『あなたのお父さんは生前こんなことを言っていた』という話を聞かされた」と、森は続け、イルクーツク市長から当時聞かされた父親の言葉を、プーチンに紹介した。それはこんな内容だった。

「金沢とイルクーツク、根上町とシェレホフがこんなに友好を深められたのに、私が死んだら消えてしまう。だからそのときは、私の墓をこちらに置いてほしい。町の人たちがきっと訪ねて来るだろう。もう一つ理由がある。私の息子がちょっと反ソ的だ。だけど父親の墓があるなら、訪ねて来ざるを得なくなるだろう」

森は、イルクーツク市長から父親の言葉を聞かされたとき、内心はめられたような釈然としない思いを抱いたのだという。しかたなく遺骨を持ってイルクーツクを訪ねたときの思い出をプーチンに語った。

「ロシア正教の一番大きな教会でお祈りをやってくれた。いっぱいの人の中で、『遠い日本の友人の森茂喜さんの魂を』というようなことを言っている。これは俺が思っていたソ連じゃないなあ、と感じた。それから墓を置く郊外のシェレホフに行ったら、本当に町じゅうの人たちが出てきた。お墓がまた、あまりに立派なお墓でびっくりした。納骨をするときに、儀仗兵《ぎじょうへい》が空砲をばんばんと撃って、大変な式典をやってくれた。いやいや、これは俺の親父のためにこんなにやってくれるとは、と非常に私は心打たれるものがあった」

「もちろん今も交流は続いている。もう何千人が行ったり来たりしている」

プーチンは、森に尋ねた。

「お父さんは、ソ連との貿易とか、日本の平和運動なんかに関係していたのか」

「それはいっさいない。石川県の町村長の代表として、県の日ソ友好協会に加わって、副会長になった。その後会長が亡くなって、会長になった。ソ連との交流だからといって共産党の宣伝の場にしてはいけないといって、共産党を排除しようとしたくらいだ。共産党の方から、自分たちも入れてくれと言ってきた。『交流のときに日の丸も掲げるし君が代も歌うよ』と断った上で、超党派の独特の日ソ友好をやったのが私の父親だ」「おかげで私は、父親の墓に参るために、あんまり好きでもないソ連に行くことになった。父親の罠にはめられたんだ」

プーチンは、笑顔を見せた。森は続けた。

「私の母親は、寒い冬と暑い夏の年二回、必ずシェレホフに行って墓参りしている。見ているとかわいそうだし、もし母親が死んだら、その骨は一緒に入れてやらなければいけないな、と思っている」

笑っていたプーチンが、次第に真顔になっていった。

「いまに私が死んだら、みんな親父とお袋のところに骨を持っていってやろうということで、私の骨もロシアに持っていくことになると思う。だから、私はあなたと同じ地に眠ることになるかもしれない」

ここまで言うと、プーチンの目から涙が流れた。

KGB出身の冷たい男だと聞いていたけれど、どうも様子が違うようだ、と森は感じていた。

こうして、最初の少人数会合は予定を大幅に超過して約三〇分ほども続いた。途中、二回ほどロシア側の担当者が入ってきて、「時間です」「あちらでみんな待っています」とプーチンに伝えたが、プーチンは「ちょっと待て」とそれを制した。二回目には「こちらから言うまでは来るな」と怒ってみせたという。こんなところにもプーチンの気配りがにじみ出ていた。

一日がかりで訪日を説得

森喜朗はプーチンとの初対面となったこの日、幾度となくその細かい気配りや、人なつこい人柄に触れて、感心させられた。森が振り返る二〇〇〇年四月二九日の様子を、もう少し紹介する。

この会談で日本側の最大の狙いは、年内に予定されているプーチン訪日の日程を固めることだった。七月の沖縄サミットへの出席は決まっていた。その前後に公式訪問の日程をくっつけるのか。それとも日を改めて訪日してもらうのか。なんとしてもこの日のうちに、めどをつけたいと考えていた。

背景には、一九九七年、当時の大統領のエリツィンと首相の橋本龍太郎が「二〇〇〇年までに平和条約を締結するよう全力を尽くす」と約束していたことがある。この約束は、首脳会談が行われた場所の名をとって「クラスノヤルスク合意」と呼ばれる。合意の成就が不可能になってしまったことはこのときまでに明らかだったが、両国首脳の手で、正式に合意に葬式を出す必要があった。その上で、改めて新指導者プーチンと、平和条約交渉をどのように進めるか方向性を話し合う。その機会を、なんとしても二〇〇〇年中に設けたいというのが、日本側の考えだった。

森の父親をめぐって話が弾んだ少人数会合を終えて、両国の代表団を加えた全体会合が開かれた。そこで、森はプーチンに訪日の日程を決めておきたいと伝えた。

「私が今回来た目的は、もちろん沖縄サミットもあるが、もう一つは、今度日本においでいただく、その日程をできれば決めたい」

しかし、プーチンの答えは煮え切らないものだった。

「まだ、今日は時間があるので後で話そう。その話はここでは決めないでおこう」

会談後、二人はロシアが世界に誇る世界遺産のエルミタージュ美術館を共に見学し、その後共同記者会見に臨んだ。

翌日の朝日新聞は、プーチンの訪日日程について日本の記者から質問を受けた二人の回答を、次のように伝えている。

森「次期大統領の訪日の日程は詰まらなかったが、本日中に結論を出す」

プーチン「今年中に私の訪日は実現するが、時期は外務省同士で決めることになるだろう」

二人の温度差がはっきりと表れている。

実は記者からこの質問が出たとき、プーチンの側近がプーチンにそっとメモを差し入れるのに森は気づいていた。森は「かちんときた。馬鹿にしやがるなと思った」と振り返る。

その思いをプーチンにぶつける機会は、思わぬ形でやってきた。

会談と記者会見、昼食会を終えた二人は、サンクトペテルブルクを流れるネバ川を船で渡り、NECが一九九七年に設立したロシアとの合弁企業「NEC NEVA」の見学に向かった。船を降りて、NECに向かう車に乗り込む段になって、プーチンは「この車に一緒に乗ろう」と、森を誘った。

プーチンと森には、それぞれ専用の車が用意されていたが、プーチンが乗り込んだのは、そのどちらでもなく、車列の後方を走る警備用の四輪駆動車だった。

プーチンはロシア側の通訳を降ろし、日本側の通訳に一緒に乗るように指示した。

「やはり細かいところに気をつかう男だ。KGB出身ということもあるのだろう。密室に日本の首相を一人だけにしたら周りが心配するということをよくわかっている」と、森は感心した。

そこで、森は記者会見で感じた不満をプーチンにぶつけた。

「さっきの記者会見、あれはルール違反だよ」

「なんでだ?」

「だって、訪日の日程の話をしたじゃないか。したけれど、それは今日中に、後で話をしようということで会談を終えたでしょう。それをあなたは『予定は今はない』と。あれはおかしいんじゃないか」

森はもっと気になっていたことを、プーチンにぶつけた。

「それともう一つ私から言わせれば、あなたはメモをもらってそのメモを読んでいた。おそらく大統領になられると、そういうこともたくさんあって、自分の話も思うように言えないこともあると思うけれど、最低限の約束を守らなかったら、国と国との関係によくないと思う」

「そんなにまずいことか？」

「まずい」

森が言うと、プーチンは応じた。

「わかった」

森は「ずいぶんと素直なんだな」と感じた。二人は、また打ち解けた雰囲気になったという。

今度はプーチンから森に話を振ってきた。

「ヨシ、なんでこの車に乗せたと思う？」

「いや、わからない。ちゃんと前に大統領の車があるじゃないか」

「狙われるかもしれないからな。でも、前の車はからっぽだ。後ろに我々がいるなんて誰も思わないだろう」

「もし後ろが狙われたらどうするんだ」と森が聞くと、プーチンはにやりとしながら、床を指さした。

「実は、この下に銃があるんだ」

沿道では、大勢の市民が車列に手を振っていたという。森は言った。

「ここはあなたの選挙区でしょう。手を振ってあげたらいいんじゃないのか」

大統領選の有権者は当然、全国にいる。プーチンに「選挙区」はないのだが、日本の政治家はしばしば地元のことを「選挙区」と呼ぶ。プーチンは答えた。

「いや、まだそんなことは必要ない。それは大統領になってからでいい」

そうした細かいことを気にするところに、森は親近感を抱いた。

「自分もこまごま気をつかう方だから、なんだか我が身を見るような思いになるぐらいだった」と当時を振り返る。

NECの見学を終えて、二人はいったん別れるが、その夜、再び合流した。たまたまこの日、アイスホッケー世界選手権の開会式がサンクトペテルブルクで開かれた。プーチンが、開幕試合を一緒に観戦しないかと、森に提案していたのだ。

開会式の会場は、ロシアがこの大会のために新設したアイスアリーナ「氷の宮殿」。会場で森を出迎えたプーチンは、会場の五階ほどの高さにあるVIP席まで森を案内した。エレベーターがないので、階段で一緒に上ったという。そこでプーチンは言った。

「今からちょっと下に行ってくる、開会式のあいさつをするから」

階段を下りていくプーチンの背中を見ながら森は考えた。

「普通だったら、入り口で出迎えた後は、自分はあいさつがあるから先に上がっていてくれと言いそうなもんだが、わざわざ一緒に階段を上って、それからまた下りていくとは、大変な気のつかいようだ」

開会式のあいさつで、プーチンは森が来ていることを満場の観客に紹介した。

「今日は、日本から大切なお客が来ている。みんなで歓迎してほしい」

場内のスクリーンに、VIP席にいる森の姿が大写しになり、拍手が湧いた。森はこのころになると、すっかりプーチンの人柄のとりこになっていたようだ。

だが、森にはまだ重要な任務が残されていた。プーチンの訪日日程をなんとしても固めなくてはならない。

VIP席の裏手には、サンドイッチなどの軽食や、飲み物が用意されているコーナーがあった。森は、試合前や試合中の休憩時間を利用して、そのコーナーでプーチンに話しかけようとしたのだが、そのたびに記者会見のときにメモを差し入れた例の男が駆け寄るように近寄ってきた。どうにも話を切り出せずにいた。

休憩も残すところあと一回となって、日本側は焦りの色を濃くしていた。外務省出身の首相秘書官だった佐々江賢一郎（後に外務事務次官、駐米大使）は「総理、これを聞いていただかないと我々が困ります」と泣きついたという。

いよいよ最後の休憩時間、あの男がまたプーチンのところにやって来たので、森はプーチンに頼んだ。

「ちょっと、大統領、彼はもう下げてくれないか」

その上で、本題を切り出した。

「さっきから話になっている日本にお見えになるという話はどうするんですか」

「いや、まだ考えていない」

「私が来た目的はそこにあるのだから、ご返事いただかないと困る」

「行く気持ちはある。ただ、あちらの方向に行く機会が同じ時期に多くなる。九月には国連総会がある。それにちょうどぶつかるんじゃないか」

「沖縄サミットの後に東京に行くという方法もある」

「いや、それはきっちり改めてということにしたい。ついでというのは良くない。サミットの後は、いったんロシアに帰る」

「では、ニューヨークの国連総会に行く前か後に日本に立ち寄るというのはどうか」

「それは、まったく構わない」

「じゃあ、アメリカからの帰りでもいいし、アメリカに行く前でもいいし、それでいいじゃないですか。二日か三日あれば」

「それでもいいか。じゃあ、考えさせてくれ」

「では、大統領。私がこの後ここから出ると、日本からついてきた記者団がみんな寒いところで待っている。大統領は秋に日本に来ると彼らに言ってもよいですね？」

念を押すと、プーチンは「ダー、ダー（イエス）」と答えたという。一日がかりの説得がなんとか実った瞬間だった。

プーチンはこの言葉を守った。二〇〇〇年九月にニューヨークで開かれた国連の「ミレニアム・サミット」に向かう前に日本を訪問。このとき、NATOについてプーチンが率直に語った言葉や、山下泰裕との出会いは、すでに紹介した通りだ。

森とプーチンの初会談の最大の成果は、プーチンの年内訪日が実現したことよりも、森とプーチンの間に率直に話ができる関係ができたことだった。朝から深夜までほぼ丸一日共に過ごすという幸運に恵まれたこともあっただろう。大統領就任前のプーチンが、森の話に率直に耳を傾ける姿勢で接したことも大きかったように思われる。

来日し、リュドミラ夫人と共に専用機のタラップを下りるプーチン大統領＝2000年9月3日午後、羽田空港で、飯塚晋一撮影

しかし森は、プーチンとの間で念願の北方領土問題解決に突破口を開くことなく、就任後一年あまりで退陣を余儀なくされることになる。

墓参の約束を果たす

森が首相としてプーチンと最後に会ったのは、二〇〇一年三月二五日。バイカル湖に近いイルクーツクでのことだった。前年一一月にブルネイで行われたAPECの首脳会議の機会に森と会談したプーチンが、「来年は、イルクーツクで会おう」と提案したのだった。イルクーツク市郊外のシェレホフには森の父茂喜の墓がある。森は少し躊躇した。「モスクワから遠いじゃないか。日本からの方が近いぐらいだ」

「だが、ヨシはそれを一番喜ぶんじゃないかな」

「それはうれしいが、これは私的なことだから、大統領の気持ちはありがたいけれど、それにこだわらないでくれ」

「いや、私もヨシのお父さんのお墓にお参りをしたい」

「大変ありがたいことだ。では時間に余裕があったらそういうことにしよう」

こうして、翌年のイルクーツク会談が固まったのだという。

北方領土問題が主なテーマとなった会談では突っ込んだやりとりが続いた。

歯舞・色丹二島を将来日本に引き渡すことを約束した一九五六年の日ソ共同宣言を今後の交渉の出発点と位置づけ、四島の帰属の問題を解決して平和条約を締結することをうた

プーチン大統領と共に父・茂喜の墓参をする森喜朗首相＝2001年3月25日、シェレホフで、佐藤裕和撮影

った一九九三年の「東京宣言」に基づいて解決することを明文化した「イルクーツク声明」が採択された。

会談が終わったとき、予定時刻を大幅に過ぎていた。会場からシェレホフの茂喜の墓まで、車で四〇分ほどかかる。

森は「大統領、時間がないから墓参りはもういいです」と言ったが、プーチンは聞かなかった。

「いや行こう。みんなは来なくていい。車を一台出してくれ」

そうは言っても随員が行かないわけにはいかない。あわただしく車列が用意された。こうして、プーチンは森との約束を果たした。

森はイルクーツクの会談で、自分がまもなく辞任するという考えをプーチンに伝えていた。森はこのときまで、公の場では辞意を一度も認めていなかった。辞任後まもなく森自身が後援者らに語ったところによると、プーチンとのやりとりは以下のようなものだった。

「私はまもなく首相を辞めると思うが、あなたと私の友情は変わらない」

「できればあなたと一緒にこれからもやりたいが、誰が首相になっても信頼関係に基づいてやっていく」

「あなたの代で（北方領土問題を）解決してほしい。私もこれからは自民党の一議員として、あなたと話し合いを進めたい」

KGB仕込みの「人たらし」術なのか、柔道を通じて身につけた礼儀正しさと細やかさなのか。いやむしろ、森から聞く大統領に就任したころのプーチンからは、初々しささえ感じられる。今の強面《こわもて》からはちょっと想像がつかない。

プーチンは大統領に就任した二〇〇〇年から二期目を終える二〇〇八年までの間に、森以外の首脳とも非常に親密な関係を築いた。

当時の米大統領ブッシュ（子）は、二〇〇一年にスロベニアでプーチンと初めて会った際、「私は彼の瞳の中を見た。非常に率直で信頼できることがわかった。彼の魂に触れることができた」と語った。

ロシアと米国はその後、イラク問題などをめぐって鋭く対立するが、プーチンとブッシュの親しい関係はその後も続いた。

ドイツ首相のシュレーダーはプーチンの盟友とまで呼ばれた。イタリア首相ベルルスコーニは、今もプーチンとしょっちゅう会う親友だ。フランス大統領のサルコジともプーチンはウマが合ったようだ。

森も含め、この時期にプーチンと親交を結んだ外国の同僚たちに対して、プーチンは今も昔と同じ人なつこい表情を見せるという。

しかし、二〇一二年に四年ぶりにプーチンが大統領に復帰したとき、G8には気心が知れた首脳は誰もいなくなってしまっていた。特に米大統領オバマとの関係は、傍目《はため》にもとげとげしいほどだった。ウクライナ問題をめぐる混迷の一因は、プーチンと欧米首脳が相互不信に陥っているところにもある。

安倍晋三が首相に復帰してまもなくの二〇一三年、まだウクライナ問題が起きる前に、ロシア外務省の元幹部が私に語った。

「今のG8でプーチンが心を許して話ができるのは安倍首相ぐらいだろう」

それだけに、日本が欧米の対ロ制裁に追随したことはプーチンにとって心外だったのだろう。本書のプロローグで紹介したプーチンの日本への失望の根っこは、こんなところにありそうだ。

第二部

権力の階段

第五章　初めての訪日

灰色の枢機卿

東ドイツ・ドレスデンのKGB支部に約五年間勤務したプーチンは、一九九〇年一月、生まれ故郷のレニングラード（一九九一年にサンクトペテルブルクに改称）に帰った。プーチンはここで、ソ連末期を代表する急進改革派政治家として活躍した市長、アナトーリー・サプチャーク（故人）の片腕として頭角を現していく。KGBのイメージとは裏腹に、プーチンは政治家としての第一歩を改革派として踏み出すことになる。

プーチンが初めて日本を訪れたのは、この時期のことだった。一九九五年二月一八日から二六日までの九日間の日程で、東京、大阪、京都を訪問した。当時四二歳だったプーチンは、阪神・淡路大震災から約一カ月しか経っていない騒然とした日本社会に触れたはずだ。

プーチンを日本に招待したのは外務省だ。このとき使われた政策枠組み「先進国招聘」についての説明が、外務省の公式ページに掲載されている。

目的：欧米等先進国の政策決定に影響力のある者を我が国に招聘し、我が国の実情を正しく認識させることにより、先進諸国の有力者における対日理解を効果的に増進させ、良好な対外関係の構築に役立てる。

手段：先進国の若手有望議員、学者・研究者等有力者を一一日以内で日本に招聘し、先方の関心に応じて国内有識者等と懇談するとともに、地方旅行、観劇等日本文化紹介プログラムをアレンジする。

期待される効果：先進国の有力者層における対日イメージ向上及び対日理解増進を通じた日本との関係の円滑化。

今振り返ってみると、当時まったく無名の存在だったプーチンをこの枠組みで日本に招待したことは、めったにない大ヒットだったと言えるだろう。

プーチンは日本を訪れてから四年後の一九九九年に、当時の大統領エリツィンから首相に抜擢される。エリツィンはこのとき、プーチンを自分の後継人統領候補に指名する考えも表明し、プーチンの名は一瞬にして世界に鳴り響いた。このころ、外務省のロシア担当者がぼやいていたのを私（駒木）は覚えている。

「プーチンという男は、調べてみるとどうやら一九九五年に日本に来ていたらしい。だが、困ったことに、誰に聞いてもプーチンのことは覚えていないというんだ」

当のプーチンにとっても、日本に招待されたことは意外だったという。二〇一六年一二月の訪日直前のインタビューで、当時を振り返って語っている。

「突然、日本のサンクトペテルブルク総領事が私のオフィスを訪れて、日本外務省が私を日本に招待したいと言ったのだ。私は大変驚いた。なぜなら柔道をやっていること以外に、私は日本との関係がまったくなかったからだ。このときは、東京と二、三の都市を訪問する機会があった」

プーチンを突然訪ねたというのが、当時のサンクトペテルブルク総領事、玉木功一。「先進国招聘」の枠組みでプーチンを日本に招くよう日本外務省に進言した張本人だ。玉木は現役時代はソ連・ロシアを専門とする外交官として活躍した。

退官後、地元の岐阜でロシア語やロシア文化を学ぶ「岐阜ロシア文化サロン」を主宰していた玉木は、名古屋で私と会って、当時のことを語ってくれた。

「推薦するからには持ち上げなくちゃいけない。『彼は、将来指導的な立場に立つ可能性がある』ということを書いた。しかし、特にプーチン個人に目を付けていたわけじゃない。ある程度話を作ったところもあった」「それでも、プーチンがサンクトペテルブルクに残るのであれば、市長だとか、議会あたりでかなり影響力のある人物になるだろう、もし中央に出たらどこかの大臣クラスぐらいにはなるかな、とは思った」

しかし、わずか五年後に大統領になるとは夢にも思わなかった。

玉木は「当時そんなことを言っていたら、たいしたもんですよ。自分は今こんなところにいませんよ」と笑った。実際、プーチンが大統領になるなどと予期していた者は、プーチン本人も含めて皆無だったろう。

　ちなみに、プーチンが一九九六年にモスクワに移り、驚くべき出世を遂げていくときに、東京の外務省本省から玉木に「どんな人物か報告せよ」という訓令が届いたという。

「『そんなもの推薦したときに出してあるよ』と言ったのだけど、招聘を担当していたのは文化担当で、ロシア課じゃない。ロシア課にも関連の書類はあったはずだけど、主管課じゃないから適当にあしらっていたんじゃないか。縦割りの弊害だ」と玉木は語った。

「だけど、米国だって『誰だあれは』と右往左往したと聞いていますよ」

　玉木は最初からプーチンを日本に招待するべき人物として注目していたわけではなかった。むしろ、サンクトペテルブルクから誰かを選んで日本に招待したいと考えているうちに、プーチンにいきあたったのだという。サンクトペテルブルクに駐在する外交官として、市場経済、自由主義といった西側の価値観をロシアに広げていくのはここの人間だという確信を抱いていたからだ。

「あの広いロシアで、実際に西側の価値観を理解し、それを単純に周りに押しつけるのではなくて、自分たちなりに嚙《か》み砕いてロシアに広げていくのは、モスクワよりもサンクトペテルブルクの人たちだと考えていた」「そもそもピョートル大帝が西側の文明を取り入れてロシアを近代化しようとしてあの都市を造り、遷都までした歴史がある。ここの人間が、最も西欧化された頭脳の持ち主になる。その誰かが、必ずサンクトペテルブルクからモスクワに行く、と当時私はあちこちで主張していた」「例えば、いきなりシベリアに西側の考えを押しつけようとしてもわかってもらえない。でも、同じロシア人から言われたら抵抗なく受け入れやすい」「正直に言えば、モスクワの日本大使館への私自身の対抗心もあった」

実際、ソ連崩壊直後のサンクトペテルブルクは、ロシアで最も欧米に開かれた都市になっていた。サプチャーク市長が音頭を取って、次々に外資を導入。その実務を担っていたのが、プーチンだった。ソ連崩壊直前の一九九一年六月に市の渉外委員長に就任。九四年三月からは第一副市長として、文字通りサプチャークの右腕となっていた。

「外資とか合弁とか、あのときロシア全体の半分ぐらいがサンクトペテルブルクにあった。それを、プーチンがやった。そんなこともあって、プーチンを推薦することにした」と玉木は語った。

決してプーチンを深く知っていたわけではない。例えば、KGB出身だということも玉木は知らなかったという。

「あるとき、あるロシア人から『彼はKGBだよ』とささやかれた。もう外務省に推薦した後のことだった。あとは東京の判断。僕はKGBでも東京が採用するというならすればよいと思っていた。何も恐れることはないんだから」

東京の外務省に推薦した当初は、プーチンが柔道を通じて日本の文化に親しんでいたということも知らなかった。

1993年、サンクトペテルブルクのサプチャーク市長（右）と並んで笑顔を見せるプーチン。当時、市の渉外委員長として外国企業の誘致に活躍していた＝コメルサント紙ミハイル・ラズバエフ撮影

玉木が覚えている当時のプーチンは、元首相の森喜朗や柔道家の山下泰裕が語るどこか愛敬がある「人たらし」のプーチン像とはかけ離れたものだ。

「彼ははっきり言って、良い第一印象を与えるような人物じゃあなかった。少なくとも僕はそう思った。サプチャーク市長が各国の総領事を集めて定期的にブリーフィングをしてくれるんだが、そんなとき、第一副市長のプーチンが必ず来ている。後ろの方に座って、なんにも言わずに、じーっとその場の様子を見ている。愛想がないし、何を考えているのか、なんのために来ているのかわからない。陰気でねえ。笑顔も見せない」

「後は、総領事館が開く天皇誕生日のレセプションに来てくれるとか、他国の主催するレセプションに来ているときに会ったりする機会はあったけれど、個人的に親しくなるという雰囲気はなかった。あんまり酒も飲まない。ちょっと羽目を外すとか、そういうことがない。きまじめで仕事一本の男という印象だ。趣味はスポーツ。ダンス、音楽、観劇とか、そういうタイプではなかった」

当時のプーチンは「灰色の枢機卿」という異名を取っていた。ロシアでは、表舞台に立たずに陰で影響力を振るう実力者を指す言葉だ。

日本外務省には、このときのプーチン招聘についての記録が残されている。それによると、玉木は訪日前年の一九九四年一〇月一三日にプーチンと会って、日本でどこを訪問したいのか、希望を尋ねている。

プーチンが希望したのは、東京では講道館、経団連など経済団体、歌舞伎鑑賞。関西では大阪市役所、在大阪ロシア総領事館、学研都市、大阪港と港湾管理当局、水族館、京都の歴史的建造物などだった。講道館が真っ先に挙がっているところがプーチンらしい。

実際、記録によると、プーチンは、翌年二月一八日昼前に成田に着くと、その日のうちに講道館を訪れている。二〇〇〇年九月に大統領として訪日した際に講道館を訪れ、山下泰裕と出会ったことは前述の通りだ。だが、プーチンにとってはそれが初めての講道館ではなかったということになる。

プーチンから寄せられた希望も踏まえて、日本側は築地の魚市場や日本企業のショールームの見学も日程に加えてはどうかと提案している。築地については早朝五時半からの日程となることも念押ししていた。

これに対してプーチンは、早朝でも構わないので築地魚市場の視察を日程案通り希望する、企業のショールームについては関心があり、トヨタオートサロンを希望する、と回答していた。自動車好きで知られるプーチンらしい希望だ。これらはいずれも実際の日程に組み込まれた。

　このときプーチンは日本側からの趣味についての問い合わせを受けて、柔道、スキー、コンピューターを挙げている。コンピューターについては「(サンクトペテルブルク)市役所に導入されたコンピューター・センターに興味を持って、暇な時間に手ほどきを受けている」とのことだった。

「ロシア国旗は掲げないでほしい」

　日本外務省の招待で一九九五年二月に日本を初めて訪問したプーチンと会った人物に話を聞くことができた。

　二〇一五年三月末から五月初めにかけて朝日新聞に連載された「プーチンの実像」を読んで「あのとき、私はプーチンと会っていた」と私に連絡をくれたのは、松下良太。広島大学の大学院でソ連政治を専攻。九四年の四月に大阪市に就職し、五月から大阪市港湾局に勤務していた。

　プーチンは、その翌年の九日間の訪日日程の中で、港湾局を視察した。当時四二歳のプーチンを港湾局で迎えた松下は二七歳だった。

プーチンは訪問前に、日本外務省を通じてひどく奇妙なメッセージを港湾局に伝えていた。それは、「訪問時にロシア国旗を掲揚しないでほしい」という要望だった。大阪市港湾局にはさまざまな国の港湾関係者が視察に訪れるが、こんなことを言ってきたのは後にも先にもプーチンだけだった。

プーチンサイドから事前に理由も伝えられていた。「現在、ロシアの中央政府と地方政府が権限区分をめぐって深刻に対立している。従って、中央政府の旗であるロシア国旗は掲揚しないでほしい」。そんな内容だった。

ソ連崩壊からわずか三年あまりの当時、確かにロシア政府といくつかの地方政府がその権限をめぐって鋭く対立していた。例えば、ロシア国内にあって、チェチェン共和国と並んで独立志向が強かったタタールスタン共和国がそうだ。一九九四年にロシア政府と結んだ権限分割条約は、独自の徴税権や資源に対する所有権、国際機関に加盟する権利などをタタールスタンに認めていた。ロシア憲法に抵触する内容だ。プーチンは二〇〇〇年に大統領に就任後、こうした矛盾を一掃し、中央政府による地方のコントロールを進めていくことになる。

大学院でソ連政治を研究し、当時のロシア政府と地方の関係にも関心を持っていた松下は、プーチンからの要請を聞いて「そこまで中央政府と地方政府の関係はこじれているのか」と驚いたという。しかしサンクトペテルブルクに限って言えば、当時ロシア中央政府との関係がひどくこじれていたという事実はない。松下は後になって、プーチンが国旗の掲揚を拒んだのには別の理由があったのではないかと考えるようになった。

「今思うと、ＫＧＢ出身の彼は、できるだけ隠密に行動したかったのではないだろうか」

当時の大阪市港湾局は、大阪市港区築港二丁目にあった。近くには大阪府警大阪水上警察署がある。港湾局に外国人が訪問する機会があると、後から水上警察から様子を尋ねられることがよくあったという。特に、中国やベトナムなどの共産圏の国旗を掲げた後は敏感に反応してきた。「誰が来たのか」「どこを見学したのか」といった照会を受けただけでなく、「できれば事前に教えてほしい」と要請されることもあったという。

プーチンは自分の行動を必要以上に知られるのを嫌って、ロシア国旗を掲げないよう要請したのではないだろうか。松下は、そんなことを考えるようになった。

大阪の地下鉄に乗った？

プーチンが港湾局にやってきたのは、二月二四日だった。当時最若手で、ロシア語もできる松下は、六階建ての港湾局庁舎の入り口でプーチンを出迎えた。

松下が奇異に感じたのは、プーチンが日本外務省から同行していた通訳役の女性と二人だけで歩いてやってきたことだった。

「車やタクシーで来たのであれば、車寄せで降りるのが私の目に入るはずだ。でも、気がついたら二人がとことこ歩いて入ってきた記憶がある」

外務省に残されている記録によると、プーチンはこの日、宿泊先の大阪・中之島のロイヤルホテル（現リーガロイヤルホテル）から港湾局に向かった。車を使わなかったとすれば、地下鉄中央線に乗り、港湾局最寄りの大阪港駅から歩いてやってきたのかもしれない。大阪市の公共交通機関を体験したかったのか、国旗掲揚を拒んだのと同様に目立つことを嫌ったのか。真相はわからない。プーチンが通訳と二人だけで大阪の地下鉄に乗っているというのは、今となっては想像もつかない光景ではある。

プーチンは松下、通訳と三人でエレベーターに乗り込んだ。松下はそこでロシア語であいさつをしてみた。プーチンは顔色一つ変えずにあいさつを返しただけで、話はそれ以上広がらなかった。多くのロシア人はこうしたとき、「どこでロシア語を勉強したのか」などと好奇心いっぱいに聞くものだが、それもなかった。

五階の局長室でプーチンを迎えたのは当時の局長、阪田晃だけだったという。

大阪市港湾局は当時約一千人の職員を抱える大所帯。外国から客が来るときは、関係の部長や課長も同席することが多かった。だが、プーチンに対しては非常に淡泊な対応だった。阪神・淡路大震災から一カ月あまりしか経っていないという港湾局側の事情もあった。神戸港が壊滅状態となり、大阪港は通常の倍以上の船舶の受け入れに追われていた。コンテナ置き場に使う空き地の確保にさえ困るような状況だった。松下は「港湾局としては、今来られても困る、何しに来るんだというのが本音だったと思う」と、当時の状況を語る。

一方、プーチン側が示した予定も、忙しいのですぐ帰る、というそっけないものだった。船に乗って港湾施設を海から見学したり、昼食に招いたりといった日程は組まれなかった。

プーチンは局長室で、通訳、松下、局長の阪田と共に小一時間話をしただけで帰っていった。話は、エレベーター内と同様、あまり弾まなかった。プーチンは笑顔を一切見せず、冗談を飛ばすこともなかった。

冷徹なカミソリ

しかし、その短い時間のやりとりの中で、プーチンは松下に強い印象を残した。松下は「本当に頭がいい人だと感じた」と振り返る。

例えば、日本の役所の外郭団体がどういう役割を担っているかといった、普通の外国人になじみがないような問題を、プーチンは事前に十分理解した上でやってきた様子だった。プーチンはこんな質問も局長にぶつけた。

「日本は港湾の民営化はしないのか。内々にそういう計画があるのではないか」「民営化したとして、その場合予想される問題点は何か」

確かに日本国外では、港湾施設は株式会社化されている例が多い。しかし当時、松下たちの念頭には日本の港湾を民営化するという発想はまったくなかった。プーチンの質問に面食らったという。松下は振り返る。

「がっちりと下調べをしてきているんだなと思った。港湾局には外国の大学の先生や交通政策を研究している大学院生などが来ることもあったが、プーチンの質問の方がずっと鋭かった印象がある」「表情を変えずに、本質を突いた質問をする。冷たくて、鋭い。そう、カミソリのイメージだった」

プーチンは、サンクトペテルブルクの現状を説明した。港湾施設の老朽化が深刻で、近代化が差し迫った問題になっていること。資金がないので外資を誘致して近代化をしたいこと。無駄口は一切口にせず、必要なことだけを事務的に話すといった様子だった。

港湾局側からは、局長の阪田が、外国の港に市の技術職員を派遣したといったこれまでの海外協力の例を紹介した。

「できることがあれば言ってください」とも申し出た。しかし、プーチンが帰った後、そうした話が具体化に向けて動き出すことはなかった。プーチンの大阪市港湾局訪問は、結果的に表敬訪問に終わった。

松下は、プーチンに同行していた通訳から帰り際に「このまま歩いて帰ります」と告げられたことを覚えている。地下鉄中央線の大阪港駅に向かうのだろうかと思いながら、松下はプーチンを見送った。

松下はその年の暮れ、プーチンが残していった名刺の連絡先にクリスマスカードを送ってみた。だが、返事はなかった。

「柔道の山下泰裕さんとプーチンのエピソードを読んでも『これ、ウソや。別のプーチンちゃうの』という感じがする。あの冷たい機械のようなプーチンに、無言の威圧感で迫ってくるプーチンに、あんな可愛い顔があったなんてとても信じられない。演技でやっているんじゃないだろうかと思うほどだ。僕の印象からすると」

第六章　改革派市長の腹心

改革派市長のもとへ

プーチンは一九九〇年一月、東ドイツ・ドレスデンから故郷のレニングラードに帰ってしばらくして、改革派政治家のサプチャークのもとで働くようになる。サプチャークが、プーチンが卒業したレニングラード大学（現サンクトペテルブルク大学）法学部の教授だったことが縁となった。プーチンはドレスデンで東ドイツという国家が消滅していくのを目の当たりにし、祖国ソ連とKGBの将来を悲観していた。

プーチンは帰国後、レニングラード大学の学長補佐の職についた。だがそれは表向きの肩書で、実際にはKGBの要員として大学内に目を光らせるのがプーチンの仕事だった。外国でのエージェントというそれまでの仕事に比べれば、地味な任務だった。そんなときに、法学部時代の友人から声をかけられたのだった。

「サプチャークのチームに人材がいない。いかさま師に取り囲まれているんだ」

プーチンの回想によると、友人からこんな風に頼まれたのだという。

プーチンは、市庁舎でサプチャークに会ったときのことを、二〇〇〇年のインタビューでこう語っている。

「彼は衝動的な人間だった。私にこう言った。『今、決めてしまおうじゃないか。君に働いてもらう』。私は、言わずにはいられなかった。『私は喜んでやろうと思います。興味深いし、やりたいと言ってもよい。しかし、私の転職の障害になるかもしれない状況が一つあるのです』。彼は尋ねた。『それはなんだね?』。『私はあなたに言わなければならない。私は単なる学長補佐ではなく、KGBの将校なんです』。彼は考え込んでいた。そんなことは実際予期していなかったのだ。考えて、考えた上で、こう言った。『まあなんだ、いいじゃないか!』。そんな答えは、もちろん私は予期していなかった」

サプチャークは、当時、ソ連きっての急進改革派として高い人気を誇っていた。しかし、ロマンチストで、隙が多い人物でもあった。プーチンによると、あるときこんなことがあった。サプチャークが軍関係の重要な会議を病気を理由にすっぽかして、人気歌手のアッラ・プガチョワを空港まで出迎えに行ったのだ。サプチャークはその後コンサートまで聞きに行っていた。当然、その後軍関係者たちとサプチャークの関係は気まずいものになった。

ロマンチックな直情家のサプチャークと、冷徹な仕事人間のプーチンは、タイプとしては正反対と言えるだろう。しかし、プーチンはサプチャークから非常に厚い信頼を勝ち得た。当初は、市の渉外委員会の委員長として、一九九四年三月からは第一副市長として、サプチャークに常に影のように寄り添っていた。

外資導入に邁進

プーチンが手がけたのは、サンクトペテルブルクへの外資導入だった。

一九九一年、ドイツに本部を置く多国籍企業シーメンスがサンクトペテルブルクに支店を開く。九三年には、パリ国立銀行（ＢＮＰ）とドイツのドレスナー銀行が共同出資する銀行が開設された。これらを次々に手がけたのがプーチンだった。ＫＧＢで身につけたドイツ語が役に立ったに違いない。

サプチャークは、サンクトペテルブルクを欧州に開くロシアの窓にするという旗印を掲げた。それを実際に実現したのがプーチンだった。

プーチンも、サプチャークのことを敬愛していた。東ドイツ・ドレスデンのＫＧＢ支部でプーチンの同僚だったウソリツェフはこのころ、プーチンと電話で会話を交わしている。やり手のサンクトペテルブルク副市長についての報道を聞いたウソリツェフが、プーチンに電話をかけたのだった。ウソリツェフは尋ねた。

「ワロージャ（ウラジーミルの愛称）、あれは君のことかい？」

「そうだよ」

七分間ほどの短い電話だった。ドレスデンで共産主義の欠点や人生論を語り合ったときと同じような率直な雰囲気だったという。このとき、ウソリツェフに強い印象を残したのは、プーチンがサプチャークについて話すとき、大変な敬意を払っていることだった。ウソリツェフは語った。

「プーチンはサプチャークのことを本当に尊敬している様子だった。決してごますりではなかった。私とプーチンの間で、うそをつく必要なんかない。あれは、心からの敬意だった」

ウソリツェフがプーチンと会話を交わしたのは、このときが最後になった。

ソ連保守派のクーデターに抵抗

ソ連が長い間閉ざしていた西側への窓を開く役割を担ったプーチン。しかし、二〇一四年のクリミア半島併合以降、再び西側との窓を閉ざそうとしているように見える。

「サンクトペテルブルク時代のプーチンは、今とはまったくの別人だった」

こう語るのは、サプチャークの妻で、夫の死後に上院議員も務めたリュドミラ・ナルソワだ。

「八月のクーデターのとき、彼は常に私の夫に寄り添っていた。いつも並んで立っていた」

八月のクーデター。それは、一九九一年八月一九日に、ソ連の保守派がソ連大統領ゴルバチョフから権力を奪取しようとしたクーデター未遂事件のことだ。

一九八五年にソ連の最高指導者として登場したゴルバチョフは、「建て直し」を意味する改革路線の「ペレストロイカ」を推し進め、一九八九年には、当時の米大統領ブッシュ（父）と共に冷戦の終結を宣言した。しかし、その後のゴルバチョフ政権は、保守派と改革派双方からの批判にさらされて、完全に行き詰まっていた。

一九九〇年、ゴルバチョフは共産党の指導的役割を規定しているソ連憲法の条項を廃止し、初代の、そして結果的には最後のソ連大統領に就任した。ソ連を構成している共和国や地方では初めて本格的な自由選挙が行われ、モスクワなどの大都市で急進改革派が大勝。ロシア共和国では改革派のエリツィンが最高会議議長に選ばれ、ゴルバチョフの権威は大きく損なわれた。

各共和国で民族運動が高まった。歴史的経緯から特にソ連の支配に対する反発が強かったリトアニア、エストニア、ラトビアのバルト三国が相次いで独立を宣言。ロシアの人民代議員大会でも六月一二日、エリツィンの主導で、ロシア共和国の主権宣言が採択された。ソ連の崩壊がじわじわと始まっていた。

一九九一年一月、ソ連軍がリトアニアの独立の動きを阻止しようと、首都ビリニュスのテレビ局を占拠。抵抗する市民少なくとも一三人が殺害される事件が起きる。エリツィンら急進派から辞任を求められたゴルバチョフは、彼らに妥協し、ソ連を構成する共和国に大きな権限を与え、ソ連をゆるやかな国家の連合体とするための「新連邦条約」の締結を目指した。形だけでもソ連を残そうとするゴルバチョフの窮余の一策だった。各共和国の代表者による条約への署名が予定されていたのが、八月二〇日だった。

クーデターは署名予定日の直前、実質的なソ連解体を阻止しようとする保守派によって引き起こされた。

八月一九日朝、「非常事態国家委員会」を自称する八人の保守派が、「ゴルバチョフ大統領は病気で職務を遂行できなくなった。副大統領ヤナーエフが職務を代行する」と発表した。「国家委員会」には、ヤナーエフのほか、KGB議長クリュチコフ、内相プーゴ、国防相ヤゾフ、首相パブロフらが名を連ねていた。

ゴルバチョフは、クリミア半島の別荘で軟禁状態に置かれていた。一八日に保守派から非常事態宣言の実施か副大統領への権限委譲かを求められたゴルバチョフがいずれも拒否したためだ。当初はゴルバチョフの生死さえわからない状況だった。

一報を伝える八月一九日の朝日新聞夕刊は、「ソ連大統領が交代」「ゴルバチョフ氏の健康理由」「全権、国家非常委に」との大見出しで事態を速報。翌日の朝刊は主見出しで「ソ連保守派のクーデター」「大統領失脚　ゴルバチョフ氏は軟禁か」と、事件がクーデターだったことを報じた。さらに「モスクワ市内に戦車隊」「市民数千人が抗議」などと、緊迫した情勢を伝えている。

クーデターが起きたとき、プーチンはまだKGBを兼務していた。本人の説明によると、前年に辞表を出したものの、受理されずに放っておかれたのだという。

それでも、サプチャークの妻リュドミラ・ナルソワの証言によると、プーチンは自分の上司にあたるKGBのクリュチコフ議長が首謀者に名を連ねていたクーデターに対して、一瞬たりとも共感した様子は見せなかった。逆に、「非常事態国家委員会」を非難し、ゴルバチョフ大統領の復帰をめざすサプチャークを迷うことなく支え続けた。

プーチン自身、二〇〇〇年のインタビューで語っている。

「首謀者たちの顔をテレビ画面で見たとき、すぐにわかった。これは失敗すると」

「クーデターが始まったとき、私はすぐにどちらに付くかを決めた。私は首謀者の命令には従わない。決して彼らの側には立たないと決めた。そうした行動が（ＫＧＢの）職務上の犯罪とみなされることを、私はよく理解していた。だから、八月二〇日に私は二回目の辞表を書いたのだ」

こうした言葉は、ナルソワの証言とも符合している。

プーチンはクーデターについての評価を次のように語っている。

「彼らが自分たちがやったことで国を破壊してしまったということは明らかだった。彼らのやろうとしたことは気高いことだったし、彼ら自身そう考えていたのだろう。それはソ連を崩壊から守るということだ。しかし、彼らが選んだ手段と手法は、まさにソ連を崩壊へと追いやるものだった」

クーデターが発覚した一九日の朝、プーチンは休暇中だったという。レニングラードに戻ったのは二〇日になってからだった。プーチンはサプチャークと共に、市庁舎に泊まり込んだ。市内の各地を訪ね、クーデターに抵抗する市民を激励して回った。サプチャークとプーチンは、どこでも市民から熱烈な歓迎を受けたという。

クーデターを失敗に追いやった立役者は、モスクワで市民に抵抗を呼びかけたエリツィンだ。一九九一年六月のロシア共和国大統領選で当選したばかりのエリツィンは、ホワイトハウスと呼ばれたロシア最高会議ビル（現在はロシア政府庁舎）を拠点に国民に抵抗を呼びかけた。戦車の上で演説するエリツィンの姿は、クーデターへの抵抗のシンボルとなった。

二〇世紀を代表するチェロの巨匠ロストロポーヴィチはこのとき、滞在先のパリからモスクワに駆けつけ、カラシニコフ銃を手にエリツィンを守った。

市民の抵抗を受けて、モスクワ市内に展開していたソ連軍の戦車部隊は、「国家委員会」の命令を拒否。二〇日のうちに、クーデターの失敗が明らかになった。

二一日にはロシア共和国の代表がクリミアに赴き、ゴルバチョフを救出。ゴルバチョフは二二日、モスクワに生還した。

クーデターを機に、共産党とゴルバチョフの権威は失墜。ソ連は崩壊への坂を転がり落ちていく。

その引き金を引いた出来事で、プーチンは期せずしてエリツィンと共闘関係にあったわけだ。

ソ連への先祖返り

サプチャークの妻、リュドミラ・ナルソワの目には、ソ連保守派のクーデターにサプチャークと共に抵抗し、サンクトペテルブルクをロシアで最も西側に開かれた都市にしたプーチンは、二〇年後の大統領とは別人に映る。

「サンクトペテルブルクは、ロシアで初めて西側の銀行が姿を現し、シーメンスが支店を置いた都市だった。それなくして経済が立ちゆかないことをプーチンはよくわかっていた。これが、二〇年前のことだった」

プーチンはウクライナ危機後も、外国からの投資を呼び込む必要性を訴えている。ロシアを外資にとって魅力的な市場にしなければならないというのは今も変わらないプーチンの一貫した訴えだ。しかし、ナルソワは内実が伴っていないと指摘する。

「言葉は言葉。実態は実態だ。そして残念ながらそれらの間に乖離《かいり》がある。プーチンの個人的権力が強まり、彼が作り出した垂直線状の権力構造が強固になるに従って、その乖離は広がっていった。民主的でリベラルな考えの持ち主は次々に去っていき、かつて治安機関に勤務していた『シロビキ』と呼ばれる人々が周囲を固めていった」

「シロビキ（силовики）」とは、ロシア語で「力」を意味する「シーラ（сила）」に由来する言葉だ。KGB、軍、内務省など、実力部隊を保持している「力の省庁」と呼ばれる組織の出身者を指す。KGB出身のプーチン自身、代表的なシロビキと見なされている。

シロビキたちの影響力が増す中、ロシア社会はソ連時代のような閉鎖的で息苦しい時代に先祖返りしている。ナルソワはそう感じている。

「私の夫サプチャークは法律家として、訪問先のビザを取得し、最低限必要な資金さえ持っていれば自由にどこの外国でも訪問できるようにするための法律を作った。しかし、残念でいまいましいことに、今はそれが元に戻ろうとしている。再び鉄のカーテンを下ろそうとする試みが始まっている」

こうした変化は社会のあらゆるところで起きているとナルソワは指摘する。

政治指導者が語ること、主要新聞やテレビが伝えるメッセージはただ一つ。「外の世界はすべて悪い。我々のところはすべてがうまくいっている。だから、外国に行く必要はない」。役人が事実上思うままに外国映画の上映を禁止することができる法律もできた。

「なぜ我々は、自分たちが見る映画まで決められなくてはいけないのか。これは、憲法で禁じられている検閲ではないか」「何より残念なのは、議会が現在のこうした傾向を先に立って引っ張っていることだ。議会は独立していなければならないはずなのに、我が国にはそれがない。だから、そうしたばかげた法律ができる」

そして、何よりウクライナをめぐる報道が、ロシアの先祖返りを象徴していると、ナルソワは指摘する。誤解のないように付言すれば、ナルソワはクリミア半島は歴史的にロシアのものだと考えている。ただ、あくまで政治的、外交的な努力で返還を実現するべきだったというのが彼女の主張だ。

「ウクライナに関しては、ウクライナと西側からも、ロシアサイドからも、ばらばらな、多くのうそが含まれる情報が出てきている。事実を知りようがない。マレーシア機撃墜事件の真相も、ウクライナ東部でいったい誰が誰と戦っているのかも、知るすべがないのが実態だ。『火の無い所に煙は立たぬ』と言うが、煙があまりにも多く立ちすぎて、その原因がどこにあるのかがわからない」「理解できないのは、なぜ私たちの指導部がウクライナのヤヌコビッチ政権を最初から支持する立場を取ったのか、独立広場の反政権デモを最初から批判したのかということだ。過激派の『右派セクター』やならず者たちが現れて人々を殺すようになる前は、私の知っている大学教授や学生の多くが独立広場に集まっていた。彼らは決して反ロシアではなかった。反汚職であり、反政権だった。人々には、自分の国の政権に対する態度を表明する自由があり、彼らはそれをしただけなのだ」

これは、ウクライナ問題をめぐって、ロシアの多くのリベラル派に共有されているいらだちだろう。だが、こうした意見がロシアの主要テレビ局で流れることはない。

ナルソワは、ロシアで今「ロシアは誰からも恐れられなければならない」という危うい愛国主義が強まっていると感じている。

「その一方で、誰からも好かれたいとも考えている。矛盾している。恐ろしいと思う相手をどうして愛することができるだろうか」

ナルソワは、クリミア併合に至る五年ほどの間に急速に強まったこうした傾向を「ソビエト・ルネサンス（ソビエトの復活）」と呼ぶ。

ただナルソワは「プーチンだけを悪魔のように見るのは間違っている」と語る。

「プーチンはもちろん巨大な存在だ。プーチンという人間が現代の歴史において果たしている役割は大きい。しかし、その個性だけがすべてを決めているわけではない」「国家の指導者と社会の関係というのは決して一方通行ではない。歴史は、常にそれが互いに影響し合うものだということを示している」「多くの人々が、民主主義はロシアのためにならず、リベラルな理想は国を売る反政権派のものだという考え方になっている。ロシアの人々は誰かに強いられるのではなく、自発的に人類共通の価値観を退けている面がある」

プーチンは賢い指導者の常として、リベラルとタカ派の双方に支えられ、バランスを取って政治を進めてきた。そのバランスが大きくタカ派に傾くようになったのは、プーチンだけの意図ではない、というのがナルソワの見方だ。

「(クリミア併合後の)今は戦時で、戦争の論理が支配している。しかし、これから先プーチンは誰を支えにするのか。タカ派なのか、リベラルなのか。今は残念ながらタカ派に傾いているが、将来もそれが続くのかどうか、それは私にとって、大きな謎なのだ」

サンクトペテルブルク人脈

プーチンがサンクトペテルブルク時代に親交を深めた人々は、今に至るまでプーチンが頼りにする中心的な人脈を形作っている。プーチンの盟友と目される人々の中には、タカ派と目される人物もいれば、ロシアの中でも最もリベラルとみられている有力者もいる。その幅の広さは、プーチンの武器になっている。まず、代表的な人物五人を見ていこう。いずれも二〇〇〇年のインタビューの時点でプーチンが「信頼している」として名前を挙げた人物で、今もそれぞれ大きな役割を政権の内外で果たしている。この事実は、プーチンがサンクトペテルブルク時代に培った絆の強さを物語っている。

■ドミトリー・メドベージェフ

レニングラード大学法学部助手を務めていた一九九一年、プーチンが委員長を務めていたサンクトペテルブルク市渉外委員会の法律顧問となる。二〇〇〇年、プーチン大統領の下で大統領府第一副長官。その後、国営天然ガス独占企業「ガスプロム」会長、大統領府長官、第一副首相を歴任。プーチンが二期八年の大統領任期を終えるタイミングで後継指名を受けて、二〇〇八年から四年間大統領を務めた。その間、プーチンは首相としてメドベージェフ政権を支え、「タンデム（双頭）体制」と呼ばれた。二〇一二年、プーチンが大統領に復帰後は首相を務めている。

■セルゲイ・イワノフ

プーチンとはKGBのレニングラード支部時代の一九七〇年代からの知り合い。一九九九年、プーチンが国家安全保障会議書記兼連邦保安局（FSB＝KGBの主要な後継組織）長官から首相に抜擢されたのに伴い、後任の安全保障会議書記となる。プーチンが大統領就任後は国防相、第一副首相などを歴任。メドベージェフと共にプーチンの有力後継候補とみられていた。メドベージェフが大統領となった際には、首相に転じたプーチンの下で副首相を務めた。二〇一一年から大統領府長官。二〇一六年八月に大統領府長官を退いた後も、プーチン側近として、安全保障会議のメンバーにとどまっている。

■ニコライ・パトルシェフ

ＫＧＢのレニングラード支部出身のシロビキ。一九九九年、プーチンの後任のＦＳＢ長官となる。二〇〇八年から、安全保障会議書記。

■アレクセイ・クドリン

サプチャークの下でサンクトペテルブルク市の第一副市長をプーチンと共に務めた。プーチンと同じ一九九六年にモスクワに移り、大統領府副長官や第一財務次官などを歴任。エリツィンの辞任に伴いプーチンが大統領代行となった二〇〇〇年から二〇一一年まで財務相を務めた。二〇〇〇年から二〇〇四年までと、二〇〇七年から二〇一一年までの間は、副首相も兼務した。二〇一八年五月に会計検査院長官に就任。ロシア経済の構造改革や財政の健全化を求めて活発に発言している。プーチンに直言できる数少ない改革派と目されている。

■イーゴリ・セーチン

サンクトペテルブルク市役所でプーチンの個人秘書として働いていた。どこでプーチンと知り合ったかは諸説ある。ポルトガル語、スペイン語、フランス語を話し、ソ連時代にはモザンビークやアンゴラでの勤務を経験。情報機関系のシロビキと目されている。一九九六年、プーチンがモスクワに移ったときも後を追った。プーチンへの個人的な忠誠心が際立っている。モスクワでも、プーチンが異動するたびにその秘書役としてのポストに収まった。ロシアの大手民間石油会社「ユコス」弾圧の黒幕とされ、ユコスと社長のホドルコフスキーに対する捜査が始まった後の二〇〇四年以降、ロシア国営石油会社「ロスネフチ」の会長や社長を歴任している。プーチンが大統領の座を一時メドベージェフに譲って首相を務めていた二〇〇八～二〇一二年の間は、副首相としてプーチンを支えた。

以上の五人のうち、メドベージェフとクドリンが改革派、イワノフ、パトルシェフ、セーチンがタカ派のシロビキと位置づけられる。しかし、財政規律を重視するクドリンはメドベージェフの積極的な経済政策を一貫して批判するなど、対立の構図は単純ではない。

さらに、二〇〇〇年のインタビューでは名前が挙がらなかったセルゲイ・ナルイシキンも、サンクトペテルブルク人脈の代表的な一人に数えられる。一九五四年に、レニングラードで生まれた。プーチンの二つ年下だ。一九八〇年、KGBのレニングラード支部でプーチンと知り合った。在ベルギー・ソ連大使館に勤務した経験も持つ。一九九二～九五年にサンクトペテルブルク市経済財政委員会で勤務。サプチャーク市長の下で、プーチンと共に働いた。

モスクワに移ったのは二〇〇四年二月。プーチンの引きがあったのだろう、その後政府官房長官、副首相などの要職を歴任。メドベージェフが大統領となった際には大統領府長官を務めた。プーチンの大統領復帰が確実となっていた二〇一一年一二月に下院議長に就任し、二〇一六年一〇月、プーチンによって対外情報庁（SVR）長官に任命された。

SVRは、KGBで対外諜報を担当した第一総局の後継組織だ。プーチンはこのときSVRを訪れ、幹部らを前に「彼は諜報の世界で仕事をしていたときも政界でも手腕を発揮した。その意味でナルイシキンは今回、自分の家に戻るということになる」と述べ、ナルイシキンがKGB出身であったことを公然と認めた。

ナルイシキンはSVR長官に就くまではロシア政府で対日関係の窓口役を務めており、訪日歴も多数ある。

学位論文が予言していた国有化

一九九〇年から一九九六年までサンクトペテルブルクの改革派市長サプチャークを支えたプーチンは、外国銀行や企業を次々に誘致して、サンクトペテルブルクを西側に開かれた窓にした。しかし、当時のプーチンが経済自由化一辺倒だったかといえば、そうでもない。

プーチンは大統領就任後、民間石油会社「ユコス」を解体して、国営石油会社「ロスネフチ」に吸収させた。日本企業が参加する石油天然ガス開発プロジェクト「サハリンⅡ」に環境問題を理由に介入し、国営天然ガス独占企業「ガスプロム」に支配権を握らせたことでも物議を醸した。さらに、ウクライナのガス代金不払いを理由にパイプラインへのガス供給をしばしば停止。ウクライナを経由してロシアのガスを輸入している欧州東部にガスが届かなくなる騒動を引き起こした。

実際にサハリンⅡでは深刻な環境破壊があったし、ウクライナがガス代支払いを滞らせたことは事実だ。ただ、それを口実としてプーチンがロシアのエネルギー資源への国の管理を強め、国益を最大化する武器として利用していることもまた、疑いようがない。

こうした後年のプーチンの路線を予言するような論文を、プーチンはサンクトペテルブルク時代に著している。

論文の表題は「市場関係形成という条件下での地域における鉱物原料の基盤再生についての戦略的計画策定　サンクトペテルブルクとレニングラード州」という長ったらしいものだ。市場経済を導入していくロシアは、資源をどう戦略的に利用するべきか、という内容の二一八ページの論文で、プーチンは一九九七年、経済学博士候補の学位を得ている。「博士候補」は、ロシアにおける学位の一つ。日本で言えば、おおむね博士と修士の中間ぐらいの位置づけと言えるだろう。

この論文をめぐっては、プーチンが大統領に就任後、「水準に達していない」「盗作と言えるような不適切な引用が多い」といった指摘が米国メディアをにぎわせたことがある。プーチンのスタッフによる代筆ではないかという疑惑もある。

ただここではそれはおいて、論文の中身を見ていきたい。

プーチンの論文の要約版には、こんな記述がある。

「この論文の基本的な考え方は、以下のようなものである。市場経済の環境（法律面、経済面、科学技術面、競争面、国際経済面等々）の条件の変化に受け身で対応するのではなく、こうした条件を能動的に形成するためのメカニズムが提案されている」「論文の主要な結論は、以下のようなものである。鉱物資源複合体を発展させるという戦略的な目的を実現するための、あらゆるレベルの管理組織を強化することを可能にするような、戦略的な計画作成のシステム作りに向けた適切な規制や方法論についての提言を作り出すことができる」

どういうことだろうか。論文を指導したサンクトペテルブルク国立鉱山大学の学長、ウラジーミル・リトビネンコに話を聞きに行った。

サンクトペテルブルク国立鉱山大学は、女帝エカテリーナ二世によって一七七三年に設立された、ロシアで最古の技術大学である。サンクトペテルブルクを流れるネバ川に面するギリシャ神殿風の大学校舎が威容を誇る。大学内には、世界でも有数の規模の鉱物や宝石のコレクションを集めた博物館が併設されている。博物館の内装は宮殿のように豪華で、鉱物のエルミタージュ美術館といった趣だ。

サンクトペテルブルクにあるエルミタージュ美術館も、エカテリーナ二世が一七六四年にドイツから購入した美術品のコレクションがもとになっており、鉱山大学とほぼ同時期に設立された。

大学でありながら軍服風の制服があることもこの大学の特色だ。リトビネンコ学長以下、教職員も同じ制服に身を包んでいる。

巨大なロシアの地図が掲げられた学長室で、リトビネンコがプーチンの論文について説明してくれた。

「国家に十分な資金がなく、管理したり計画を立てたりする余裕がない最初の段階では、そうした能力を持っている企業の管理に任せるべきだ。その後、国に余裕ができた段階で、調整役としての役割を強化すべきだということが書いてある」「彼が大統領になった後にまさに実現されていったことだ」

こうした考えは、論文を指導したリトビネンコ自身の考えでもある。

「(石油や天然ガスを含む)鉱物資源が地政学的な重要性を持っていることを私たちは十分に理解している。それは、地政学的な手段でもある」

例えば、「サハリンⅡ」。一九九〇年代に結ばれた生産物分与契約（PSA）で、米国と日本の企業に生産、加工、販売のすべての権限が与えられた。ロシアで初めてとなる液化天然ガス（LNG）生産プラント建設や、サハリン島を縦断するパイプライン敷設を含む巨大プロジェクトだった。

ところが二〇〇六年、ロシア政府は、サハリンⅡが環境を著しく破壊しているとして、ロシア国営天然ガス独占企業「ガスプロム」の参画を提案。結果的に、プロジェクトの株式の過半数をガスプロムが取得することで決着がついた。一連の経緯は、ロシア国家によるプロジェクト乗っ取りなどと報じられた。

この経緯は、プーチンの論文の考え方を地で行った実例に見える。実際、リトビネンコは次のように語る。

「サハリンⅡは、プーチンが始めたものではない。ロシアの経済が極めて弱く、新しい技術を導入する資金もないときのものだ。プーチンはあるとき尋ねた。『生産物分与契約を進めたのは誰か』と。この契約では、資金も、新しい技術も、何一つロシアに入ってこないからだ」「プーチンは状況を変えることを決断した。ただし、それはあくまで市場経済に沿ったやり方でのことだった」

環境問題は口実にすぎず、石油・天然ガスの権益と、ＬＮＧ生産についての新技術をロシアが手にするのが目的だったこと、それをプーチンが主導したことをリトビネンコは隠そうともしなかった。

リトビネンコは日本との関係について、こうも語った。

「プーチンは、中国をはじめとする日本の近隣国と活発に協力を進めている。日本はまだそれを眺めているだけのようだ。プーチンは言葉だけの友好ではなく、本当のパートナーとなるよう呼びかけている。資源を売り買いするだけの関係ではなく、石油や資源の加工といった協力を通じてこそ、実態として地域の統合が進んでいく」「日本との領土問題にしても、例えばイクラなどの魚介類の加工といった海産資源についてのビジネスを共同で進めたり、一帯を自由な経済活動を認める特区にしたりという形で、経済的な統合を進めていけば、国境線の問題は自然に解決に向かっていくのではないだろうか」

前述したように、プーチンはレニングラード大学法学部の出身だ。子供のころKGBに入るには法学部が良いと聞かされたからだというのが本人の説明だ。そして、本人は法律を専門に学んだことを誇りにしている様子だ。例えば、二〇〇〇年九月に訪日した際の記者会見でも、「私は大学で法律の教育を受けているので、文章を調べることは慣れている」と語り、日本との過去の合意文書を読み上げてみせた。

そんなプーチンがなぜ、資源問題で学位論文を書こうとしたのか、はっきりしたことはわからない。この点についてリトビネンコは「良い法律家としての学問的基盤があれば、他の分野にも容易に適応できるものだ。KGBの国外要員として働き、後に偶然からサプチャーク市長の下で働くようになり、プーチンは新しい分野に取り組む必要があったのだろう」と語るのみだった。

具体的で現実的、指導者の資質

サンクトペテルブルク国立鉱山大学学長のリトビネンコがプーチンと初めて会ったのは、まだ副学長だった一九九〇年代初めのことだった。プーチンが改革派の市長サプチャークと共に仕事を始めたころだ。大学の用事で市庁舎を訪ね、プーチンと話をするうちに次第に意気投合するようになっていったのだという。

「私はそもそも官僚というのはまったく好かない。しかし、プーチンのことはすぐに気に入った。なぜなら、彼のところに行くと、すぐに具体的で現実的な答えを出してくれるからだ。しょっちゅう彼のところに通うようになったよ」

言ったことに責任を持つ点でも、他の幹部連中とは一線を画していたとリトビネンコは振り返る。

「サプチャークの下で働いていて、彼は非常に大きな責任を背負い込んでいた。自分の関係する分野だけでなく、他の副市長の担当分野についても、共に決定を下す立場にいた。それでいて、目立つことはなかった。彼自身目立とうとはしなかった」

表に出ることは避けつつ、社交で出歩くことが多いサプチャークの事実上の職務代行者として、あらゆる重要な決定に関与していたというのが当時のプーチンだった。まさに「灰色の枢機卿」という異名がぴたりと当てはまる。

「日本でもおそらくそうだろうと思うが、政治家の執務室で語られる言葉は多いが、実際に行われることはとても少ないものだ。しかし、このことはプーチンにはまったく当てはまらない」

プーチンに相談に行くと、よくこんなことを言われたという。

「ちょっと待ってくれ。それは私にはよくわからないな。私にわかるように、具体的に説明してくれ。もっと踏み込んで！」

プーチンが世論の反応をいつも気にかけていたことも印象に残っている。ある提案をプーチンに持ち込んだとき、こんなことを言われたという。

「これは現実的で賢明な案だとは思うが、世の中には理解されないだろう。その点は私が助けよう」

リトビネンコは語った。

「つまりプーチンというのは、第一に、すぐに答えを出してくれる人物だった。彼が支持してくれるにしても、支持してくれないにしても。これは、政治指導者にとってとても重要な資質だと私は思う」「第二に言えることは、彼は言ったことには責任をとるということだ。彼がどこで仕事をしているときも、この点は変わらなかった。これも、プーチンが他の指導者と違うところだ」

彼は力を込めてプーチンの人柄を賛美した。

「指導者として普通ではないかもしれないが、プーチンはとても優しい人間なんだ！　人として優しい。プーチンのところに友人やら知り合いやら同僚やらがやってくる。そして、『あの連中のやっていることは正しくない』とか、いろいろなことを言う。プーチンは、そんな話を本当に親身になって聞いてやる。そして、双方を呼び出して、自ら証人となって握手をさせたりするようなこともあった」

富豪ぞろいのお友達人脈

仕事などを通じて縁があった人間のことをいつまでも心配する、というプーチンの「優しさ」。リトビネンコ自身、その恩恵にあずかっていると言えそうだ。というのも、リトビネンコはサンクトペテルブルク国立鉱山大学学長という立場にありながら、北極圏のリン鉱山開発を手がける肥料メーカー「フォスアグロ」の大株主なのだ。「ロシアで最も裕福な学長」という異名さえある。プーチンの後ろ盾なくして、リトビネンコがこれほどの富を築くことはできなかったというのは、衆目の一致するところだ。

リトビネンコ自身、あっけらかんと語る。

「私は教育界の人間であり、実業家でもある」「私は資源分野の政治も手がけている。私の活動は、プーチンと、そして私が彼と知り合いであることと結びついたものだ。彼との仕事は、彼が大統領に就任してから始まったもので、すべて資源関連だ」

リトビネンコは、常に上機嫌で多弁で、話があちこちに飛ぶ。話し出したことと結論が結びつかないこともしばしばで、まとまりがつかない印象だった。たしかに学者というよりは実業家とか、政治家という方がしっくりくる人物だ。

プーチンの信頼が厚く、二〇〇〇年、〇四年、一二年、一八年と四回の大統領選すべてで、プーチン選挙対策本部の幹部を務めている。

プーチンとの個人的関係が利権に結びついているとみられる例は、リトビネンコだけではない。むしろリトビネンコは可愛い部類とさえ言える。

メドベージェフ首相、イワノフ元大統領府長官ら、先に紹介したプーチンとサンクトペテルブルクで知り合った有力政治家らが「表の人脈」だとすれば、ビジネス界に張り巡らされたプーチンの友人たちは、表舞台に出ることが極めて少ない「裏の人脈」と言うことができる。

主要なロシアメディアは彼らのことをほとんど報じない。反政権的なジャーナリストたちの掘り起こしで、その概要が少しずつ明らかになっていった。

そんなプーチンの「お友達リスト」が二〇一四年四月、公然と発表された。発表したのは米国政府。ウクライナ危機をきっかけに、プーチンとの個人的つながりがささやかれる有力な実業家を軒並み資産凍結などの制裁対象にしたのだった。プーチンの友人たちを制裁対象にすることで、プーチン本人を強く牽制しようという狙いがあることは明らかだった。

以下、米国からの制裁対象となった主な顔ぶれを見ていこう。

プーチンと最も親交が古いのが、アルカディー・ロテンベルクとボリス・ロテンベルクの、通称「ロテンベルク兄弟」だ。まだ一〇代のころ、プーチン少年と共にレニングラードで柔道に励んで以来の友人だ。

ロテンベルク兄弟は天然ガス独占企業ガスプロム関連のパイプライン建設や採掘工事の会社を保有している。制裁を科した米財務省によると、兄弟の関連会社はソチ冬季五輪関連の約七〇億ドル（制裁発表当時のレートで約八千億円）規模の事業も受注し、巨万の富を築いた。

プーチン政権は、チェチェンの復興、ソチ五輪、二〇一八年のサッカーW杯、併合したクリミア半島のインフラ整備など、巨大なプロジェクトに次々に取り組んでいる。そうした利権を「お友達」が分け合っている構図が浮かび上がる。

制裁対象の一九企業のうち、一〇企業を傘下に置く「ボルガ・グループ」を率いるのが、ゲナジー・チムチェンコ。プーチンに連なる実業家の中で最重要人物と目されている。一九九〇年ごろ、東ドイツからレニングラードに戻ってきたプーチンと知り合ったとみられる。一九九八年、プーチンの発案でサンクトペテルブルクに作られた柔道クラブ「ヤワラ・ネバ」の創設に、ロテンベルク兄弟と共に参加した。世界有数のエネルギー貿易会社をはじめ、多くの企業経営に携わる大富豪だ。

東ドイツ・ドレスデンのKGB支部でプーチンの同僚だった人物も制裁対象になった。私たちがインタビューしたウソリツェフではない。その名は、セルゲイ・チェメゾフ。軍事部門を含むロシアのハイテク生産や輸出を担う「ロステフ」の社長だ。ロステフは、プーチンの肝煎《きもいり》で二〇〇七年に設立され、ロシア政府が保有する四〇〇社以上の企業の株式を譲り受けた。

プーチンは一九九六年、親しい友人七人と共に、サンクトペテルブルクで協同組合「オゼロ（湖）」を設立し、別荘地を購入した。その仲間の一人が、制裁発表当時国営ロシア鉄道社長だったウラジーミル・ヤクーニンだ。プーチンの後継大統領候補に名が挙がったこともある実力者で、彼は「表の人脈」の一人と言ってもよいだろう。

米国が発表した制裁リストで浮き彫りになったことは、ロシアの根幹を担う企業の多くが、ビジネスの才覚とはほとんど関係なくプーチンの「お友達」の手に握られているという実態だ。

ロシアにおいては、プーチンと友人関係にあることは、どんな保険や保証人よりも価値がある。彼らのビジネスが邪魔されることはないというお墨付きのようなものだ。これほどのアドバンテージはない。確かに彼らにとってみれば、リトビネンコが言うようにプーチンは「優しい」指導者ということになるだろう。

ただ、プーチンの友人全員がこうした富豪になっているわけではない。前述のウソリツエフもその一人だ。彼はこの点について、私たちに少し複雑な胸の内をのぞかせた。

「プーチンの友人については、多くの臆測が流布している。友人全員が上層部に取り立てられているといった話だ。しかし、そんなことはまったくない。例えば私だ。かつてのプーチンの友人で、今は彼の側にいない人たちを私は多く知っている。彼の周辺にとどまっている人たちには、何か別の要因があるのではないかと思う。もしかすると、本当に親しい友人たちなのかもしれない。あるいは何か特別な貢献をしたことが評価されたのかもしれない。友人全員を身近に置いているわけではないことは確かだ」

なお、米国の一連の制裁では、プーチンにつながる表の人脈も対象になった。当時の大統領府長官イワノフ、下院議長ナルイシキン、国営石油会社ロスネフチ社長セーチンらだ。

第七章　権力の階段

「忠誠心」の原点

表に出ることなく、サンクトペテルブルクで尊敬するサプチャーク市長の片腕としてばりばり働く。そんな毎日はプーチンの性分にも合っていたようだが、長くは続かなかった。

サプチャークは一九九六年六月の市長選で、自らの部下で、プーチンの同僚だった第一副市長ウラジーミル・ヤコブレフに僅差で敗北する。ヤコブレフはプーチンに市役所に残るよう声をかけたが、プーチンは断り、サプチャークと共に市役所を去った。

このエピソードは、プーチンの強い忠誠心を示す逸話として、よく知られている。プーチンは選挙運動期間中に、サプチャークが敗れたら市役所のスタッフは全員市役所を去るという決意表明を率先して作成し、自ら署名していた。プーチンは二〇〇〇年のインタビューでこのことを明かしている。

「サプチャークと共に仕事をしていた全員が、サプチャークの敗北は自分たちの破滅を意味するということを理解しているという、しっかりした考えを表明することが非常に大事だった。全員を戦いに参加させるための良いインセンティブになった」

プーチンは選挙戦中にメディアの記者を集めて、この声明を発表することまでしていた。

ここには、自分自身が自分のボスに忠誠を誓うだけでなく、周囲の人間にも絶対的な忠誠心を求めるプーチンの流儀がよく表れている。ボスの敗北は自分の破滅。チームは運命共同体でなければならない、という信念だ。後に述べるように、「忠誠心」はプーチンを理解するための重要なキーワードの一つと言える。

モスクワへ

サプチャークの敗北でプーチンは、一九九〇年に東ドイツ・ドレスデンから帰国したときに続き、中ぶらりんの状態に置かれることになる。家族を抱え、不安にかられることもあったようだ。

プーチン自身は、そんなプーチンをモスクワに引っ張ったのは、当時の大統領府総務局長で、エリツィンの最側近だったパーベル・ボロジンだったと語っている。

一方で、プーチンをモスクワに呼んだのは、同じサンクトペテルブルク出身で、当時大統領府長官だったアナトリー・チュバイスだったという説も根強い。チュバイスは一九九二年、サプチャーク市長の顧問から中央政府に転じ、エリツィン大統領が進めた急進的な市場経済改革の旗振り役となった。プーチンのサンクトペテルブルク時代の仕事ぶりを間近で見てよく知っている。

プーチンは、自分のモスクワ行きに関して、チュバイスは関係なかった、それどころか妨害した局面もあったかのように語っている。真偽は不明だ。チュバイスは強引な市場経済導入でロシア社会に大きな混乱を引き起こし、極端な格差社会を作った元凶として、ロシアでの人気が極めて低い。また、プーチンが後に対立することになるエリツィン側近の新興財閥グループに近い存在と見られていた。こうしたことから、二〇〇〇年の時点でプーチンは、チュバイスとの関係をことさら小さく見せたのかもしれない。

いずれにしても、プーチンは一九九六年八月、サプチャークが市長選で敗れてから二カ月後に、モスクワに職を得る。大統領府総務局次長という地味なポストであった。担当分野は、法律とロシアが保有する海外資産だった。

驚くべき出世

その後のプーチンは驚くべきスピードで出世を遂げる。一九九七年三月、大統領府副長官。一九九八年五月、大統領府第一副長官。同年七月、連邦保安局（ＦＳＢ）長官。一九九九年三月、国家安全保障会議書記を兼務。同年八月、首相に就任。

プーチンは、この中では古巣のＦＳＢに戻る際に大きな葛藤があったと語っている。一九九一年にＫＧＢを離れたのはプーチンにとって大きな決断だったからだ。二度と戻らないという覚悟だったはずだ。

プーチンはしかし、ＦＳＢで辣腕《らつわん》を発揮した。職員を六千人から四千人に削減。代わりに給与遅配をなくした。コンピューター犯罪対策を担当する部署を新設するなど、機構改革も断行した。

大統領のエリツィンやその取り巻きが、プーチンへの信頼を確かなものにするきっかけとなった出来事が起きたのも、プーチンがFSB長官のときだった。当時の首相プリマコフの意を受けて大統領府を巻き込む汚職疑惑を追及しようとしていた検事総長スクラトフを標的にした策謀で、プーチンは決定的な役割を果たしたのだ。

一九九九年三月、大統領エリツィンは検事総長スクラトフの解任をロシア上院に求めた。スクラトフは、汚職捜査に対する政権からの圧力だと主張。上院はスクラトフの主張を支持して、解任を否決した。大統領側は追い詰められていた。当時の議会は今と異なり、大統領と対立することがしばしばあった。

スキャンダルがスクラトフを襲ったのはその直後のことだった。ロシアのテレビ局が、スクラトフに似た男が若い女性二人と全裸でベッドにいる様子を隠し撮りしたビデオ映像を放映したのだ。

プーチンは「調査の結果、ビデオは本物だった」と明言した。これが決定打となった。スクラトフは失脚に追い込まれた。プーチンはこうして、エリツィンへの絶対的な忠誠心を示した。少なくともエリツィンの取り巻き連中は「プーチンは我々側の人間だ」と評価したと思われる。

汚職追及を主導していた首相のプリマコフも解任された。後任の首相ステパーシンもわずか三カ月で解任され、プーチンがその後任の首相となる。

不名誉な情報

二〇一七年一月、一八年前のスクラトフ失脚事件を彷彿とさせる騒動が起きた。前年一一月の米大統領選で当選を決めたドナルド・トランプが二〇一三年一一月にモスクワのホテルに宿泊した際の不適切な言動が、ロシアの情報機関によって隠し撮りされていたという疑惑が浮上したのだ。

場所は、中心部の高級ホテル、リッツカールトンのスイートルーム。英国の元情報部員が作成した報告書によると、ミス・ユニバースの主催者としてホテルに滞在したトランプは、同じ部屋にオバマ前大統領夫妻が宿泊したことがあると聞き、複数の売春婦を呼び寄せて、ベッドの上で放尿させたのだという。

トランプはロシアの情報機関に弱みを握られているのではないか？　こうした疑惑をトランプ本人は強く否定しているが、ロシアでは現実味をもって受け止められている。情報機関が盗撮などの手法を駆使して、有力者の「不名誉な情報」を収集しているのは公然の秘密だからだ。

「不名誉な情報」は、ロシア語で「コンプロマート」と呼ばれる。汚職など金銭スキャンダルも含まれるが、世間に与えるインパクトでは、トランプが指摘されているような不適切な性的関係に勝るものはない。

二〇一六年四月にも、コンプロマートが火を噴いた。標的となったのは、ミハイル・カシヤノフ。プーチン政権の初代首相を務めながらその後決別し、野党「パルナス」を率いてプーチンを厳しく批判していた。ところが有力テレビ局NTVが、カシヤノフらしき全裸の男性が、パルナスの女性幹部とベッドを共にしている様子を収めた盗撮映像を放映したのだ。他の野党指導者の悪口を言っている音声も流された。カシヤノフは政治的に大きな打撃を受けて、パルナスは一六年九月の下院選で惨敗した。

ロシアの情報機関は、異性関係、汚職、脱税など、有力者のさまざまな「コンプロマート」を常に収集しており、最も効果的なタイミングで暴露したり圧力に使ったりするとも言われている。

ＫＧＢ出身のプーチンを大統領にいただいていることと、ロシアでこうした手法がいまだに大手を振っていることは無縁ではないだろう。

もっとも、トランプのコンプロマートを握っているのではないかと記者会見で問われたプーチン自身は、きっぱりと否定している。

「彼は長年ミスコンテストを主催して、世界で最も美しい女性たちを知っている。ホテルでロシアの売春婦を呼ぶことは考えにくい。もちろん彼女らが世界一だということに疑いはないが」

チェチェン攻撃で支持を固める

プーチンは首相就任一カ月後の一九九九年九月、ロシア南部チェチェン共和国への仮借のない攻撃を開始する。第二次チェチェン紛争だ。一九九四年に大統領エリツィンが独立派の制圧を目指して始めた第一次チェチェン紛争は、一般住民を含む一〇万人とも言われる死者を出しただけで、惨めな失敗に終わった。

その後事実上の無政府状態にあったチェチェンでは、イスラム過激派が浸透し、周辺地域にも影響力を拡大しようとしていた。プーチンに攻撃の引き金を引かせたのは、八月から九月にかけてロシア各地で起きた爆破テロだった。中でも九月九、一三の両日モスクワで相次いだアパート爆破では三〇〇人を超える犠牲者を出して、市民を震え上がらせた。「ロシアにとっての9・11」と言えるような衝撃がロシア社会を襲った。

こうした社会的心理の中で、第二次チェチェン紛争は、プーチンの人気を大きく押し上げる役割を果たした。

そして一九九九年の大晦日、大統領エリツィンの電撃的な辞任に伴い、プーチンはついに大統領代行となる。サンクトペテルブルクで失業、失意の二カ月間を経てモスクワにやってきてから、わずかに三年四カ月で、ロシアの最高権力者に上り詰めたのだった。

イスラエルの情報機関

プーチンはなぜ、まったく無名の存在からあっという間に大統領にまで上り詰めたのか。

プーチンが東ドイツ・ドレスデンのKGB支部で見せた度胸。年長者に気に入られる「人たらし」の才能。サンクトペテルブルクで発揮した行政手腕。そして、ボスにすべてを捧げる忠誠心。そのどれもが大きな役割を果たしただろうが、それだけでは説明がつかない。何か理由があるはずだ。

プーチンが権力者への階段を駆け上がっていた一九九〇年代にプーチンと親しく付き合っていた男がいる。その男に会うため、二〇一四年八月、私（駒木）はイスラエルのテルアビブを訪れた。

男の名はヤコブ・ケドミ。イスラエルの情報機関「ナティーブ」の長官を一九九二〜九九年に務めた。

イスラエルの情報機関といえば「モサド」が有名だが、それだけではない。ナティーブは冷戦時代、旧ソ連や東欧でしばしば差別的な扱いを受けていたユダヤ人の人権状況に目を光らせていた。必要とあらば、彼らのイスラエルへの出国ルートをひそかに用意した。「ナティーブ」はヘブライ語で「道」を意味する。ユダヤ人ネットワークを通じたソ連・東欧についての情報収集と分析も手がけていた。

ケドミ自身、一九四七年にモスクワで生まれたユダヤ人だ。一九六七年二月、モスクワのイスラエル大使館の敷地内に侵入。イスラエルへの移住を求めた。イスラエル大使館で対応したのは、モサドに所属する外交官だった。彼は、モサドとKGBの関係が悪化することを恐れて、ケドミの受け入れを拒否したという。

一九六七年六月一一日、第三次中東戦争を理由にソ連がイスラエルと外交関係を断絶した日に、ケドミは今度はモスクワの米国大使館を訪れて、改めてイスラエルへの出国を求めた。このときにソ連最高会議に宛てた書簡で、ケドミは「私は、ユダヤ人が同化を強制されている国、自分の民族としての顔や文化的価値を奪われている国の国民でいることを望まない」と宣言した。民族が差別なく共存しているというのが建前のソ連で、このような意見を公表することは異例中の異例のことだった。

ケドミはこのとき、いったん米国大使館を後にした。KGBから事情聴取を受けたが、逮捕は免れた。ケドミの扱いはすでに国際問題になっていた。一九六九年二月、ついにケドミはイスラエルへの移住の許可をソ連当局から得る。ケドミは自分のソ連のパスポートをモスクワの赤の広場で燃やし、その後ウィーン経由でイスラエルへと向かった。

ケドミはイスラエルで、自身の経験も踏まえて、ソ連におけるユダヤ人の出国問題に取り組んだ。一九七七年以降、彼は「ナティーブ」で働くようになった。激動の半生を歩んだ人物だ。

私がケドミに会うのは、今回が初めてではない。二〇〇六年ごろから折に触れて会っては、匿名を条件にその時々のロシアの情勢について意見を聞いてきた。あるときはエルサレムで。あるときは死海のほとりで。会う場所はさまざまだったが、話はいつも興味深いものだった。今回は名前を出してのインタビューに応じてほしいと依頼し、快諾を得たのだった。

モスクワからテルアビブへ飛ぶ飛行機は、通常であればウクライナ東部を縦断する最短ルートをとる。しかし、アエロフロート機内のモニターに映し出される航路は、ウクライナ東部上空を避けて不自然に迂回した。もちろん、一カ月前にマレーシア航空機が撃墜された空域を避けるためだった。

テルアビブのホテルのラウンジで、ケドミにプーチンとのかかわりについて聞いた。

ケドミが初めてプーチンと会ったのは、一九九三年のことだったという。プーチンは、サンクトペテルブルク市長サプチャークに随行してイスラエルを訪問したのだ。このとき、ケドミはプーチンと会話を交わす機会がなかった。ケドミの関心は訪問団長のサプチャークに向けられていた。プーチンの相手をしたのはケドミの部下だった。

ケドミは、プーチンがKGB出身だということは当然知っていた。「情報網からは、彼は的確に仕事をし、一緒に働きやすい人物だとの報告が上がってきていた」。だが、ケドミが入手した情報によると、KGB時代のプーチンは、決して傑出した情報員というわけではなかった。敵国の情報機関を利用するような高度な作戦に携わったことはなかった。もっぱら、自陣営に属する東ドイツでの「事務的な」仕事に従事していたにすぎないのだった。

ケドミがプーチンと直接話をするようになったのは、一九九六年にプーチンがモスクワに移ってからのことだった。

ＦＳＢ長官に就任する前のプーチンは、ケドミが話すすべてのことに興味を示したという。

「彼にとってはなんでも面白かったのだろう。私も話をしていて楽しかった」

プーチンがFSB長官となってからも自由な意見交換が続いたが、ロシアとイスラエルの情報機関のトップ同士ということで、話す内容はより実務的な色彩を帯びていった。

二人の交流はプーチンが二〇〇〇年に大統領になってからも続いた。プーチンは例えば、ソ連で生まれ育って今はイスラエルで暮らしている人々がどんな考えを持っているかについて関心を持っている様子だった。ケドミは当時のプーチンとの対話について語る。

「私は、プーチンにとってあまり都合がよくないようなことも率直に話すように心がけていた。彼が耳にしていることが実際とは異なっているようなときは、そう指摘した。プーチンは自身のキャリアを対外諜報部門でスタートした。そこに私のような外国人がやってきて、『あなたの聞いていることは間違っている』と指摘したわけだ。彼は居心地が悪そうにしていたし、気分はよくなかったと思うが、私の言うことには耳を傾けていた。私は特にプーチンの批判をしたわけではないが、彼が私の評価を知りたがっているときには、耳の痛いことを伝えることもあった」

間近にプーチンと接し、ロシアの権力構造を観察してきたケドミは、プーチンが大統領になった理由をどう考えているのだろうか。

「無菌状態」の候補

「プーチンは当時、完全に論理的に大統領に選ばれた。彼は最善の選択肢だった。言葉を換えれば、他の誰よりも問題が少ない大統領候補だった」

誰にとって最善だったのか。それは、大統領エリツィンが健康を損なっていた政権末期に権力を意のままに操った政商、故ボリス・ベレゾフスキーをはじめとするエリツィンの「セミヤー（家族）」と呼ばれた側近グループだった。彼らは、自分たちの意のままになる大統領候補を求めていた。

スクラトフ検事総長をめぐるスキャンダルが示したように、大統領側近グループをめぐる腐敗追及を求める声は、検察当局や議会で強まっていた。国民の不満も限界を超えようとしていた。

経済はどん底だった。ロシアは一九九八年八月、対外債務支払いの一時停止と通貨ルーブルの切り下げを宣言。事実上のデフォルト（債務不履行）に追い込まれた。当時庶民の食生活を支えていた安い鶏肉や乳製品などの輸入品が軒並み値上がりし、国民生活は大きな打撃を受けた。貧困層が広がる一方で、国有財産の切り売りで巨万の富を築いた富裕層が出現。格差の拡大に対して庶民に強い不満が広がっていた。特に、利権を食い物にしているとして、エリツィン周辺に食い込む政商らへの批判は強かった。

エリツィンの後任に政治的基盤や経済的な力がある力強い自立した大統領が登場して、実権を握ることを、ベレゾフスキーをはじめとする「セミヤー」グループは恐れていた。それは、自分たちの身の破滅を意味するからだ。財産を失うだけではない。刑事訴追される可能性も大きかった。

肝心のエリツィンの健康状態はどん底だった。一九九八年以降、会談の突然のキャンセルや長期休養が相次いだ。公の場で大きくふらついたこともあった。つじつまの合わないことを言ったという話も広まった。実際、エリツィンの頭がはっきりしていてまともに執務できる時間は極めて限られていたようだ。エリツィンが権力を十分に掌握できない状態にしばしば陥ったことが、「セミヤー」が人事や利権をほしいままにすることを許したそもそもの原因だった。

こうした状況に追い込まれていたエリツィンの取り巻きが求めていた後継者像を、ケドミは「無菌状態」の人物と表現する。

「プーチンこそ、『無菌状態』だった。彼にはなんの政治的基盤もなかった。経済的な利権にもまったく関係していなかった。他の候補は誰もが、何かしらの問題を抱えていた。ある者は政治的な背景を持っており、ある者は経済とのつながりがあった」

例えば当時、最も有力な次期大統領候補と目されていたのが、故エフゲニー・プリマコフだ。ソ連、ロシアを代表する中東問題の専門家で、経済学者でもある。政治家としては、ソ連時代は共産党の政治局員候補を務めた。ソ連崩壊後はKGBを再編してできた対外情報庁（SVR）の初代長官や外相を歴任。一九九八年の経済危機を受けて、首相に就任した。プーチン同様、情報部門のバックグラウンドを持つ人物だが、当時のプーチンとは比較にならない大物だ。

大統領候補としてのプリマコフの資質を疑う者は誰もいなかった。エリツィンとは厳しく対立していた議会も、プリマコフには一目置いていた。実際、一九九八年にエリツィンがプリマコフを首相に起用したのは、議会の納得が得られるという理由が大きかった。しかし、ベレゾフスキーをはじめとするエリツィンの取り巻きたちにとって、プリマコフは危険で、容認できない大統領候補だった。

ケドミは語る。

「プリマコフには政治的基盤があった。エリツィンの取り巻き、中でもベレゾフスキーは、自分の政治的基盤を持っている人物を何よりも恐れた。プリマコフは熟達した政治家だったので、なおさらのことだった。当時の政権内の政治の方向性は基本的にベレゾフスキーによって決められていた」「ベレゾフスキーは、ちんぴらのような男だった。プーチンは、目立たず、誰からも求められず、経済的基盤を持っていない点で、彼にとって理想的な大統領候補だったのだ」

端的に言えば、プーチンは恐れるに足りない男だった。だからこそ、安心して大統領の座に据えられた、ということだ。

実際、検事総長のスクラトフを動かして、大統領周辺の汚職疑惑解明に乗り出したのは首相に就任したプリマコフだった。エリツィン周辺は危機感を深め、プリマコフは就任から一年も経たない一九九九年五月に解任された。それに先立つスクラトフの失脚劇で、当時FSB長官だったプーチンが大きな役割を果たしたことについては先に触れた。

エリツィンとその取り巻きたちに、あれこれ考えたり選んだりしている時間はなかった。一九九九年一二月には、下院選を控えており、それまでに自分たちの邪魔にならない大統領候補を決めておかねばならなかった。

ベレゾフスキーをはじめとするエリツィンの取り巻き集団が、政治的、経済的な基盤を持っていないことと並んで重視したのが、プーチンが見せる厚い忠誠心だった。「プーチンは自身のキャリアを通じて、自分が約束したことを誠実に実行するということを実証してきた。サプチャークが再選に失敗した選挙のときもそうだった。FSB長官としても、国家安全保障会議書記としても、忠誠心を示した。このことが、彼らの目には問題の解決策だと映った」「プーチン自身、大統領になることなど考えたことすらなかっただろう」「KGB時代のプーチンは将校だったが、指揮官ではなかった。課報員たちと一緒に仕事をしたが、誰かを指揮するということはなかった。プーチンは西ドイツに潜入する東ドイツのスパイに指示を伝えることはあった。しかし、課報員たちを管理することはなかった。小さな部隊さえ指揮したことがなかったのだ。そうした経験がないので、プーチンは（モスクワに）来た当初は、非常に用心深く、慎重に、感情をほとんど表に出すことなく振る舞っていた。野心などは抱いていなかった」

そんなプーチンを大統領に据えれば、自分たちの言いなりになるだろう。ベレゾフスキーたちは、そう考えたのかもしれない。

国家に仕えた男

しかし、それは大きな誤算だった。プーチンは自分を大統領に据えた彼らには自分の「忠誠心」は示さなかった。

プーチンは二〇〇〇年三月二六日に行われた大統領選の第一回投票で過半数を得票し、当選を決める。ベレゾフスキーら「セミヤー」も当然のことながら、支配下にあるマスコミを動かすなどして、全面的に支援した。

しかし、五月七日に正式に大統領に就任したプーチンがまず着手したのは、「セミヤー」をはじめとする政商たちの影響力排除だった。

「セミヤーは、身の安全の保証と、利権の継続をプーチンに期待した。しかし、かなえられたのは前者だけだった」と、ケドミは語った。

プーチンは、政治から手を引き、ビジネスに専念するよう、彼らに求めた。「セミヤー」だけでなく、「オリガルヒ」と呼ばれたソ連崩壊後の混乱に乗じて巨万の富を築いた富豪たちすべてにこのルールは適用された。抵抗するものは、放逐された。「服従か、さもなくば破滅か」。これが、プーチンが示した選択肢だった。ベレゾフスキーは二〇〇〇年にロシアから脱出、二〇〇一年にイギリスへの亡命を余儀なくされた。その後もロンドンから激しいプーチン批判を繰り返していたが、影響力は目に見えて衰えていった。

ケドミは語る。

「プーチンは誰かに仕えるということに慣れた人間だ。そして、愛国的な精神に浸って教育された。彼は共産主義やその理想に心服したわけではない。国家そのものに心服したのだ。愛国的な人間として、自分の義務を『国家に仕えること』だと心得たのだ。これに対して、エリツィンの取り巻きたちは、上昇志向の持ち主だ。必要とあらば今日は共産主義を信奉するけれど、明日には神や皇帝に仕える、といったたぐいの人間たちだ。プーチンはまったく異なる」

プーチンを自分たちと同じタイプの人間だと考えたことが、彼を大統領に据えたベレゾフスキーたちの誤算だったのかもしれない。

ベレゾフスキーの名前が久しぶりにメディアで大きく取り上げられたのは、二〇一三年三月。ロンドン近郊の自宅浴室で、遺体で見つかったのだ。首つり自殺とみられている。プーチン政権との確執から、死因を疑う見方も根強いが、ベレゾフスキーが困窮していたことは確かなようだ。

ベレゾフスキーは二〇一二年には、ロシアを代表する大富豪で英プレミアリーグの名門クラブ「チェルシー」オーナーのロマン・アブラモビッチを相手取って起こした訴訟で敗訴して巨額の損失を抱えた。アブラモビッチはベレゾフスキーの右腕として頭角を現したが、その後決別。プーチン政権と良好な関係を保っていた。ベレゾフスキーは二〇一一年には、離婚した妻と一億ポンド（当時のレートで約一三〇億円）を超える慰謝料の支払いで合意したとされ、絵画やクラシックカーのコレクションを売却するなど、財産を整理している様子が伝えられていた。

ベレゾフスキーの死は、大統領プーチンの生みの親がベレゾフスキーだったという、忘れかけられていた事実を改めてロシア社会に突きつけた。

評論家のイーゴリ・エイドマンは、自身のブログに書いた。

「ベレゾフスキーは死んだ。しかし彼のプーチンは生きている」

ソ連時代の有名なスローガン「レーニンは死んだ。しかし彼の事業は生きている」をもじったものだ。腐敗と不正義が支配する政治文化がベレゾフスキーからプーチン政権に引き継がれているという強烈な皮肉だ。

プーチンはベレゾフスキーの死について沈黙を守った。大統領報道官のペスコフは、生前のベレゾフスキーから許しを請う書簡がプーチンに届いていたと発表した。プーチンがベレゾフスキーの「作品」だというイメージを打ち消す狙いだ。

二〇一五年四月、ロシア国営テレビがプーチンの大統領就任一五年を記念して制作した長編ドキュメンタリー番組「大統領」を放映した。プーチンは首相時代に、オリガルヒたちと対峙したエピソードを自ら紹介した。

「彼らのうち何人かが私の執務室にやってきた。私の向かい側に座って、こう言った。『あなたが大統領になることは絶対にない。わかってるだろうな？』。私は答えた。『まあ、見てみましょう』と」

司会者から、どうやってオリガルヒたちを黙らせたのかを聞かれたプーチンは答えた。

「いろいろな方法でね」

プーチン自身、新興財閥の手で大統領の座に据えられたと見られることをひどく嫌がっている。だから、なんとかその印象を打ち消そうとしているのだろう。この場面を見たとき、私はそんな感想を抱いた。

第八章　インタビュー

エリツィン辞任

一九九九年一二月三一日。二〇〇〇年代最後となるこの日、大ニュースが世界を駆け巡った。ソ連を解体に追い込んだ立役者で、一九九一年からロシアの初代大統領を務めていたボリス・エリツィンが、辞任を表明したのだ。

モスクワ時間の正午、テレビ画面に登場したエリツィンは涙ながらに語った。

「私は長く思い悩んだ結果、今日大統領を辞任することを決めた。文明的で自発的な政権交代の前例となるように、憲法の規定通り二〇〇〇年六月に大統領選が行われるよう望んでいた。しかし、私は違う決定をし、規定の任期前に辞任する。ロシアは新しい政治家、知識人、力強く精力的な人々と共に新しい千年紀に入らなければならない。何年も権力の座にいた者は去るべきなのだ。任期は半年残っているが、大統領にふさわしい強い人物が現れたのだから、邪魔をしてはならない。権力の座に居座るのは私のやり方ではない。辞任は健康が理由ではなく、すべての問題に原因がある。私が国民の夢と希望を実現できなかったことを許してほしい。灰色で停滞した全体主義的な過去から、明快で豊かで文明的な将来へと飛び立てると信じていた国民に謝りたい。憲法に従い、ロシア大統領の職務をプーチン首相にゆだねる。三カ月後には大統領選挙が行われる。国民が賢明な選択をすると私は信じている」

エリツィンの夫人ナイナは後に、辞任についてはこの日の朝初めて夫から知らされたと証言している。そのときナイナは実際に辞任するのは年明けの一月か二月になるとばかり思っていたのだという。それほど秘密裏に進められた辞任劇だった。

こうして、八月に首相に就任したばかりのプーチンが大統領代行となった。四七歳だった。エリツィンは辞任演説でプーチンを「大統領にふさわしい強い人物」と紹介。三月に行われる繰り上げ大統領選でプーチンに投票するよう、国民に呼びかけた。

「誰も彼を知らないんだ」

パリに滞在中のジャーナリスト、ナタリヤ・ゲボルクヤンに電話がかかってきたのは、エリツィンが辞任を表明する少し前のことだった。電話の主は、前大統領府長官ワレンチン・ユマシェフ。ユマシェフは、「セミヤー（家族）」と呼ばれたエリツィンの側近グループの中心的存在だった。ジャーナリスト出身で、エリツィンのメディア担当顧問や大統領府長官を歴任し、エリツィンの著書の代筆も手がけた。同時期にエリツィンのイメージ担当顧問を務めたエリツィンの次女タチヤナと後に結婚するなど、「セミヤー」の名にふさわしい側近中の側近だった。ベレゾフスキーと共に当時のクレムリンを牛耳っていたキーパーソンだ。

ユマシェフは電話でゲボルクヤンに尋ねた。

「今、モスクワかな？　違うって？　じゃあ、モスクワに来てもらえないだろうか」

ゲボルクヤンは答えた。

「上司が決めることだ。もし私がモスクワに行く必要があるというなら、彼が私を呼び出すでしょう」

その後、間もなくゲボルクヤンの上司から電話が入り、モスクワに行く必要があるとゲボルクヤンに伝えた。上司は言った。「君が決めることだ。この先も生きていくのか、パリにそのまま残るのか」。理由の説明はなかった。

モスクワに飛んだゲボルクヤンは、クレムリンに呼び出された。エリツィンの辞任演説の直前か直後のことだったという。

待っていたのはユマシェフと、エリツィンの次女タチヤナ、そしてプーチンの選挙対策責任者だった。ユマシェフは言った。

「我々はプーチンを大統領にする準備をしているところだ。ただ、一つ問題がある。誰も彼のことを知らないんだ。彼についての本を出す必要がある」

ゲボルクヤンは、すべてを察した。

「OK！　モスクワで一カ月、サンクトペテルブルクで一カ月、ドレスデンで　カ月取材をさせて。それで、本を書いてみる」

ユマシェフはあわてて遮った。

「いやいや。三月にはもう大統領選だよ」

「じゃあ、私にできることは何もない」

「じゃあこうしよう。私がエリツィンの本を書いたように、あなたがプーチンに成り代わって書くんだ」

「あのね。あなたはエリツィンを何年も前から知っているし、あなたは彼を信頼している。エリツィンが感じるのと同じようにあなたも物事を感じることができる。だけど、私はプーチンのことを何も知らない。彼が話したことが正しいかどうか私が確認することができないのなら、私は彼に成り代わって本を書くことはできない。そんな責任は負えない。誰か、別の人を見つけたらどうですか」

ユマシェフたちは引き下がらなかった。

「じゃあ、どんな方法があるのか。あなたの方から提案してもらえないか」

そこで、少し考えたゲボルクヤンが提案したのが、プーチンにインタビューをして、彼の言葉をそのまま本にするというアイデアだった。インタビューならお手のものだ。質問と答えで、本を構成する。

「ルールは単純。言葉には一切手を加えない。縮めたり、話したことのうち面白いところを選んだりすることは、させてもらう」

しかしこの提案を、ユマシェフたちは気に入らなかった。リスクが大きすぎる。一度口にしてしまったことは引っ込められない。大きな責任が伴う。質問に対して正直に答えたくない場合、立ち往生しかねない。しかも、録音という証拠が残る。ユマシェフたちは難色を示した。彼らは、プーチンがちゃんとインタビューに答える能力があるかどうかさえ、このとき知らなかったのだ。いかに苦し紛れで急ごしらえの大統領候補だったかがうかがえる。

ゲボルクヤンは業を煮やして言った。

「OK。じゃあもう結構。みなさんが望む通りにするジャーナリストを見つければいい。それで問題は解決するのだから」

だが、席を立ったゲボルクヤンを、ユマシェフはドアのところで押しとどめた。

「わかった。いいだろう。インタビューというのをやってみよう」

こうして、プーチンへのインタビュー本を選挙前に出版する計画が固まった。

雄弁な登場

「プーチン本」をインタビューで構成するというアイデアを提供したゲボルクヤンだが、内心はまだ不安だった。ゴーサインを出す前に、一度本人に会ってみる必要があると考えた。プーチンがちゃんとしゃべれる人間かどうかわからなかった。ゲボルクヤンは、KGB出身者にインタビューした経験が多くある。てんで話が下手な者も多かった。ユマシェフたちは、正式なインタビューの前にプーチンに一度会わせることに同意した。

あまりにも時間がないので、インタビュアーを他にも用意した方がいいのではないか。そのとき、誰かがそんなことを言い出したことをゲボルクヤンは覚えている。ゲボルクヤンも異存はなかった。

彼女は、ジャーナリストのアンドレイ・コレスニコフを推薦した。

「彼はあらゆる点で私と異なっていたので、適任だと思った。私はずっと政治を取材対象にしてきたが、アンドレイはまったく縁がなかった。彼は社会的なテーマ、飛行機の墜落だとか、炭鉱の爆発といったことを書いてきた。だけど、彼のことは何年も前から知っていた。プーチンにとって、アンドレイは私よりも一緒にいて居心地が良い人物だと思った。とても友好的に人に接する。私はどちらかというといじわるで、つっかかっていったりする方だから」

ユマシェフたちも同意し、ゲボルクヤンとコレスニコフは連れだってプーチンに会ってみることになった。

驚いたことに、プーチンはとても多弁な人物だった。

「プーチンは話すことが苦にならず、たくさんしゃべり、話すことが好きな様子さえ見せた」とゲボルクヤンは振り返る。

「プーチンはほほえみをたたえ、好意的に我々に対応した。本当のところはわからないが、ユマシェフやタチヤナから『聞かれたことに答えられることがあるのなら、なんでも答えろ』と言い含められているのではないかと私は思った。プーチンは与えられた役割を果たしているだけなのではないか、と」

当時のユマシェフたち「セミヤー」とプーチンの力関係はそんなところだった。仮にそうだったとしても、プーチンがその役割を果たすだけの能力を備えていたことになる。

本番のインタビューにはユマシェフたちの提案でもう一人、ナタリヤ・チマコワも加わった。彼女はロシアの有力紙「コメルサント」でゲボルクヤンの同僚記者だったが、このころにはすでにプーチンの広報スタッフになっていた。

インタビューは計六回。それぞれ約四～五時間かけて行われた。

インタビューの場に常にいたのはプーチンも含めて五人。ゲボルクヤン、コレスニコフ、チマコワの三人のジャーナリスト。そして、エリツィンの次女タチヤナだ。そこに、ユマシェフが加わることもあった。

ゲボルクヤンの狙い通り、コレスニコフとの間で役割分担が成立した。「良い警官と悪い警官」のように、硬軟織り交ぜてプーチンを揺さぶり、話を引き出していった。

インタビューはあるときはクレムリンで行われた。モスクワ郊外のかつてのKGBの関連庁舎で会ったこともあった。一九九一年八月のクーデターの際に、当時のKGB議長クリュチコフらが集まった建物だった。すでにFSB長官でもなかったプーチンがなぜその建物に用があったのかは不明だ。

インタビューはみんなの仕事が終わった後、たいてい夜遅くに行われた。テーブルには軽食とウォッカ、ビールが並べられた。しかし、プーチンはアルコールには手をつけなかった。

こうして行われたインタビューは『От Первого Лица（第一人者から）』として出版され、大統領府の公式サイトにも掲載された。これまでも折に触れ、引用してきた。

もちろん、プーチンの大統領選の前宣伝として作られた本だ。後に触れるように、正直に話しているのか、首を傾げざるを得ない内容も含まれている。これまで引用してきた部分は、できるだけ第三者の発言で裏付けられている内容を選ぶよう心がけてきた。

それでもこのインタビュー本は、今に至るまで、プーチンを知るための最良の一冊だと言える。ユマシェフら本の企画者たちが、プーチンに正直に答えさせようとしたことがうかがえるという点もある。また、ゲボルクヤンがプロフェッショナルなジャーナリストとしての立場を崩すことなく質問をぶつけ、ユマシェフたちとの約束通り一字一句変更を加えることなく再現したことも大きい。実際、今回の私たちの一連の取材でも、他のジャーナリストによる検証でも、プーチンがゲボルクヤンたちに語ったことで、大きく事実と食い違うような話は見つかっていない。

メディアにあふれていた政権批判

もう一つ指摘しておきたいのは、当時のロシアのメディアは、今とは比較にならないほど自由な雰囲気に包まれていたということだ。主要テレビ局や有力新聞に、政権批判があふれていた。これまで見てきたように、大統領と議会の間には今では考えられないような緊張関係があった。エリツィンはもちろん、プーチンもマスメディアから容赦のない批判や風刺の対象になっていた。ゲボルクヤンたちにとって、プーチンは気をつかわなければならないような取材対象ではなかった。

いくつか具体例を挙げよう。

一九九九年八月、プーチンが突然首相に任命されたとき、人気週刊誌『イトーギ』は「カリスマどころか魅力の片鱗もない人間にいったい何ができるだろう?」とこき下ろした。一九九九年の大晦日にプーチンが大統領代行になってからも、人気週刊紙の「論拠と事実」は少年時代のプーチンについて、だれかれかまわず女の子にキスをして回るような子で、決して成績も良くなかったことを伝えた。「女の子とキスをしているところを見たから、担任の先生に言いつけた」という同級生の証言も報じられた。

子供時代についてはプーチン自身、ゲボルクヤンらのインタビューに対して正直に語っている。

「私はごろつきだったんだ。ピオネールに入れるような子供じゃなかった」「実際のところ、私はちんぴらだったのだ」

ソ連共産党の少年団ピオネールは、たいていの子供なら一〇歳で加入できた。しかし、プーチンは当時の六年生、一二歳になるまで加入を許されなかったのだという。プーチンが立ち直るきっかけとなったのが柔道との出会いだった。

当時のロシア政界への風刺として忘れられないのが、一九九四年から二〇〇二年まで放映された独立テレビ（NTV）の人気番組「クークリ（人形）」だ。エリツィンやプーチンをはじめとする有力者をデフォルメした人形たちが、毎回大騒動を繰り広げる。いかにも本人たちが言いそうな台詞《せりふ》回しを、本人そっくりの声優が話すところが大いに受けた。

プーチンが大統領になってまもなく、「クークリ」はこんな場面を放映した。

プーチンの人形「ボリス・ニコラエビッチ（エリツィン）、一つ正式な提案があるんです。僕のパパになってくれませんか」

エリツィンの人形「どういうことだ？」

プーチン「なぜって、法律では元大統領だけを保護することになっています。僕は現職ですから」

エリツィン「それなら、元職になればいいじゃないか」

プーチン「いや第一に、まだ早すぎます。第二に、永遠にそんなことにはならないですから」

プーチンがエリツィンの子供扱いであること、プーチンが大統領就任後まっさきに前大統領エリツィンの刑事・行政責任を免除する決定を行ったこと、そしてプーチンがどうやら大統領の座に永遠に居座ろうとしていることを、短いやりとりの中で皮肉っている。今見ても十分面白いやりとりだ。

だがNTVやこの番組は、政権の不興を買うこととなる。

NTVは、エリツィン時代の「オリガルヒ」と言われた新興財閥の一人、ウラジーミル・グシンスキーが、一九九三年にロシア全土をカバーする民放として開局した。翌年末にエリツィンが始めた第一次チェチェン紛争では、若い未経験なロシア兵がチェチェンでなすすべもなくむごたらしく殺されている様子を生々しく伝え、ロシア国民の厭戦気分を高めるのに大きな役割を果たした。

私（駒木）は当時、モスクワに留学していた。モスクワ市内のホームステイ先の家庭には、徴兵適齢期の少年がいた。息子を徴兵に取られることを何よりも恐れていた家族は「本当のチェチェンの様子を伝えているのはNTVだけだ」と、ニュースを毎日食い入るように見ていた。

グシンスキーは二〇〇〇年のプーチン政権誕生に至る権力闘争で、元首相プリマコフやモスクワ市長ルシコフらのグループに接近。プーチンを担いだベレゾフスキーと対立した。

結局、プーチンが大統領となってまもなく、グシンスキーは国家資産詐取容疑で逮捕された。グシンスキーは一時身柄拘束を解かれたすきに国外に逃亡。二〇〇一年四月までに天然ガス独占企業「ガスプロム」がNTVの株式を取得し、NTVは政府の傘下に入った。人気風刺番組「クークリ」も、二〇〇二年に放映中止となった。

プーチンが大統領になってほどなく、ロシアの主要テレビ局で政権批判を見ることはできなくなった。ウクライナ東部の紛争をめぐって、一九九四年当時のＮＴＶのような政権に批判的な現地からのリポートが流れることは想像もつかない。政権に批判的なジャーナリストは、ネットに主戦場を移している。

プーチンが仕えた改革派市長サプチャークの妻、リュドミラ・ナルソワが指摘するように、安定した政治、揺るがない権威を国民の側から求めた側面も確かにあるだろう。しかし、エリツィン時代とはすっかり様変わりしてしまったロシアのメディアの状況が、「服従文化」にどっぷり浸かったまま大統領に上り詰めたプーチンのパーソナリティーを色濃く反映していることは間違いない。

ソ連の過ちを批判

ゲボルクヤンらが二〇〇〇年に行ったプーチンへのインタビューを、今の目で読み返すと「こんなことを当時は言っていたのか」と意外に思われるような言葉に出くわすことがある。

例えば、ハンガリーの民主化運動にソ連軍が介入して鎮圧した一九五六年の「ハンガリー動乱」。そして、一九六八年、チェコスロバキア（現チェコ共和国、スロバキア共和国）で進んでいた改革運動「プラハの春」を、ソ連軍を主体とするワルシャワ条約機構軍が介入してつぶした「チェコ事件」について聞かれたプーチンは、当時こう断言していた。

「あなたは忘れているようだが、東ドイツでも我々は一九五三年に軍事力を行使した。これらは、私が見るところ、大きな過ちだった。私たちが今、東欧でロシアへの憎悪に直面しているのは、こうした過ちの結果なのだ」

ウクライナ南部のクリミア半島にロシア軍を展開して一方的に併合。さらにウクライナ東部の親ロシア派武装勢力を軍事的に支援して、欧州の対ロ感情をかつてなく悪化させたプーチンの言葉とは思えない。

ゲボルクヤンは、プーチンのこのときの言葉をよく覚えている。ハンガリー動乱やチェコ事件について、プーチンの見解を初めて引き出したのがこのインタビューだったからだ。しかし、それはプーチンの本心ではなかった。ゲボルクヤンは今、そう感じている。

「忘れてはいけないのは、この本は結局のところ、大統領選の準備として作られたということだ。一九五六年や六八年の出来事が自分たちの住む国を傷つけ、国の恥部となったと考えている知識人層にも、プーチンは気に入られる必要があった。何よりプーチンはソ連の行いを断罪したエリツィンの後継者として登場した。市場経済主義者であり、民主主義者であるエリツィンの後継者として」「プーチンは私たちの質問に対して『ソ連には自国の地政学的な利益があった。五六年や六八年にはそれを守っただけだ』と答えることだってできただろう。しかしそんなことを言ったら大騒動が巻き起こっていた。そして、選挙前のプーチンにとって望ましくない事態に発展していたに違いない」

ゲボルクヤンは今、一九九一年にソ連で保守派がモスクワ市内に戦車を展開したクーデター未遂事件をきっかけにプーチンがＫＧＢを去ったのも、本心から起こした行動だったかどうか疑わしいと考えている。

「プーチンがあの出来事が過ちだったと本当に考えているのなら、ウクライナ東部にロシアの戦車が現れるような事態にはさせなかったはずだ」

プーチンはゲボルクヤンらのインタビューに対して、今のロシアの振る舞いにぴったりとあてはまるような言葉も語っている。冷戦終結について聞かれたプーチンは、サンクトペテルブルク第一副市長時代に、米国の元国務長官キッシンジャーと会ったときのエピソードを語った。

「彼（キッシンジャー）が言ったことは私にとって予想外で、とても興味深かった」

こう切り出したプーチンは、キッシンジャーから聞かされた言葉を再現した。

「私（キッシンジャー）は今、かつてソ連に対して取った態度のために、強い批判を受けている。私は、ソ連が東欧からあまり急いで出て行くべきではないと考えていた。我々は拙速に世界のバランスを変えようとしており、それは好ましくない結果をもたらすだろう、と。このことで、私は罪を負わされているのだ。人々は言う。『ソ連はなくなった。そしてすべてが順調じゃないか。あなたはそんなことはあり得ない、と言っていたのに』。しかし、私は実際そんなことは不可能だと考えていたのだ」

キッシンジャーは少し考えて、こう付け加えたという。

「正直言って、私はなぜゴルバチョフがあんなことをしたのか今もって理解できないんだ」

プーチンはキッシンジャーの言葉を紹介した後、こう語った。

「私は、彼からそんな言葉を聞こうとは思ってもみなかった。私が当時彼に言ったことを、ここでも言おう。キッシンジャーは正しかった。もしもあんなに慌てて（東欧から）出て行かなかったならば、私たちは多くの問題を避けることができたのだ」

ソ連崩壊後、ロシアが東欧から手を引いた結果、NATOの東欧への拡大を招いた。そのことが、ロシアにとって多くの深刻な問題を招いている。そんなプーチンの考えがにじんでいる。ゴルバチョフに対するプーチンの否定的な評価もうかがえる。

プーチン自身は、ベルリンの壁が崩壊したことについて、次のように語っている。

「実際のところ、私はそれを避けられないことがわかっていた。正直に言うと、ソ連の欧州での立場が失われていくのが、ただ残念だったのだ。壁や分断に支えられた立場が永遠に続くわけがないということはわかってはいた。何かそうしたものに代わる別のものがあればよかったのだが、何も考え出すことができなかった。それが残念だ。すべてをあきらめて、出て行くしかなかった」

東ドイツ・ドレスデンのKGB支部を囲んだ群衆にただ一人立ち向かったこと。いったんは解散させることに成功したものの、本国のソ連からはなんの助力も得られなかったこと。失意のうちに東ドイツを去らざるを得なかったこと。一〇年以上が過ぎてなお、こうした経験がプーチンの心の奥底に消えることなく重く沈着している様子がうかがえる。

忘れられない屈辱を晴らして、ロシアを再び欧州の勢力バランスを考える際に欠かせない政治的、軍事的な重みのある国にしたい。キッシンジャーから聞かされた言葉は、プーチンのそんな消しがたい思いを、理論的に支えてくれているように感じられたのではないだろうか。

キッシンジャーとプーチン

プーチンはインタビューで、キッシンジャーの言葉を紹介しただけではなかった。会ったときの様子を、まるで昨日のことのように事細かく再現している。

「当時、サンクトペテルブルクの発展と外国投資誘致のための『キッシンジャー・サプチャーク』委員会というものがあった。キッシンジャーは確か二度ほどやってきた。私が彼を空港に迎えに行ったことがあった。同じ車に乗って、宿舎に向かった。道中、彼は私に尋ねた。どこから採用されたのか。何をやっていたのかと。好奇心旺盛な老人だった。寝ているように見えて、その実、すべてを見て、すべてを聞いていた。私たちは通訳を介して話した。彼は『長くここで仕事をしているのか』と尋ねた。私は『一年ほどです』と答えた」

その後、キッシンジャーとプーチンはこんなやりとりを重ねたという。

「それまでは何をしていたのかね？」

「レニングラード市議会です」

「ではその前は？」

「大学にいました」

「大学の前は？」

「その前は軍にいました」

「どの軍にいたのかね？」

ここで、プーチンはキッシンジャーを驚かせてやろうと思ったという。

「私は、情報機関で仕事をしていました」

しかし、キッシンジャーは動じなかった。

「外国で働いていたのかね？」

「ええ、ドイツで」

「東、西どちらか？」

「東です」

「きちんとした人間は誰でも情報機関から始めるものだ。私もそうだ」

プーチンは、キッシンジャーが情報機関の出身だということをこのとき初めて知ったという。キッシンジャーはドイツのユダヤ系の家庭に生まれ、ナチスを逃れて米国に亡命。第二次世界大戦では、ドイツ語の能力を買われて、軍の情報部門に勤務していた。

「きちんとした人間は情報機関から始める」。キッシンジャーのこの言葉も、プーチンにとってはうれしいものだったに違いない。プーチンは大統領就任後も、折に触れてキッシンジャーと意見交換する機会を持っている。

そのキッシンジャーは、プーチンやウクライナ問題をどう見ているのか。二〇一四年一一月、米外交問題評議会がニューヨークで開いたベルリンの壁崩壊二五周年を記念するシンポジウムに参加したキッシンジャーの発言を、ジャーナリストのペーター・メルガルドが、インターネットニュースサイト「ザ・ハフィントン・ポスト」で紹介した。

キッシンジャーは、ウクライナ紛争を招いた責任の一端は欧米諸国の側にもあるという考えを語った。

「今回生じた状況は、それ以前から問題になっていたことだ。西側諸国は起ころうとしていることの意味合いを十分に理解せず、ロシアとの間に抱える『ロシアと西側諸国との長期的関係』という本質的な問題について対話する機会があったかもしれないのに、そのチャンスを生かせなかった」

キッシンジャーは、欧米は過ちを犯したが、それでもロシアによるクリミア半島併合は正当化することはできないとも強調した。

「ある国が別の国の一部を単純に切り取ってもよい、という主張を受け入れることはできない。単純にある領土を併合するのは、私たちが考えている通り、国際法に反している」

その上でキッシンジャーは、欧米がプーチンに圧力をかけるためにプーチンの盟友とみられている政治家や企業家に対する制裁を強めていることについては、強い疑問を呈した。

「このやり方に私は非常に不安を感じる」「国際関係にとって悪いやり方だ。それぞれの国が、別の国の個人を罰するようになれば、いったいどんな国際秩序のシステムができあがるのだろうか。私なら、もっと別の方法で、強い不快感をはっきり示す」

「国民はうんざり」長期政権を批判

プーチンが二〇〇〇年にゲボルクヤンらのインタビューに対して語ったことで、今の目で振り返って見ると非常に興味深い言葉を、もう一つ紹介しよう。

一九八二年から九八年まで、一六年間にわたって西ドイツと東西統一後のドイツの首相を務めたヘルムート・コールについての発言だ。プーチンが東ドイツで勤務していた時期、コールは西ドイツの首相だった。プーチンはサンクトペテルブルクに帰ってから、市長サプチャークの側近として、東西ドイツ統合の立役者として脚光を浴びていたコールと二回会ったことがあるという。プーチンは、ドイツ語通訳として、サプチャークとコールの会談に立ち会ったのだ。

そのときのコールは、プーチンに非常に良い印象を残していた。プーチンはインタビューで語っている。

「何に私が驚かされたと思うかね？　欧州で最も強力な政治家が、ロシアのことをあれほどよく、深く知っているとは思いもしなかった。私はとにかく衝撃を受けた」「彼が言ったことのすべてを今は思い出せないかもしれないが、全体としての印象は覚えている。彼は我が国の歴史も、現状も、驚くほど深く知っていた。彼は、起きていることの本質を理解していた。私が特に気に入ったのは、彼が『ロシアのない欧州など想像すらできない』

と語ったことだ。彼は『ドイツは市場としてのロシアに関心があるだけではなく、ロシアに立派なパートナーになってほしい』と言っていた」

プーチンのこの回想からは、彼がコールに好感を抱いたという事実だけでなく、プーチンの欧州に対するあこがれや、欧州から受け入れられ、評価してもらいたいという心情まで透けて見える。

だが、プーチンへのインタビューが行われた二〇〇〇年初頭、コールの評判は地に落ちていた。一九九八年の連邦議会選で、一九七三年から自身が党首として率いてきた与党のキリスト教民主同盟（ＣＤＵ）が大敗し、一六年間務めた首相の座から退陣を余儀なくされた。その翌年には首相在任時の闇献金疑惑が表面化。コールは二〇〇〇年一月、ＣＤＵの名誉党首の座からも退いた。その後も検察から捜査を受けるなど、さんざんな状況だった。

コールが辞任後大きなスキャンダルに見舞われたことについて、当時プーチンはこんな感想を述べている。

「不思議なことは何もない。どのような指導者にもスキャンダルはあるものだ。実際のところ、彼らは弱体化して、壊滅させられたのだ。ＣＤＵの指導者は明らかに過ちを犯したのだ。コールほどの強力な指導者であっても、一人の指導者が一六年も続けば、どんな国民であっても、たとえドイツ人のような落ち着いた国民でさえも、うんざりする。彼らはそのことを早く理解するべきだった」

二〇一八年。プーチンが最初に大統領に就任してから一八年が経ち、さらに六年間の任期を手にした。二〇〇八年から一二年までの四年間はメドベージェフに大統領の座を譲ったが、その間も首相に納まり、事実上の政権トップであり続けた。

「どんな国民でもうんざりする」というかつての自分の言葉をプーチンは今、どう聞くだろうか。

　プーチン自身は近年、国民からの厚い支持があることに自信を持っているかのような発言を繰り返している。二〇一四年一二月一八日の記者会見では、ロシアでクーデターが起きる可能性を聞かれて、こう答えた。

「我々には公邸があり、しっかりと警備されている。しかし、(国家の)安定性というのは、そんなことに依拠しているわけではない。それは、ロシア国民からの支持に支えられているのだ。それ以上にしっかりした基盤というものはあり得ない。そして、私たちの外交政策についても国内政策についても、そうした支持があるということについては、議論の必要はないと思う」

　プーチンは、二〇一五年四月に放映された大統領就任一五年を記念するロシア国営テレビの特別番組「大統領」の中では、こんなことを語っている。

「私が今までやってきたような仕事をしている人間にとって、ごくありふれた人々とのつながりや、かかわりを持っているという感覚は、非常に大切で、私の仕事をとても助けてくれる」

その上でプーチンは一般市民と交流するようなときに、普段大統領になかなか届かない情報を得ようとしているのではないかという推測をきっぱりと否定した。

「私にはそうした情報源を探す必要はない。私にはすべてわかるのだ。どうしてなのか、私にもわからないのだがね。説明するのが難しいのだが、ただ私は、自分を我が国の一部、我が国民の一部だと感じているのだ」「もちろん、人々と会うことは重要だ。人々が何かに不満を抱いていたり、心配していたり、不安だったりするときは、瞬間的にそうしたシグナルが私のところに届くのだ」

国民がうんざりするような兆候があれば、コールと違って自分はすぐにそうした雰囲気に気づくはずだ。しかし、そんな兆候はない。自分はしっかりした国民の支持に支えられている、というわけだ。自信の表れだろうか。いや、聞きようによっては、プーチンが国民からの支持の有無をとても気にして、神経質にさえなっているようにも響く言葉だ。

東ドイツで国民の心が政権からすっかり離れてしまっている様子、そしてそうした国家があっさりと崩壊する様子を目の当たりにしたことが、プーチンの心の奥底に深く刻み込まれているのではないか。だから、プーチンは、自分を国民が支持しているということを、ことあるごとに心の中でかみ締めて確認する習慣から逃れられないのではないだろうか。

権力の罠

「一人の指導者が一六年も続けば、どんな国民でもうんざりする」

この発言を、プーチンは今も覚えているだろうか。

「もちろん、覚えている。何度もこの発言について指摘されてきたのだから」

と、インタビューを行ったゲボルクヤンは語った。

「特に二〇一一年、彼が大統領に復帰することが明らかになったときに、すぐにこの発言が話題にのぼった」

では、プーチンはなぜ大統領の椅子に座り続けるのだろうか。「国民はうんざりしているのではないか？」という疑問を抱えながら仕事を続けているのだろうか。

「プーチンは罠にはまってしまって、抜け出すことができないのだ。私が見るところ、プーチンは絶対に権力を手放すことはないだろう」

「自分以外の誰も信じることができなくなってしまった人に例外なく起きることが、今プーチンにも起きているように私には思える。一人で物事を決めてしまう傾向がある人、つまり権威主義のほんの小さな素質を持っている人は、実際に権力を手にすると、その素質が大きく膨らんでしまうのだ。そういう素質を持つ人がクレムリンに勤務するようになると、社会を直接見るのではなくクレムリンの窓を通して見るようになってしまう」

「普通の人間であれば、ときには裸足でビーチを歩くような生活を送りたいと思う。数十年も権力の重荷を背負うような人生に大きな喜びがあるとは思わない」

しかし、プーチンはそうした人間ではすでになくなっている。それが権力の罠が持つ恐ろしさだ、というのだ。

「みんなから『あなたの支持率は八〇%を超えています』と聞かされれば、自分の使命を確信し、自分は国にとって欠かせない存在だという信念を深めてしまう。これは、すべての権威的な権力者に起きたことの繰り返しだ。自分に代わる人間が登場する余地を自分でつぶしていく。ロシアだけでなく、リビアでもイラクでも起きたことだ」

プーチンは二〇〇八年から四年間、大統領の座をメドベージェフに譲った。そして、もうこりごりだと感じたのではないか、というのがゲボルクヤンの考えだ。

「メドベージェフの経験で、もう誰にも権力を委ねる気がなくなったのだと思う。あれほど弱々しく、絶対的な忠誠をプーチンに誓う人間であっても、『任せるのはもう十分!』というわけだ。それにプーチンの友人たちが手がけるビジネスは、プーチンという存在に頼り切ってしまっている。これも抜けられない罠の一つだ」「もし奇跡が起きて、プーチンが一九九九年一二月三一日のエリツィンのように『私は疲れた。私は去る』と言ったとすれば、私は喜んで今言ったことを撤回する。しかし、彼はそんなタイプではない」

プーチンが辞めたくても辞められない事情もあると、ゲボルクヤンは指摘する。

「ロシアという国がときに見せる執念深さをプーチンは知っている。引退すると言ったら、その二日後には自分がどうなってしまうかわからない不安がある。彼は多くの汚いこともした。彼への悪感情も積み重なってきた。だから、権力の座を去ることは、自分が物理的な危険にさらされることを意味する。権力を握っている間は、国の治安機関が組織を挙げて守ってくれるだろうが、権力の座を離れた瞬間、守ってもらえなくなるのだから」

劣等感と冒険主義

　ゲボルクヤンは、現在のプーチンを極めて批判的に見ている。インタビューした当時は、ロシアの多くの反政権ジャーナリストと同様にロシアを離れ、パリに拠点を置いて活動していた。ロシア最大の民間石油会社だった「ユコス」の元社長で、プーチン政権と対立、脱税などの容疑で一〇年以上にわたって収監されたミハイル・ホドルコフスキーを支援し、共著も出している。

　では、ゲボルクヤンはいつ、プーチン批判に転じたのだろうか。

「私は最初から、彼は良くない選択肢だと感じていた。私は、KGBというシステムから出てきた人間を権力の座に据えるべきではないと考えていた」と、ゲボルクヤンは振り返る。

　まして、プーチンはなんの政治的経験もないまま大統領の座に就いた。

「エリツィンは、大きな地方の指導者を務めた経験がある。しかし、プーチンにはそんな経験もない」

　エリツィンは一九七六年、出身地のスベルドロフスク州の共産党第一書記に就任し、ソ連の政治家としての本格的なキャリアをスタートさせた。プーチンは、サプチャークの下でサンクトペテルブルク市の第一副市長を務めただけだ。

「私は、そうした『政治家としての学校』を出ていない人物は、必要な水準に達しないと、今でも考えている。なぜなら、その恥知らずで恐ろしい『学校』を出ていれば、ものごとの本質を理解できるからだ」

ゲボルクヤンは、プーチンから聞かされた、中庭でけんかばかりしていたという子供時代、柔道と出会って立ち直り、KGBを志したという少年時代の話から、プーチンが肉体的な劣等感を強く抱いていたのではないかと推測している。

「話を聞いていて、プーチンの子供時代は複雑なものだったのだと感じた。背も高くなかったし、強くもなかった。ソ連の子供たちが学校や家以外で過ごすとすれば、たいてい中庭になるのだが、そこでつらい思いをしていたのではないか。柔道に打ち込んだのも、自分を守れるようになりたい、反撃できるようになりたい、という思いがあったからではないか」「彼がKGBに行ったエピソードについても、私はなんのロマンも感じなかった。ソ連で最も強くて、最も恐ろしくて、最も力がある組織に帰属したいと考えたのだろう。これも、彼の子供時代と関係があるように私には感じられた。彼の話からは、強いコンプレックスと、その結果としての、負けることだけは我慢がならないという強い思いが伝わってきた」

ゲボルクヤンはプーチンの四歳年下で、ほぼ同世代と言ってよい。彼女の話を聞きながら、ロシアのインテリ層に広く共有されているKGBへの嫌悪や軽蔑を私は感じた。

プーチンがKGBに採用された一九七五年は、どんな年だっただろうか。ソ連の「水爆の父」と呼ばれた物理学者で、その後反体制派に転じ、ソ連の人権問題や反核兵器運動に取り組んだアンドレイ・サハロフがノーベル平和賞を受賞。それが故にソ連政府から激しく批判された年だ。

当時のブレジネフ政権は、反体制派の言論活動を、それが内輪の集まりで交わされている限り容認していた。しかし、公の場でそうした意見を述べることは弾圧の対象となった。手製の印刷物の回し読みや仲間との意見交換で西側の事情にも通じていた当時の知識人や気の利いた大学生にとって、こうした実態は常識だった。彼らにとって共産党やKGBは、警戒と軽蔑の対象でしかなかった。

プーチンは、こうした知的サークルとは縁がなかった。ゲボルクヤンのインタビューに対して「私は、ソ連の愛国主義的教育が生み出した完全かつ純粋な生徒だった」と認めている。同世代でありながら、ゲボルクヤンとプーチンはソ連時代、交わることがない別の世界に住んでいたように思える。

二〇〇〇年のインタビューの時点で、プーチンがウクライナ危機で現在見せている、冒険主義と言えるような振る舞いの萌芽が随所に現れていたとゲボルクヤンは語る。

例えばプーチンは、大学時代に自動車を運転中に危うく横転しそうになったエピソードを語っている。トラックとすれ違う瞬間に、積み荷の干し草に触ろうと手を伸ばしてハンドルを切ったために、車はコントロールを失って大きく傾き、しばらく片側の二輪だけで走行する状態になったのだという。

「なぜそんなことをしたのか？　たぶん、干し草から良いにおいがしたからだろう」と、プーチンは余裕を見せて語った。しかし、ゲボルクヤンはプーチンの無謀な性格の一端がここに表れていたと考える。

プーチンがこのときのインタビューで語って有名になった子供時代のエピソードに、ネズミに襲われた話がある。プーチンが住んでいた貧しい共同住宅には、たくさんのネズミが棲《す》みついていた。プーチンはあるとき、棒を振り回して大きなネズミを追いかけて、廊下の隅に追い詰めた。ところが突然ネズミは反撃に転じ、プーチンに飛びかかってきた。プーチンはほうほうの体《てい》で逃げ出し、なんとか部屋に逃げ込んでドアを閉めたのだという。

ゲボルクヤンは「プーチンは自分より弱いとみなす人たちは隅に追い詰めても構わないと考えているようだ。しかし、それが正しいとは限らない」と語る。

プーチンの行動原理は、負けること、侮辱されることは許さない、ということにある、とゲボルクヤンは考えている。

「プーチンは戦術家だ。しかし戦略はない。私は彼のしていることから戦略を感じたことは一度もない」

プーチンはもともと欧州に強くあこがれていた。ＫＧＢで国外勤務を希望したのもそれが理由だ。そして東ドイツでの生活はプーチンにとって快適なものだった。それがベルリンの壁の崩壊によって突然断ち切られるまでは。

ゲボルクヤンたちのインタビューで「私たちは再びロシア独自の道を探すことになるのか」と聞かれたとき、プーチンはきっぱりと否定していた。

「何も探す必要はない。それはもう見つかったのだから。それは、民主的な発展という道だ。もちろんロシアは極めて多様な国だ。しかし我々は西欧文化の一部なのだ。そこに私たちの価値観が実際にあるのだ。国民はどこに住んでいようと、極東であろうと南部であろうと、我々はヨーロッパ人なのだ」

しかし、今のプーチンはロシア独自の価値観を強調し、外交面では中国に急接近している。それは決して戦略的な判断ではない。欧州から拒否されてしまったが故の場当たりにすぎないのだというのが、ゲボルクヤンの見立てだ。

エリツィンの側近たちから、慌ただしく二〇〇〇年の大統領選に間に合うようにプーチンについての本を書くように依頼されたゲボルクヤンは、こうしてプーチンと決別した。しかし、ゲボルクヤンに声をかけられてインタビューに加わったもう一人のジャーナリスト、アンドレイ・コレスニコフはまったく異なる印象を抱いたようだ。「彼は、プーチンのことをとても気に入った様子だった」と、ゲボルクヤンは振り返る。

コレスニコフは、その後もプーチン担当を続け、大統領を担当するロシアの記者グループ「クレムリン・プール」の中心的な存在となった。プーチンから最も信頼を勝ち得ている記者と目されている。本書の中で何回か紹介した大統領就任一五年記念のドキュメンタリー番組にも登場して、プーチンを称賛した。

エリツィン側近グループからの要請でインタビューに加わったナタリヤ・チマコワは、ロシア首相メドベージェフの報道官を経て、二〇一八年九月に開発対外経済銀行の副頭取に就任した。

二〇〇〇年初頭にプーチンと濃密な時間を共有した三人のジャーナリストは、その後、まったく別々の道を歩むことになった。

いつもと違う「大記者会見」

プーチンは大統領選に向けた二〇〇〇年のインタビューで、プーチンを大統領に据えようとしたエリツィンの取り巻きたちも予想していなかったほどの雄弁、多弁ぶりを発揮した。

そのたぐいまれな能力は、大統領就任後もいかんなく発揮されている。実際、世界の指導者を見渡しても、プーチンほど弁が立つ者はなかなかいないだろう。

ただ、プーチンの場合、その能力が発揮されるのは、インタビューであったり、記者会見であったり、国民との直接対話だったりと、自分が「主役」を務めるという舞台装置が整えられている場合に限られる。

例えば米大統領選のような、一対一で相手と対峙するディベートのような機会はない。プーチンはこれまで大統領選を二〇〇〇年、〇四年、一二年、一八年と四回戦っているが、他の大統領候補と対等な立場で扱われるテレビ討論や公開討論の場には出たことがない。いつでも特別扱いだ。

それでも、失敗が許されないテレビの生中継が入る記者会見や国民との対話で、何時間にもわたってどんな質問に対しても堂々と、ときに当意即妙のユーモアや皮肉も交えて答える能力は突出している。補佐官の助けを借りるようなことは一切ない。手元の資料を見ることもほとんどない。仮に米大統領選のようなディベートをやったとしても、たいていの相手に対して見劣りすることはなさそうだ。日本の政治家でこんな芸当ができる者がどれだけいるかを考えると、はなはだ心許ない。いったいどこでこの能力を身につけたのか不思議に思うほどだ。

プーチンがその雄弁術を国民に見せつける機会が、毎年二回ある。ロシアのさまざまな地域をモスクワと中継でつなぎ、プーチンが国民からの質問に直接答える「プーチンホットライン」と、内外の記者一千人以上を一堂に集めて開く「大記者会見」だ。いずれも、テレビでロシア全土に生中継される。もちろん、事前に仕込まれた質問も多い。特に「プーチンホットライン」の場合はそうだ。しかし少なくとも「大記者会見」では、事前の調整いっさいなしにその場で質問が認められるケースも少なくない。実際、二〇〇六年一月三一日の「大記者会見」で、当時の朝日新聞モスクワ支局長大野正美が指名され、日ロ関係や柔道についての質問をプーチンにぶつけた。このとき、大統領府側との事前調整や質問内容のチェックなどはいっさいなかった。

過去最長を記録した二〇〇八年の「大記者会見」は、四時間四〇分にわたって行われた。聞いている方がくたびれきってしまう。

しかしクリミア併合後初めて、二〇一四年一二月一八日に行われた「大記者会見」は、それまでとは少し様子が異なった。

集まった記者たちは、会見場となった大ホールの入り口で警備員に荷物をチェックされた。

会見場があるホテル併設の会議場に入る際に、記者たちはすでに金属探知機を使ったセキュリティーチェックを受けている。プーチンが来る以上、これは当然だ。

会見場入り口のチェックは、それとは違う目的だった。荷物の中のペットボトルや、プラカードが没収されたのだった。例年の会見では、質問権を得ようとする記者たちが、さまざまな工夫を凝らして作ったプラカードを掲げるのが名物となっていた。「年金問題」など、質問のテーマを書いたり、「非常に重要な質問」と書いてプーチンの気を引こうとしたり、地方新聞の記者が出身地の地名を掲げたり、といった具合だ。私自身、日ロ関係の質問をしようと、日本とロシアの国旗を振ってみたりしたものだ。

ところが二〇一四年の記者会見では、そうした行為が認められなくなった。会見場では、チェックをかいくぐって持ち込んだ小さなプラカードや国旗を振ったり、タブレット端末に質問内容などを表示させて掲げたりする記者も散見された。しかし、前年までのにぎやかで華やかな会見場の雰囲気は様変わりした。

クリミア併合やその後のウクライナ東部への介入でロシアが国際的に批判される中、生中継中に騒ぎを起こされたり、政権に批判的なスローガンを掲げられたりすることを警戒した大統領府がとった措置だった。

質問させてもらえる記者も、普段からプーチンを担当している「クレムリン・プール」に所属するロシア人記者ばかりが目立った。例年に比べて、外国記者や地方の記者からの質問は目立って少なかった。

プーチンの報道官で、記者会見では司会役を務めるドミトリー・ペスコフは、会見終了後、クレムリン・プールに多くの質問権を与えたことを認めた上で、こう語った。

「もう何年も何年も大統領と共に過ごしているプールの記者たちに、特別に報いたかったのだ。彼らは夜も寝ずに、一年に五昼夜も飛行機の中で過ごし、そして来年もその仕事は今よりも楽にはならないだろうからだ」

しかし、そうした条件は毎年一緒のはずだ。

サプチャークの娘との対決

会見では、こんな場面もあった。

ペスコフに指名された記者が、強い調子で語り出した。

「(ロシア南部の)チェチェン共和国で起きていることが、私たちを心配させている。チェチェンのカドイロフ首長は、チェチェン共和国内ではロシアの法律は適用されないし、ロシアの憲法も適用されないということを事実上宣言しているからだ」

記者は、チェチェンの首都グロズヌイで直前に起きた警官ら少なくとも一九人が死亡するテロ事件のことを指して言っていた。

プーチンからの厚い信任を後ろ盾にチェチェンを独裁者として牛耳っている首長カドイロフは、事件後、容疑者の家族をチェチェンから放逐し、家族の家は破壊する方針をソーシャルメディア上に発表した。実際にその直後、容疑者グループの家族のものと見られる少なくとも六軒の家が燃やされた。もちろん、ロシアの法律ではそんなことは認められていない。

記者はプーチンに質問をぶつけた。

「私はあなたの答えを聞きたい。あなたは法律家として、憲法の擁護者として、法的手続きを経ないまま制裁を受けているロシア国民を守るつもりがあるのか。彼らの家が燃やされているというのに」

プーチンは少し困ったような様子で、記者を指名したペスコフに尋ねた。

「なんで君は彼女にしゃべらせたんだ?」

ペスコフは「悪かったです」と応じた。

実は、この質問をした記者は、クセニヤ・サプチャーク。かつてプーチンが仕えた改革派のサンクトペテルブルク市長サプチャークの娘だ。そのころ一〇代前半だったクセニヤは、その後反政権ジャーナリストとして名を馳せていた。

プーチンとペスコフのかけあいは、プーチンとサプチャーク家の因縁を知っている多くの視聴者には、冗談交じりに聞こえたかもしれない。それでも、批判的な質問を嫌がるようなプーチンの姿は、極めて珍しい。

プーチンはサプチャークの質問に答えた。

「もちろん、知っての通り、この点について私は別の答えは持っていないし、それ以外はあり得ない。つまり、ロシアにおいては全員が我が国で施行されている法律を順守しなければならないということだ。誰であれ、法廷で認められないうちは、有罪だとはみなされない」

一般論で逃げたと言われてもしかたがない回答だった。チェチェンで起きていることが違法かどうかについては言及しなかった。首長のカドイロフにロシアの法律を守るよう指導するつもりがあるのかどうかについても触れなかった。

むしろ、カドイロフの指揮下で事実上独立状態にあるチェチェン共和国が、プーチン政権にとって一つのタブーとなっていることが浮き彫りになる質問と回答だった。

開始から三時間一〇分で、二〇一四年の「大記者会見」は終わった。前年より一時間、最長だった二〇〇八年より一時間半短い会見となった。

サプチャークはその後、二〇一八年三月の大統領選に立候補してプーチンに挑んだが、敗れ去った。

芝居じみた「プーチンホットライン」

「大記者会見」以上に、プーチンが自分の力を見せつける場として利用しているのが、やはり毎年全国に生中継される「プーチンホットライン」だ。

少し古い話になるが、私に強い印象を残したのが、二〇〇五年九月二七日の「ホットラ
イン」だ。約三時間に及んだ番組の終わり近く、プーチンは一通の手紙を取り出して読み上げた。

「年金生活者のリュドミラ・カラチェンツェワさんからの手紙が届いている。『私たちの村落には水がありません。住民は水を汲《く》むたびに二〇〇～三〇〇メートル先まで歩かなければいけないのです』」

プーチンは、おもむろに顔を上げ、テレビカメラに視線を向けた。

「よろしい。わかった。この問題を解決しない限り、チェルノゴロフ知事の再任手続きを進めないことにしよう」

このとき私は、この言葉にそれほど強い印象を受けたわけではなかった。この場面を思い出したのは、それから一〇日も経たない一〇月六日、ロシアを代表する新聞「イズベスチヤ」を読んだときのことだった。

一面トップに大見出しが躍っていた。

「大統領、任務を遂行いたしました！」

記事には、満面の笑みをたたえた制服姿の大男が敬礼する写真がでかでかと添えられていた。

男は、ロシア南部・スタブロポリ地方の知事、チェルノゴロフ。スタブロポリ地方は、チェチェンなどの紛争地帯を抱える北カフカスの一角だ。対テロ戦で大きな戦果でも上げ

たのかと読み進めた私は、思わず脱力した。「ホットライン」でプーチンが約束した水道管が開通した、というニュースだったのだ。

プーチンの発言を聞いた知事は慌てて工事に着手し、村民が長年求めていた水道管敷設が一〇日もせずに実現したというのだ。初めて蛇口をひねる「開通式」には、知事自らが出席した。

まるで「水戸黄門」か「遠山の金さん」のようなわかりやすい筋書き。なんでいまだに水道がない村が残っているのか。あるいは、他の貧しい地域は置き去りなのか。突っ込みどころ満載の話だが、多くの新聞やテレビは、「美談」として手放しで持ち上げた。

プーチンのひと言で行政が動き出す、という演出は、二〇一五年も繰り返された。四月一六日に行われた「ホットライン」で、ロシア極東アムール州でロシアが威信をかけて建設している「ボストーチヌイ宇宙基地」からの中継がつながった。建設作業員が登場し、建設を請け負っている会社が倒産して、もう四カ月給料を受け取っていないとプーチンに訴えた。

「私たちは、あなたに直接訴えて、あなたに見てもらい、私たちを助け、問題を解決してもらいたいと考えました。私たちはこれからもここで建設を続けたいのです」

プーチンはうなずいて尋ねた。

「わかった。確認したいのだが、賃金の未納があって、支払われないままということかな?」

「今日、未納分のうちの七〇～八〇％が支払われました」

「今日払われただって？　どうやら我々が（番組内で）話をする前に、というわけだな。よかろう。あなたの名前は？」

「アントン・チュリシェフです」

「父称をつけると？」

「アントン・イワノビッチです」

「よろしい、アントン・イワノビッチ、ではこうしよう。我々二人で事態をコントロールするのだ。あなたが現場で。私がここモスクワから。現在起きている建設の停滞も、給与の遅配も、まったく見過ごせないことだ。誰もこれを許さないだろう。なんと言っても、（宇宙基地の）建設の全額は連邦予算から支出されているのだ」「心配はいらない。我々は、あなたが言ったことを必ず実現させる。つまり、完全に給料が支払われること、そしてロシアにとって極めて重要な現場であなたが仕事を続けられるようにするということだ」

直訴に及んだ建設作業員の名前を尋ね、さらに重ねて父称をつけさせるところ、「あなたと私で事態をコントロールするのだ」と語りかけるところなど、いかにも芝居がかったやりとりだ。

ちなみに「父称」とは、父親の名前に由来するロシア人のミドルネーム。名前と父称を並べるのが、正式な場などで使われる、相手に敬意を示す呼びかけ方だ。例えばプーチンの場合は「ウラジーミル・ウラジーミロビッチ」となる。

プーチンが全国への生中継で「心配はいらない」と言ったことは、ボストーチヌイ宇宙基地建設現場を舞台とする大規模な汚職摘発へのゴーサインを意味した。三日後の四月一九日には、検察当局と労働監督当局がボストーチヌイの建設現場での労働法令違反の調査に着手したことが報道された。二九日には、チャイカ検事総長が宇宙基地建設に関連して二〇件の刑事事件が提起されていることをロシア上院に対して報告した。

さらに六月に入って、汚職疑惑は地方政界を巻き込んで広がった。極東ハバロフスク地方の議会議長を務めるビクトル・チュドフが宇宙基地建設費一億六〇〇万ルーブル、当時のレートで日本円にして約二億四千万円を横領した疑いで身柄を拘束されたのだ。

日頃地方の役人や政治家といった有力者にいじめられる機会が多い一般庶民にとって、プーチンから名前と父称で丁寧に呼びかけられ、「あなたの言ったことを実現する」と約束してもらい、その通りになるというのは、これ以上ないほど胸がすく展開に違いない。

もちろんこの手法は危険も伴う。なぜこうしたことが次々に起きるのかという、問題の本質から国民の目がそらされてしまうのだ。さらにプーチンが陣頭指揮に乗り出した場合、捜査当局は結果を出さないわけにはいかない。無理やりに誰かを悪者にしてでも、問題を解決したことを世の中に示さなければならなくなる。

さらにもう一つ指摘すれば、二〇一四年の「大記者会見」で、クセニヤ・サプチャークがプーチンに迫ったチェチェンでの人権侵害のような、プーチン政権にとって本当に都合が悪い事実は「プーチンホットライン」では絶対に取り上げられない。チェチェンの首長カドイロフの取り巻きにいじめられたり家から追い出されたりした被害者がプーチンに窮状を直訴し、プーチンが鶴の一声で解決してやるということはあり得ないのだ。

プーチンが時に見せるこうした芝居がかった演出は、国民の多くから喝采を浴びる一方で、リベラル派のインテリ層からは白々しく受け止められている。

プーチン語録

同じように国民によって受け止め方に差が出るプーチンの振る舞いに、プーチンの放言、暴言癖がある。辞書に載っていない、酒場で使われるような言い回しが物議を醸すこともしばしばだ。だが、教養人の眉をひそめさせる粗野な口ぶりも、多くの一般国民はむしろ親近感をもって受け止めているようだ。

以下、いくつか実例を紹介する。

便所にいても捕まえて、やつらをぶち殺してやる（一九九九年九月）

まったく無名だったプーチンが首相に就任して一カ月後。ロシア南部・チェチェンを拠点とするテロリストを皆殺しにする決意を記者会見で表明したときの発言。プーチンのワイルドなイメージを決定づけた。

そんなにイスラム過激派になりたい、割礼を受けたいというのなら、モスクワに招待し

てやる。良い専門家がいる。二度と使い物にならなくなるような手術を頼んでやろう（二〇〇二年一一月）

記者会見で、ロシアがチェチェンを弾圧しているのではないかとフランス人記者から問われたプーチンは、怒りをあらわにして、記者をイスラム過激派扱いした。

謝罪は一回すれば十分だ（二〇〇五年五月）

ソ連がかつてバルト三国を占領したことを謝罪しないのか、と記者会見で聞かれたプーチン。一九八九年に、すでに当時のソ連が占領は間違いだったと認めていると反論。「毎年それを繰り返せというのか？」と気色ばんだ。

大統領によろしく！　とても強い男だ。女性一〇人をレイプしたとは！　みんなうらやましがっている（二〇〇六年一〇月）

これは飛び抜けてひどい。日本なら政治生命に響きかねない大問題になりそうなこの発言は、イスラエルを訪問し、当時の首相オルメルトと会談した際に飛び出した。当時強制わいせつ容疑の渦中にあったイスラエル大統領カツァブを「うらやましい」と言った言葉は、世間を驚かせた。プーチンはこのとき、マイクのスイッチが切れていて記者たちには聞こえないと思い込んでいたようだ。後になってからこの発言が報道されたことに不快感を示した。

中世のように、手を切り落としてしまえばよい。おそらく、最善の解決策だろう（二〇〇八年三月）

汚職官僚がはびこっていると、共産党委員長ジュガノフから聞かされたときの発言。ジュガノフは「そんなことをしたら、国の半分、手がなくなってしまう」と応じた。

子豚の毛を刈るようなもので、ぶひぶひうるさいだけでちょっとしか採れない（二〇一三年六月）

ロシアに突然やってきた米中央情報局（CIA）の元職員エドワード・スノーデンについて、記者会見での発言。「自分としてはこの問題にかかわりたくない」と述べた後、スノーデンを子豚にたとえて、相手にしない理由を説明した。

女性とは議論も口論もしない方がよい（二〇一四年六月）

フランスの記者から、プーチンを厳しく批判している米国の前国務長官ヒラリー・クリントンについて聞かれたときの答え。プーチンは、女性を揶揄《やゆ》するようなニュアンスの発言をすることが珍しくない。

第三部　孤高の「皇帝」

第九章　コソボとクリミアをつなぐ線

核ミサイル発射将校を従えて

　バルカン半島、旧ユーゴスラビアの一角を占めるセルビア。この国の首都ベオグラードの、ドナウ川に臨む新市街の一角に、巨大な政府庁舎「セルビア宮殿」が立っている。その一室で二〇一四年一〇月一六日、政府系日刊紙「ポリティカ」の軍事記者、ミロスラブ・ラザンスキは、ロシア大統領であるプーチンと会った。

　プーチンがこの日ベオグラードを訪問したのは、旧ソ連赤軍と旧ユーゴスラビアの共産ゲリラ、パルチザンが共に戦い、ナチスの手からベオグラードを解放してから七〇周年を祝する記念式典へ出席するためだった。セルビアとロシアとの「絆」が、念入りに演出された外交の機会だった。

　建物内の広間には、ロシア国営天然ガス独占企業ガスプロムの社長ら、プーチン政権中枢の人物が居並んでいた。その場でプーチンがラザンスキを迎え入れた。握手の感触は、力強かった。

ラザンスキは、ぶ厚いブリーフケースを手にしたロシア軍高級将校が、壁際に立っているのに気づいた。さらにその左右を、屈強な若い軍人二人組が固めている。

ベテラン軍事担当記者であるラザンスキの勘が働いた。ブリーフケースを持っているのは、有事に備えて、核大国であるロシアで大統領のそばに常に控える、核ミサイル発射指令システムの担当将校で、若い二人組はその警護役に違いない。

実際に会見する部屋へと促されたラザンスキは、その脇を通りながら、意図的に屈《かが》み込んでブリーフケースを凝視したが、将校はなんら表情を変えることなく、微動だにしなかった。

プーチンの訪問にあたってラザンスキは、事前に質問状を提出し、それに対するプーチンの回答をこの日、ポリティカ紙上で掲載していた。プーチンはベオグラード入りすると、その書面会見とは別に、公式日程の合間をぬってラザンスキをコーヒーの席に招いたのだった。室内には、大統領報道官のペスコフと通訳のみが同席した。

ラザンスキはまず、話の糸口として「あなたの昔のボスにインタビューしたことがあります」と切り出した。KGBの議長で、一九九一年八月のクーデター未遂事件の主要人物の一人だったウラジーミル・クリュチコフに、モスクワで単独会見したことがあった。親しく互いに知っている人物の存在を介して話がはずめば、会見でもより多くを引き出せるのではと考え、クリュチコフの名前を出してみたのだ。

プーチンはさらりと答えた。「知っている」。ラザンスキの誘いには乗らなかった。ラザンスキがどんな経歴をたどってきて、どんな考えの人物かについては、すでに把握済み、という余裕だけを感じさせた。

「君たちが関心を示す必要がある」

どうやらプーチンの意向は、会見はビジネスライクに済ませたい、ということらしい、とラザンスキは思い直した。

「新式の兵器をセルビアに売却する考えはありますか」

ラザンスキはそうただしてみた。

かつて社会主義の連邦国家ユーゴスラビアの一角を占めていたセルビアの軍備の多くは今に至るまで、旧ソ連、ロシア製兵器でまかなわれてきた。書面会見の質問ではそのことには触れなかったが、両国関係の今後を占う上で重要な分野の一つが軍需協力でもあり、ラザンスキとしてはぜひ聞いておきたかった話題だった。

その質問に対し、プーチンは短くこう答えただけだった。

「まず、あなたたちの側が関心を示す必要があるだろう」

セルビアは、ロシアと同じスラブ系、正教文化の国で、第一次世界大戦の際は共に連合国側だった。両国の間には「共に戦った同胞」という意識があり、つながりは深い。

旧ユーゴスラビアが崩壊していく紛争過程の中では、それまでの連邦国家を構成する共和国の一つだったセルビアは、虐殺や収容所などの非人道行為を重ねたとして、スロボダン・ミロシェビッチ元ユーゴ大統領の体制下で、西側、欧米諸国からは悪役視されてきた。一九九九年にはコソボ紛争で、アルバニア系住民をセルビア治安部隊が弾圧し、非人道行為を繰り返しているのをやめさせる「人道的介入」という位置付けの下、米国が主導するＮＡＴＯによる空爆を受け、軍事戦略拠点を徹底的に破壊された。

その間、ロシアは孤立するセルビアに対して理解を示し、後ろ盾となってきた。

だがその後、二〇〇〇年にミロシェビッチ政権が倒れてからのセルビアは、国際社会への復帰を目指すようになった。ＥＵ加盟も視野に入れ、欧米との関係も正常化した。

軍需品をめぐるセルビアとロシアの協力の可能性に関するラザンスキの質問に対し、相手側にボールがあるといわんばかりに突き放したプーチンの言葉は、そうした形で欧米に接近し、軌道修正をはかったセルビアに対する謎掛けのように響いた。

「皇帝に喝采」

プーチンは、ラザンスキが持ち出す話題をそつない答えでやり過ごした。「コーヒーブレーク」会見は、五分ほどで終わりを告げた。

それでも、一連のやりとりでプーチンが漂わす威厳に圧倒されたラザンスキは最後で思わず、口を開いた。

「皇帝《ツァーリ》に喝采、です」

プーチンは何も語らず、わずかに口もとを緩めただけだった。

その日のベオグラードで、プーチンはラザンスキと会見しただけでなく、セルビアの大統領ニコリッチや首相ブチッチと公式会談に臨むなど、多くの日程を集中的にこなした。

市民多数が見守る中、戦勝記念パレードにも出席した。折しもにわか雨が激しく降る中だったが、三千人以上のセルビア軍兵士がプーチンの目の前を行進した。パレード終盤には、雨上がりの空を、セルビア、ロシアそれぞれの空軍アクロバット飛行チームに属する戦闘機群が曲技飛行を披露し、息の合ったところを見せた。

その日、プーチンはベオグラードには宿泊せず、日中のみの滞在で切り上げて、夜にはアジア欧州会議（ＡＳＥＭ）が開かれるイタリア・ミラノに向かった。ベオグラードでの日程が押した関係で、ＡＳＥＭ会議に先立って、やはりミラノに来ていたドイツ首相アンゲラ・メルケルとの間で予定されていた会談に、四時間遅れる結果となった。

メルケルとの会談の議題は、ウクライナ情勢だった。ロシアが二〇一四年春、ウクライナのクリミアを併合して以来、ドイツも含む欧米から制裁を受けて孤立するに至った、焦点となる国際問題だ。

そのホットな問題に関して話し合わなければならない相手、メルケルを待たせてまで、人口約七〇〇万人の小国セルビアで「絆」を確認してみせる。プーチンにとっては実はそれ自体が、ウクライナ問題での自分の主張と表裏一体となった行動なのだった。

ポリティカ紙のラザンスキとの書面会見で、プーチンは、セルビアとソ連（ロシア）がナチスを共に打倒した歴史に触れた上で、最近の欧州で「残念なことに、ナチズムへのワクチンが効果を失いつつある」と警告した。特に懸念すべき例としてプーチンが挙げた具体的な例が「民族主義者や過激派が憲法違反のクーデターを起こした」ウクライナだった。

一方、ロシアとセルビアが互いに絆を強調する根底には、かつてセルビアが自治州として領有し、紛争を経て二〇〇八年に独立を宣言したコソボをめぐる双方の思惑が存在する。

コソボの独立は、米国や欧州の多くの国、日本などが承認した。だが、肝心のセルビアは一方的なものとして認めず、ロシアもそのセルビアを支援する立場からコソボを国家承認していない。

プーチンは、ベオグラードでの大統領ニコリッチとの会談の席でも、当然のようにコソボ問題に言及した。その発言の中で、ロシアは「単なる友情や親しさでなく、国際法と正義という原則に基づく立場を取ってきた。我々は常にセルビアを支持してきたし、今後もそうする。ロシアは友情を取引しない」と断言した。コソボの分離独立を認めないセルビアを全面支持するという方針を再確認する言葉だった。

一九九九年のコソボ紛争は、冷戦後、緊張緩和を基調としてきた米ロ関係の中で、初の本格的な摩擦要因だった。そして、プーチンにとって「コソボ」は、屈辱の思いと軽蔑の念がないまぜとなった、米国や西欧諸国との関係を定義づけてきた原体験であり、キーワードと言える。

本質は「ＫＧＢの男」

そうした、プーチンにとっての原点としての「コソボ問題」が集約された交渉を現場で経験した米国の元当局者がいる。国務副長官だったストローブ・タルボットだ。

タルボットは一九九九年六月一一日、交渉に訪れたモスクワで、ロシア政府の外交軍事政策を取りまとめる国家安全保障会議書記だったプーチンと初めて出会った。その際の議題がコソボだった。

経歴をさかのぼると、タルボットはもともと、米『タイム』誌の旧ソ連・冷戦問題を専門とするジャーナリストだったが、クリントン政権の下で、政治任命によって国務省に来た人物だ。

そのタルボットが二〇一四年、米国の政治報道サイト、ポリティコに寄稿した文章によると、プーチンは初対面の席で、タルボットが大学時代に論文を書いたロシア詩人二人の名前を、唐突に口にしたという。タルボットに関する個人ファイルの細部まで目を通した上で、お前のことは知っている、とわからせる意図が透けて見える態度だった。

タルボットは二〇一四年、自らが所長を務めるブルッキングス研究所のネット番組で、そのときの印象を語っている。

「最初から彼は本質を見せていた。『警官』だ。もっと正確にいえば、ＫＧＢの男、それも防諜畑《ぼうちょう》だ。被害妄想を抱くことを仕事としている人物だ」

コソボへの国際部隊展開をめぐる混乱

時間は前後するが、米軍が主導するＮＡＴＯは一九九九年春、セルビア治安当局によるコソボのアルバニア系住民弾圧を止める「人道的介入」として、空爆作戦を開始した。当時はモンテネグロと組んだ連邦国家ユーゴスラビアという形が残っていたが、実際の標的はセルビアだった。

ロシアと中国が反対したため、拒否権を行使されることが確実な国連安全保障理事会の決議というお墨付きは得ないままでＮＡＴＯが踏み切った作戦だった。

七八日間に及んだ空爆の末、結局は一九九九年六月、セルビア側が事実上降伏することになった。軍や治安部隊をコソボから撤退させ、国際管理下に移す和平案がまとまった。

タルボットがモスクワでプーチンと会った前日、国連安保理が、ＮＡＴＯ主導でコソボの治安維持にあたる国際部隊「ＫＦＯＲ」の創設などを柱とする決議を可決した。翌日には、国境を南へ越えたマケドニアで待機していたＮＡＴＯの地上軍部隊が北上してコソボに入り、ＫＦＯＲの第一陣になるという運びだった。

ロシアも、このＫＦＯＲに加わる意向を示していた。タルボットがモスクワを訪問したのは、ロシアとの間でその条件を詰める目的からだった。

ロシアは、ＫＦＯＲの傘下に入るとしても、自国が一定の範囲内で独立した指揮権を持つ独自の軍管区を要求していた。同じスラブ系としてセルビアの後ろ盾となり、空爆に反対し続けてきた立場から、セルビア人にとっての安全地帯を確保することが狙いと思われた。

だが、モスクワ入りしたタルボットたちを困惑させたのは、「エリツィン大統領は体調不良」というロシア側の説明だった。実際には、飲み過ぎでほぼ人事不省、という意味なのは明らかだった。

その際に、代わって対応に出てきたのがプーチンだった。前年の夏からKGBの後継組織FSB長官を務めていたプーチンは、コソボ紛争でNATOの空爆が始まった五日後の一九九九年三月二九日、外交、軍事政策を取り仕切る安全保障会議の書記を兼任した。

米ロがモスクワで交渉に入った矢先、コソボの現地周辺では事態が急展開しつつあった。西隣のボスニア・ヘルツェゴビナで、NATOが主導する和平安定化部隊（SFOR）の一員として駐留していたロシア軍部隊が国境を越えセルビアに入り、南下しているとの動きが報道によって伝えられたのだ。車両に記された「SFOR」の最初の一文字を「K」に書き換えてある、との情報だった。

米政府やNATOは、自分たちの了解なしに動き出したロシア軍の真意をつかめず、混乱に陥った。

プーチンの空手形

タルボットは、初対面のプーチンに事実関係をただした。それまでの米軍とロシア軍による実務交渉の席で、ロシア軍独自の判断でのコソボ入りも辞さないと強硬姿勢をちらつかせていたロシア軍将軍の名前を挙げ、どういうことか確認をせまった。

プーチンは「そんな将軍など知らない」と退けた。ロシア軍の南下の動きについては、なんらかの手違いに基づくものにすぎない、と主張した。その上で、米ロ間の合意形成を妨げるような「厄介なことは何も起きない」と保証した。

だが、そうしたプーチンの言葉は、まったくの空手形だった。翌日早朝、コソボの中心都市プリシュティナに、ロシア軍の空挺部隊約二〇〇人の姿があった。NATOの機先を制する一番乗りだった。

この二〇〇人がまさに、ボスニアからの南下が伝えられた部隊だった。セルビア本土を通過し、コソボに入ってからもセルビア人住民たちの喝采を浴びながら進軍してきたのだった。彼らは空港一帯を占拠してしまった。

タルボットはポリティコへの寄稿で、「プーチンは冷静に、自信たっぷりに、厚顔無恥にうそをついた」と形容している。

ロシア軍に後れをとってNATO部隊もコソボに進駐してきた。両者はにらみ合った。一触即発の危機だった。

幸いそうした状況下で、現地司令官だった英国陸軍のジャクソン中将が機転を利かせ、ロシア軍とNATOは全面衝突を免れた。

NATO軍の制服組最高首脳だった米軍のクラーク欧州連合軍最高司令官が、ロシア部隊を排除せよと命令したのに対し、ジャクソンは、「あなたのために第三次世界大戦を始めるつもりはない」と、命令を拒んだのだ。代わりに、現場のロシア軍部隊司令官と個人的な関係を築き、ひとまず共存する道をさぐった。

ロシア軍がコソボへの追加部隊を投入するための領空通過許可を、周辺国がロシアに対して出さなかったこともあり、事態はやがて収束していった。二〇〇人だけの部隊では、広がりのある地域を独自のロシア軍管区として押さえ続けるのは難しかった。

しかし、NATOの姿勢に対し、プーチンは強い反発をぬぐえなかったようだ。その遺恨をやがて、他の国際問題でロシアが自分の主張を押し通そうとする際に持ち出してくることになる。典型的なのが、ウクライナ問題でクリミアを併合した際の動きだった。

繰り返されたパターン

真意をさとられないうちに機先を制する形で部隊を迅速に投入し、空港を制圧する。一九九九年六月、コソボへの国際部隊展開に際してロシアが試みたこのパターンは、一五年後の二〇一四年春、ウクライナをめぐる危機の中で再現される。

記章を外したロシア軍の特殊部隊がクリミアで真っ先に入った拠点の一つが、中心都市シンフェロポリの空港だった。プーチンは当初は軍事介入を否定していたが、併合の翌月には、「我が軍はクリミアの自衛勢力の背後にいた」と認める発言をしている。

そうした構図の裏に、一九九九年のコソボと似た形をいち早く見て取ったのが、「厄介なことは何も起きない」と当時プーチンから空手形を切られた相手だったタルボットである。

二〇一七年までワシントンのシンクタンク、ブルッキングス研究所の所長を務めていたタルボットは、この件に関する朝日新聞のインタビュー申し込みに対し、取材を受けることは辞した。それでも、自らの寄稿や発言の中では繰り返し、一五年離れた二つの出来事を結びつけていた。

それはタルボット個人の思い込みなどではない。

その証拠に、プーチン自身が、クリミア併合時、コソボを意識したことを隠そうともしていない。併合当日の二〇一四年三月一八日、クレムリンに集めた議員らを前にした演説の中で、プーチンは「コソボ」という単語を六回も使っている。

「西側の諸君が自ら作ったコソボの先例では、コソボが一方的にセルビアから分離することは合法で、中央政府の許可は必要ないという点で彼らは一致した。まさにクリミアが今やっていることだ」「なんらかの理由で、コソボのアルバニア人に許されることが、ロシア人やクリミアのウクライナ人らには許されない」「二重基準ですらない。驚くべき粗雑な皮肉だ」

「コソボはセルビアのもの。クリミアはロシアのもの」

国連安全保障理事会による決議なしで、人道名目で対ユーゴ軍事介入に踏み切ったNATO、つまり欧米の態度は、プーチンの目には、国際法を都合よく道具に使った欺瞞としか映らなかったようだ。

コソボ問題でのNATOによるユーゴ空爆が開始されたのとほぼ時を同じくして、プーチンは安全保障会議書記に就任し、エリツィン政権末期の外交軍事政策立案を取り仕切る立場になり、権力中枢に近づいていった。コソボ問題で感じた欧米に対する屈折した思いは、その後自らが政権の座に就いてからも、今に至るまで引きずる不満の源泉になった。

ロシアは二〇一四年、クリミアを舞台に「ロシア系住民がウクライナ政府によって弾圧されている」という理由を掲げて軍事介入に踏み切り、力を背景として国境線を変更する併合にまで進んだ。

プーチンの考えの中では、これは、欧米がコソボについてしたのと同じ理屈によって正当化され得る性質のものだったのに違いない。それなのにクリミア併合の場合は、国境線の変更に対してロシアが経済制裁を受けることになった。プーチンは、なぜロシアだけが非難されなければならないのかと、いっそう反発を募らせたのだろう。

プーチンと会見したセルビア人記者のラザンスキは、こう位置づけてみせた。

「コソボはロシアが米欧に裏切られたと感じた、最初の例。直近の例が、ウクライナだ」

しかし、それならば、なぜコソボの独立をロシアが承認しないのか、プーチン自身にも論理矛盾があるのは確かだ。

プーチンのセルビア訪問を受けて、ベオグラードでは、サングラスをかけたプーチンの肖像をプリントしたTシャツが土産物店に登場した。そこには、セルビア語とロシア語でこんな言葉があしらわれていた。

「コソボはセルビアのもの。クリミアはロシアのもの」

第一〇章　G8への愛憎

はしゃぐプーチン

二〇〇六年七月一五～一七日、ロシアは初めて主要八カ国首脳会議（G8サミット）の議長国を務めた。ホスト役のプーチンは、開催地に自らの故郷のサンクトペテルブルクを選んだ。このとき現場で取材して、私（駒木）に強い印象を残したのは、プーチンの高揚ぶりだ。はしゃいでいたと言ってもよいぐらいだった。

プーチンは期間中の三日間、毎日記者会見を開いた。他国で行われるサミットで議長国の首脳は、たいてい最終日に総括的な記者会見を開くだけだ。いかにプーチンの気合が入っていたかがうかがわれる。

私たち記者は、記者会見を開く数百人は入れる特設のホールで、プーチンが登場するのを毎日待った。初日と二日目は、プーチンは夕食会などのサミット行事や、翌日の打ち合わせなどを終えてから登場するため、記者たちは深夜まで待たされた。プーチンの登場が間近になると、演壇上のテーブルの上に、係員がプーチン用のティーカップを一つ置く。

待ちかねていた記者たちは、このティーカップを拍手で迎えていた。

初日の記者会見。プーチンは疲れも見せずに上機嫌に切り出した。

「まず、私の同僚、つまりG8の首脳たちに対して、私たちに首脳会議をロンアで開き、議長国の役割を果たす機会を与えてくれたことに対して、心からの感謝を表明したい」

長時間待たされた記者たちに対しても気配りを忘れなかった。

「私は、みなさん方プレスの代表のために、仕事に必要な環境を整えることができたと考

2006年7月、サンクトペテルブルクのG8サミットで議長を務めたプーチン大統領＝駒木明義撮影

えている。そして、みなさんに一生懸命に働くだけでなく、欧州とロシアで最も美しい都市の一つであるサンクトペテルブルクのことを見ていただきたいと考えている」

質疑応答の中で、G8にブラジル、中国、インドを加える考えがないかを聞かれたプーチンの答えは、謙虚さに満ちていた。

「みなさんよくご存じのことだが、ロシア自身、G8に加わったのはそんなに昔の話ではない。議長国の任を与えられたのは今回が初めてだ。率直に申し上げるが、私はそのようなイニシアチブをとることはまだ不適切だと思う」

その上でプーチンはこう付け加えた。

「同時に、あなたは完全に正しい。中国やインドのように急成長を遂げている国を抜きにして、経済や金融、エネルギーといった問題の解決策を考えることは困難だ。そしてもちろん、アメリカ大陸にとっては、成長のリーダーで、最も力強く、最も将来性がある国はブラジルだ。従って、もし私たちのパートナーが、この問題を実際に考えることが可能だと考えるのであれば、私たちはそうした決定をもちろん支持するだろう」

中国、インド、ブラジルも参加するG20首脳会議が開かれるようになったのは、二〇〇八年からのことで、このころはまだ存在していなかった。新興国も加わった枠組みが望ましい、しかしロシアがG8の中でそうした枠組み作りのためにイニシアチブをとるのは早すぎるとプーチンが考えていたことが、この発言からわかる。

二日目の記者会見では、プーチンはエネルギー安全保障、教育、感染症というサミットの議題ごとにとりまとめられた合意文書について説明。さらに初日に続き、記者たちからの質問を受け付けた。

サミット最終日の記者会見で、プーチンは満足げに三日間を振り返った。

「みなさんご存じの通り、ロシアは初めてG8サミットを自国で開催した。私たちはこの会合を非常に重視してきた。何カ月もかけて、最高レベルの専門家も加わり、周到な準備をしてきた。サミットについてのロシアの考えと提案が参加国の理解を得られたことに満足している。ロシアが、その経済発展の潜在力のおかげで、グローバルな成長のためにいっそう重みのある役割を果たせることは明らかだ。そして我々は、示されたすべての提案の実現に積極的に参加する用意がある。この機会を利用して、G8の同僚たちに、共同作業を行い、関心を持ってアプローチしてくれたことへの感謝を表明したい。そのおかげで、私たちは大変に良い結果を出すことができた」

記者との質疑で対米関係について聞かれたプーチンは、こんなことを言っていた。

「ブッシュ大統領が繰り返し強調していたことに私は完全に同意する。つまり、私たちの関係は根本的に変わったのだ。私たちは互いに敵であることをやめただけではない。私たちはもう互いを対抗する相手だとはみなさなくなったのだ。昨日、今日と行った協議は、多くの問題で私たちが非常に近い立場にあることを示してくれた。必要なことは、率直でプロフェッショナルな作業を行うことだけだ。それぞれが自分たちの国益を守りつつ、対立に至るのではなく、妥協に至るような問題の解決策を探ることはいつでも可能なのだ」

プーチンは一時間近い記者会見の締めくくりに、重ねて記者たちへの感謝の言葉を述べた。

「改めて、プレスの代表のみなさんに感謝したい。私たちは、みなさんが仕事をするのに、最大限快適な環境を整えようと努めた。それは、みなさんを買収するためでも、私たちにとって良いことを書いてもらうためでもない。私たちはただ、政治家だけでなく、プレスのみなさんの生活も容易ではないことを知っているからなのだ。もしかすると我々よりも大変かもしれない。困難で難しい条件の中で仕事をせねばならず、締め切りも厳しい。もしもみなさんに気に入ってもらえたなら、喜ばしいことだ。ロシアで、そしてサンクトペテルブルクでみなさんとこれからも頻繁に会えるのであれば、うれしいことだ」

最後の瞬間まで、プーチンは上機嫌で、高揚していた。

これがロシアで初めて開催された、そしておそらく最後となったG8サミットの様子だ。

G8への失望

あれから八年後の二〇一四年、ウクライナのクリミア半島を併合したことで、ロシアはG8から追放された。この年、本来であればロシアは二回目となるG8サミットのホスト国を務めるはずだった。ロシアはサミットを六月にソチで開く予定だった。その年二月に開いた冬季五輪に向けてロシアを代表する一大リゾート地域として整備したソチに主要国の首脳を招き、ソチの「夏の顔」を世界にアピールしようという心づもりだった。五輪用のプレスセンターなどの設備も、サミットで再利用することを想定して整備されていた。

しかし、ロシアを取り巻く状況は、三月一八日に強行されたクリミア併合で一変した。Ｇ８のうちロシアを除く七カ国首脳は、三月二四日、核保安サミットが開かれたオランダのハーグで緊急会合を開き、ロシアのＧ８参加資格を停止することで合意。Ｇ７首脳は、ソチの代わりに六月四、五の両日、ベルギーの首都ブリュッセルでサミットを開いた。

だがプーチンのＧ８に対する態度は、クリミア併合問題で「除名」されるずっと前から、すっかり冷ややかになっていた。

二〇一二年五月、プーチンは四年ぶりに大統領に返り咲いた。しかし、この直後に米キャンプデービッドで開かれたＧ８サミットをプーチンは欠席した。プーチンは、自分の代わりに、首相のメドベージェフを送り込んだ。

プーチンは翌年六月、英国・北アイルランドのロックアーンで開かれたＧ８サミットには参加した。しかし、サミットから帰って二日後の六月二〇日、プーチンは、Ｇ８への不満をにじませる発言をしている。主要二〇カ国・地域（Ｇ20）の若者たちの代表で作る会合に出席したプーチンは、Ｇ８について次のように語った。

「重要なのは、そこでさまざまな意見が語られることだ。何か一つの意見が支配してしまったり、その一つの意見に基づいて決定がなされてしまったりしてはいけない。それではかつてのドイツ社会民主党やソ連共産党中央委員会の決定と同じことになってしまう。重要なのは、それが民主的な場であることだ。全員がお互いの言うことに耳を傾け、侮辱や偏見なしに議論し、共通のアプローチを作り出すことだ」

裏を返せば、プーチンの目から見て、今のG8は一つの意見が支配しており、かつてのソ連共産党のように異論が許されない会合になってしまった、ということだ。ドイツに言及したのは、このときG8についてプーチンに質問したのがドイツ代表の若者だったからだろう。

参加国首脳は、ロシアの言うことには耳を貸さずに、米国の言うことだけが幅を利かせている。プーチンにとって屈辱と感じられるようなやりとりがあったことがうかがえる。実際、ロックアーン・サミットで、プーチンは、シリア問題をめぐって他の七カ国の首脳と鋭く対立していた。

シリアではアサド政権と反政権派の内戦が二年以上続いていた。二〇一三年に入って、アサド政権がサリンなどの化学兵器を使っているのではないかという疑惑が浮上し、緊張が高まった。六月一三日には米政府が、アサド政権が化学兵器を使用したことを確認した、と発表した。ホワイトハウスは、化学兵器が使用された事例として、三、四月にアレッポ郊外、五月にホムス北方と首都ダマスカス東部で起きた攻撃を例として示したが、詳しい日時と場所は特定しなかった。

G8サミット開幕直前のタイミングでのこうした発表は、G8の政治宣言にアサド大統領への退陣要求を盛り込みたいというオバマ政権の強い意志の表れだった。

一方、シリアに軍事拠点を持ち、アサド政権と良好な関係を維持してきたロシアは、こ

英国・ロックアーンで2013年6月18日午前、記念撮影をする（左から）バローゾ欧州委員会委員長、安倍晋三首相、メルケル独首相、ロシアのプーチン大統領、キャメロン英首相、オバマ米大統領、オランド仏大統領、ハーパー加首相、レッタ伊首相、ファンロンパイＥＵ議長＝樫山晃生撮影

Ｇ20会場となるコンスタンチン宮殿前でプーチン大統領（左）の出迎えを受けるオバマ米大統領＝2013年9月5日午後5時4分、ロシア・サンクトペテルブルク

うした米国のやり方に強く反発。化学兵器がアサド政権によって使われた証拠はないとも主張していた。

結局、G8で採択されたシリアに関する合意文書からは、原案に入っていた「アサド退陣」の文言はすっぽりと削られた。化学兵器を誰が使ったかは特定せず、「あらゆる勢力」による化学兵器の使用を非難し、国連による客観的な調査を求める内容となった。

G8の合意文書は全員の一致が必要となるため、プーチンの言い分がかなり反映される結果となった。しかし、ここに至る議論ではG8内でのプーチンの孤立ぶりが浮き彫りになった。議論は常に七対一という構図になった。プーチンの目にはそれが、会議全体が米国によって支配されてしまっていると映ったのだろう。

プーチンが一期目と二期目の八年間で親しい関係を築いていた欧米の首脳がG8の場に誰もいなくなってしまったことも、プーチンの孤立感を深めたと思われる。

二〇〇六年にサンクトペテルブルクでG8のホストを務めたプーチンの高揚は、もはや過去のものとなった。G8から追放されて一年が過ぎた二〇一五年六月、訪問先のイタリア・ミラノでG7との今後の関係について聞かれたプーチンの答えは冷ややかだった。

「我々と『G7』の関係について言えば、我々はG7とはなんの関係もない。いったいどんな関係を持つことができるだろうか？」「私たちがこの枠組みの中にいたとき、我々は合意文書の準備の議論に参加していた。意味があることだったと私は思う。なぜなら、私たちは異なる視点を提供していたからだ。しかし、私たちのパートナーは、こうした異なる視点は必要ないと判断した。これは彼らが決めたことだ。あれは組織ではなく、利益についてのクラブなのだ」「Ｇ20のように、もっと幅広い枠組みもある。私たちはブラジル、ロシア、インド、中国、南アフリカで作るＢＲＩＣＳとして知られている枠組みでもっと積極的に作業していく。我々にはもう一つの組織がある。それは、上海協力機構だ。そこには、すでに知られている（中ロ両国と中央アジア四カ国の）参加国のほかに、インドとパキスタンが加わろうとしている。国連や国連安保理の場でも、活発に仕事をしていく」

今さらＧ８に戻る気はない。それがプーチンの考えだ。

かつての「シェルパ」は語る

ロシアの大統領がサミットに参加するようになったのは、一九九七年に米国で開かれたデンバー・サミットからのことである。デンバー・サミットでは、ロゴマークにロシアの国旗がＧ７各国やＥＵの旗と並べて対等に描かれた。翌年のバーミンガム・サミットでは、ロゴマークに初めて「Ｇ８」の文字が明記された。

ちなみに二〇一四年以降、サミットのロゴに記される文字は再び「Ｇ７」に戻された。これは、一九九六年のリヨン・サミット以来、一八年ぶりのことだ。

Ｇ８には一九九七年から三年間は、ロシアを代表して当時の大統領エリツィンが出席した。プーチンがＧ８デビューを飾ったのは、大統領に就任した二〇〇〇年に開かれた沖縄サミットでのことだった。このときプーチンは、沖縄に到着する前に北朝鮮の平壌に立ち寄り、総書記の金正日《キムジョンイル》と会談。初参加ながら注目を一身に集めることに成功した。

しかし実際にはロシアは、G8に加わった後も、世界経済についての討議などの場には参加していなかった。いわば半人前扱いだったわけだ。

ロシアが初めてG8の完全なメンバーとして認められたのは、二〇〇二年にカナダで開かれたカナナスキス・サミットでのことだった。二〇〇六年のサミットをロシアで開くことが決まったのも、このときだ。

二〇〇〇年から五年間、G8でプーチンを補佐し、各種の準備会合でプーチンの代理役となる「シェルパ」を務めたのが、アンドレイ・イラリオノフだ。イラリオノフは、かつてのプーチン側近の中でも、最も厳しいプーチンへの批判者に転じたことで知られている。

二〇〇六年のサンクトペテルブルク・サミットでプーチンが見せた高揚はなんだったのか。プーチンは変わったのか。私はイラリオノフの見解を聞くために、二〇一四年一〇月、彼が拠点としていた米国ワシントンの「ケイトー研究所」を訪れた。

「ケイトー研究所」は、米国でじわじわと影響力を広げている「リバタリアン」系のシンクタンクだ。リバタリアンとは、政府の役割を最小限にし、個人の自由を尊重する政治思想「リバタリアニズム」の信奉者を指す。小さな政府を目指すという意味では保守的とも言えるが、同性婚や大麻の使用についても個人の自由に任せるとか、外国への軍事介入には慎重で、外国の米軍基地の縮小・撤廃を求めるといった立場は、従来の保守の枠に収まらない。

イラリオノフ自身、温室効果ガスの排出規制に強く反対するなど、徹底した経済の自由化論者として知られている。こうした信念の持ち主が、プーチンが大統領となって最初の五年間、厚い信任を受けて経済担当顧問とG８でのシェルパを務めた事実は、それ自体が興味深い。

ケイトー研究所の自室で私を迎えたイラリオノフは、まず同じフロアのコーヒーメーカーが置かれている一角に私を連れて行き、コーヒーを入れてくれた。部屋に戻ったイラリオノフは、切り出した。

「プーチンの元を離れて、ほぼ九年になる。この間、私はプーチンの個性とか、個人的な性格とか、私が彼との個人的な関係を通じて知った情報については、一切のコメントを拒んできた。そうしたことを語るのは不適切なことだと考えたからだ。今回も個人的な問題についてはお話しできないことをあらかじめおわびしたい。しかし一方で、政治的な問題についてはお話しすることができる。それは多くの人々の命運に影響することだからだ」

近年のプーチン批判の激烈さから、ロシアメディアでは「変わり者」扱いされることが多いイラリオノフだが、その言葉はプーチンの顧問だった当時と変わらず明晰だ。

私はまず、二〇〇六年、G８を主催したプーチンと、今のプーチンでは何が変わったのかを尋ねた。

イラリオノフは、このテーマで議論することには、すぐに同意した。

「強力で巨大で、核を保有している国のリーダーに変化があれば、自分の国の国民だけではなく、世界全体の命運に影響を及ぼす。それは大きな意味があることだ。その変化がどのようなもので、どちらに向かっており、どの程度の速さで変わっているのか。その原因は何か。そうしたことは、真に考えるに値する問題だ」

その上でイラリオノフは、二〇〇二年にロシアがG8の正式メンバーに迎えられるまでのいきさつを語った。

プーチンにとって、そしてプーチンのシェルパとしてのイラリオノフにとって、初めてのG8サミットは、二〇〇〇年の沖縄サミットだった。当時の日本の首相森喜朗のシェルパを務めていたのが経済担当の外務審議官、野上義二だ。

「私は彼に言った。G8が完全なメンバー七カ国とロシアという不完全なメンバーに分かれている現状は好ましくない、これをなんとかしなければならないと。すると彼は、G7というメカニズムがどうやって動いているのかについて、細かく私に説明してくれた。そのおかげで、私は完全なメンバーになるために必要な約五〇項目のプログラムを作って、プーチンに示すことができた。日本の同僚には、今も深く感謝している」

そこから先は、プーチンと二人三脚で進めたのだという。

「およそ二年の間に、私たちは五〇項目のうちの三〇～三五項目を達成した。すべてはできなかった。しかし、はっきりした進歩を示すことはできた。そうして迎えた二〇〇二年のサミットで、議長国カナダのクレティエン首相はプーチンに言った。『これまでに達成された成果に基づいて、ウラジーミル、私たちはあなたをＧ８の完全なメンバーに迎え入れたい』と」「これが二〇〇〇年から二〇〇二年までに起きたことだ。Ｇ７の首脳たちが、プーチンを受け入れたのだ。誰に強制されたわけでも、無理強いされたわけでもない。彼ら自身が歩み寄ってきて『私たちのクラブに招待する』と言ったのだ。プーチンの名の下に、ロシアを招待したのだ」

しかし、今やＧ８におけるロシアの参加資格は停止された。主要国首脳会議は、再びＧ７に戻ろうとしている。

「このこと自体が、プーチンが大きく変わってしまったことを示している。二〇〇〇年から二〇〇二年にかけて、世界を指導する立場にある最も豊かで最も民主的な国々のリーダーがプーチンを仲間として受け入れたのだ。それが今や、彼らはプーチンを自分たちの中に置いておくわけにはいかないと考えている。この変化はとても大きいと言わざるを得ない。主要国首脳会議というクラブが持つ非公式な性格を考えればなおさらだ。首脳たちはたいていのことは譲歩できるはずだ。（Ｇ８からの追放という）これまで前例がない、普通では考えられない決定がなされたということは、プーチンがとても遠いところまで行ってしまったことを示している」

イラリオノフ自身は、Ｇ８より一〇年早く、二〇〇五年にプーチンと決別している。プーチンがサンクトペテルブルク・サミットのホストを務める約半年前のことだ。

イラリオノフ辞任について、二〇〇五年一二月二九日の朝日新聞は次のように伝えた。

【モスクワ＝駒木明義】ロシアのプーチン大統領は二七日、イラリオノフ経済問題担当大統領顧問から提出された辞表を受理した。徹底的な自由主義経済の信奉者として知られる同氏の退場は、プーチン政権が進める経済の国家管理強化を象徴する出来事と言えそうだ。

イラリオノフ氏は同日の記者会見で「自由主義的な経済政策を実行する可能性が失われた」とプーチン政権をばっさり切り捨てた。辞任表明に先立つ二一日の記者会見では、「ロシアは今年、民主的で自由な国家とは言えなくなった」とも話していた。

イラリオノフ氏は政権内部にとどまりながら、その経済政策を遠慮なく批判してきたことでも知られる。最近は孤立を深めていたとはいえ、二〇〇〇年四月にプーチン大統領から顧問に任命された当初は大統領の信頼も厚く、政権が当時持っていた自由主義的傾向の象徴的存在と受け止められていた。プーチン大統領は二期目に入り、エネルギー部門などへの国家統制強化の傾向を強めた後も、氏を顧問の座にとどめていた。政権内に自由主義的な意見の持ち主がいることを対外的に示したい意図があったとの見方もある。

主要国首脳会議（G8）では今年初めまで、シェルパと呼ばれる大統領の個人代表を務めた。そのG8でロシアが初めて議長国を務める〇六年を目前にしての辞任に、欧米のメディアも注目。二八日の英紙フィナンシャル・タイムズ（電子版）は「民主主義と言論の自由の状況が関心を集める中での辞任」と伝えた。

同氏は二〇〇四年の石油大手ユコス解体の動きを政権内部から「国家による詐欺」と批判してきた。二七日の会見では「二〇〇五年は三つの詐欺が行われた」と指摘。ウクライナ向け天然ガス価格引き上げなど「エネルギーを他国への武器として使う政策」のほか、「国営企業による多額の借り入れ」「国営企業による民間企業の吸収合併」を挙げた。

記事にあるように、イラリオノフがプーチン政権との対立を深めるきっかけとなったのは、民間石油会社ユコスの解体だった。

「経済は自由であるべきだ。しかし、資源は国家が管理し、国益のために利用するべきだ」という、サンクトペテルブルク時代の学位論文でプーチンが示した考えが実行に移されようとしたとき、経済の国家管理を否定するイラリオノフの居場所は政権内になくなっていた。

だが、イラリオノフ自身が指摘するように、G８は非公式のクラブだ。一度プーチンとロシアを仲間として迎えた首脳たちは、ユコス事件が起きただけではロシアをメンバーから外すという決定には踏み切らなかった。それだけではない。二〇〇八年に、ロシアとジョージア（グルジア）が軍事衝突に至っても、ロシアはG8に参加し続けた。

しかし二〇一四年、ロシアによるクリミア半島併合を受けて、プーチンはG８からついに締め出される。歴史に「イフ」はないが、もしもプーチンがクリミア半島の独立承認にとどめておけば、G7との対立はそこまで深まらなかったかもしれない。

第一一章　権力の独占

消えていった政敵

イラリオノフは、プーチンが政権についてからの一五年で何が変わったのかについての分析を語り続けた。

「一九九九年から二〇〇〇年のロシアは、すでに権威主義的な体制が生まれつつあったし、選挙は人為的に操作されていた。しかし、プーチンの手に握られた権力には限りがあった。完全に権力を独占していたというわけではなかった」「しかし今は、プーチンは権力を完全に独占してしまった。誰も、個人としても組織としても、彼に圧力をかけることはできない。政党も、企業も、地方の権力もだ。一五年間を振り返ってみると、いかに周到に、悪魔のようにずるがしこく、政治的な反対勢力を消去していくプロセスが進んでいったのかがわかる」

右派やリベラル系政党から民族主義的政党に至るまで、少しでもカリスマ性を持っているような指導者はみな死んでしまうか、ロシア国外に逃れるか、服従を余儀なくされた。

メディア王と呼ばれたグシンスキーやベレゾフスキー、ユコス社長だったホドルコフスキーといったビジネス界の有力者も、同様の運命をたどった。

モスクワ市長ルシコフや、かつてチェチェン共和国と並んでロシアからの独立志向が強かったタタールスタン共和国大統領のシャイミエフといった地方の有力政治家もみな、牙を抜かれ、退場していった。

「プーチン政権の最初の八年間で、権力に挑戦するものは消去された。あるものは物理的に。あるものは政治的に。またあるものは経済的に破綻に追い込まれた。現在、その結果として、ロシアにはプーチンに対抗するものは誰もいなくなってしまった。これは一五年前との本質的な違いだ」

確かに、エリツィン時代は、共産党を含む多くの政治勢力が大統領と対立し、議会もしばしば大統領に立ちはだかった。グシンスキー、ベレゾフスキーといった新興財閥の主が政治に大きな影響力を振るった。地方の有力首長はまるで独立国の王のように振る舞った。エリツィンは、地方の支持を得る必要に迫られて、地方が連邦法に違反するような条例を作ったり政策をとったりすることを放置していた。どれ一つとっても、今となっては考えられない状況だ。テレビを中心に主要メディアから政権批判が姿を消していったことは、前述した通りだ。

プーチンが権力を手中に握るための原動力となったのが、石油・ガスなどの資源産業だった。プーチンはユコス事件に象徴されるように、石油・天然ガスといったエネルギー産業を次々と国の支配下に置いていった。さらに、一九九八年に一バレル＝一〇ドルを割るところまで下落していた原油価格（米ＷＴＩ先物価格）が、プーチンの大統領就任後に値上がりに転じ、二〇〇八年には一時一バレル＝一四七ドルをつけるまで急騰したことが、プーチンにとって強い追い風となった。原油価格がエリツィン時代並みに低迷したままだったとしたら、いかにプーチンといえども、今のような権力独占を実現することは困難だったに違いない。その意味で、プーチンは大変な強運の持ち主だとも言える。

プーチンが一五年間で築いた権力構造について、イラリオノフは語った。

「もちろんそれは権威主義だ。しかも、エリツィン時代のロシア、あるいはシェワルナゼ時代のグルジア（ジョージア）、クチマやヤヌコビッチのウクライナのような、ソフトな権威主義ではもはやない。あらゆる指標で見て、最も厳しい権威主義だ。ミロシェビッチ時代のユーゴスラビアでさえ、今のロシアよりはずっとソフトな権威主義だったと言える。あと半歩進めば全体主義、というところまで来ている」「権威主義は政治を完全にコントロールする政治体制だが、個人の生活の領域までは介入しない。一方、全体主義は個人の生活、住居にまで踏み込む体制だ。誰と寝たのか、同性愛なのかそうでないのかといった私的な領域だ。そういうことが始まろうとしているのが、今のロシアだ。初期的な全体主義、ソフトな全体主義ということができるのではないか」「そうした体制のトップに座っているのが、プーチンという個人なのだ」

共産党などの組織でもなければ、集団指導体制でもない。プーチン個人が君臨するソフ

ト な全体主義。それが今のロシアの権力構造だというのが、イラリオノフの主張だった。

「プーチンの同意なしにはどんな重要な決定も下すことができない。これが、この一五年に起きた本質的な変化なのだ」

そうした権力構造を、プーチン自身が意図的に築いたのだろうか。

「もちろん、そうだ」と、イラリオノフは言う。

「彼は一五年をそのために費やしてきたのだ。プーチンがああなったのはいつなのか、というのは重要な問題だ。欧州では多くの人々が、プーチンがこんな人物とは知らなかったという。しかし、そうだろうか。二〇一四年に、彼は（クリミア半島併合で）世界秩序を破り、国連憲章に違反した。その通り。では、これが初めてなのだろうか？　断じて、そうではない」

「二〇〇八年に、ロシアはグルジアを攻撃した。二〇〇三年にはホドルコフスキーとユコスに対して同じことをした。これは、政権が急カーブを切った出来事だった。しかし、それが初めてだっただろうか？　答えはニェット（ノー）、だ。（一九九九年に当時首相のプーチンが始めた）第二次チェチェン紛争がある。これは、チェチェン側とロシアとの合意を一方的に破って始めたことだ」

イラリオノフはさらに、二〇〇四年に世界を震撼させた北オセチア・ベスランの学校占拠テロ事件や、二〇〇二年のモスクワ劇場占拠テロで、武装部隊を突入させて人質に多数の死者を出した例を挙げ、プーチンの人命軽視を批判した。

ただ、法律や国際的な約束、さらに人命を軽視する傾向があることと、権力を一人の手の中に独占していくことは、無関係ではないにしても、必ずしも等号で結びつけられることではないだろう。

この点については、イスラエルの情報機関「ナティーブ」の元長官、ヤコブ・ケドミから聞かされた分析が興味深いものだった。

ケドミによると、プーチン自らが知らず知らずのうちにこうした権力構造を招き寄せてしまった面があるというのだ。前にも紹介したように、プーチンはKGB時代から指揮を執るという経験に乏しく、誰かに仕えることに慣れた人間として行動してきた。そして、プーチンは、意図したかどうかは別にして、自分と似たタイプの人間で周りを固めていったというのだ。

「彼がどんな人物を取り立てたのかを、注意深く見る必要がある。それは、（KGBなどの）特務機関の人間か、軍の人間だ」

旧ソ連共産党の官僚組織で力を発揮したようなタイプは遠ざけられた。プーチンは、そうした人材に安心できなかったのだろう。

「KGBは、常に共産党の官僚組織とは緊張関係にあった。地位が高くなればなるほどそうだった。KGBの言うことを聞いていればソ連の崩壊は避けられ、国家として生き残ったという主張を私は聞いたことがある」「プーチンは、共産党の人材を採用せず、服従することに慣れた人を重用していった。そして、権力を自分の手に集めるやり方に次第に習熟していったのだ」

経緯はともかく、結果として、今やロシアにおいてプーチンの絶対的な権力基盤が固まってしまった。この点について、異論を差し挟む者はいないだろう。

消えたプーチン

二〇一五年三月、プーチンが一〇日間にわたって所在不明になる「事件」が起きた。三月五日にモスクワのクレムリンでイタリア首相レンツィと会談したのを最後に、メディアの前から姿を消してしまったのだ。

「国際女性の日」の三月八日、プーチンが各界で輝かしい成功を収めている若者たちの母親らと面会したと大統領府が発表した。

大統領府の公式サイトには「大統領はクレムリンで、芸術、科学、スポーツの分野で傑出した結果を残した、また軍務、職務を遂行する際の献身的行為でロシア英雄の称号を授与された子供を持つ女性たちと面会した。プーチンは三月八日にあたり、彼女たちとすべてのロシアの女性を祝福した」との報道発表文と写真が掲載された。テレビニュースは、女性たちと談笑するプーチンの様子を繰り返し放映した。

しかし三月一一日になって、実際にはプーチンと「ロシアの母親」たちとの面会は八日ではなく五日に行われていたこと、映像もそのときに収録されたものだったことをロシアの経済紙「ＲＢＫ」が暴露。その上、プーチンが一二、一三の両日に予定していたカザフスタン訪問をキャンセルしたことが明らかになり、ロシア社会は騒然となった。

大統領府は、三月六日以降、「女性の日」の行事以外にも、プーチンが毎日のようにさまざまな行事をこなしている様子を発表していた。しかしＲＢＫによると、どの行事にもメディアの記者は招かれていなかった。実際にその日にプーチンが行事に参加していたか極めて疑わしい状況だった。

例えば三月一一日、大統領府はプーチンがロシア北西部カレリア共和国の首長とクレムリンで会ったと発表した。しかし、この場にメディアは招かれず、写真や映像は大統領府が撮影したものしかなかった。それだけではない。カレリア共和国の地元ネットメディアが五日の段階で、すでにプーチンと共和国首長が会ったというニュースを掲載していたことが判明したのだ。ＲＢＫによると、もともとの予定通りだったとすれば、会談は四日に行われたはずだという。

大統領府は、ＲＢＫに対して、この件についてコメントすることを拒んだ。女性の日についてだけは事前収録を認めた。一般人を巻き込んだ大きな行事だっただけに、隠しきれないと判断したのだろう。

「プーチンの消失」の理由をめぐって、ネットを中心にあらゆる説が飛び交った。

例えば、背中の古傷が再発したという説だ。プーチンは二〇一二年秋に背中を痛め、外国訪問を次々にキャンセル。一一月には、文化人の表彰式で足を引きずり、痛みのためかときどき顔をしかめる様子が目撃された。

ネット民が最も夢中になったのが、愛人の出産説だ。プーチンとの親密な仲がかねてうわさされている新体操の元女王アリーナ・カバエワがスイスで出産し、プーチンはそれに立ち会っていたのではないか、というのだ。

そのほか、インフルエンザ説も浮上。ウクライナ問題をめぐって、本格的な軍事介入を求める政権内の強硬派と深刻な対立が生じているという説を書き立てた外国メディアもあった。

この間、大統領府の対応は受け身一方だった。ペスコフ大統領報道官は「プーチンに子供が生まれたという情報は事実ではない」「プーチンは完全に元気だ。握手をしたら、相手の手の骨が折れるだろう」と、愛人の出産説や健康不安説の火消しに追われた。

三月一二日になって、大統領府はプーチンがアルメニアの大統領サルキシャンと電話で意見交換をしたと発表した。いかに友好国とはいえ、外国首脳との電話の日付を偽ることはないだろう。少なくとも声を出せる状態ではあるようだ。しかし、依然として所在不明、映像も出てこない状態が続いた。

プーチンがアルメニアの大統領と緊急に話をしなければならない用件もなかった。かえって「友好国の大統領に頼み込んで電話に出てもらい、プーチンの健在を世界にアピールせざるを得なくなったのではないか」という臆測を呼んだ。

ここまで広がった懸念を払拭するには、もはやプーチン本人が元気な姿をメディアの前に見せるしかなかった。その機会がようやく訪れたのは三月一六日のことだった。サンクトペテルブルクで行われたキルギスの大統領アタムバエフとの首脳会談に、プーチンは少し照れくさそうな顔をして姿を見せた。

ロシアの大衆紙「コムソモリスカヤ・プラウダ」でプーチンを担当するドミトリー・スミルノフは、プーチンとアタムバエフが握手をする写真をスマホで撮影。「アタムバエフの顔からして、プーチンは固い握手をしたようだ」というコメントを添えてツイートした。これはプーチンの無事を伝えるニュースとして、瞬く間に世界中でリツイートされた。

記者たちの取材が認められた首脳会談の冒頭、アタムバエフはロシアとの関係強化についての型通りのあいさつをした上で、異例の発言をした。

「私は、プーチン大統領の許しを得て、記者のみなさんのために付け加えたい。つい先ほどプーチン大統領は、私を乗せて敷地内で運転してくれた。大統領自らがハンドルを握った。これは、ゴシップを鎮めるために申し上げる。私自身、自分についてのさまざまなゴシップを耳にするが、みなさん見ておわかりの通り、まったく正しくない。ロシアの大統領は歩くだけでなく、(車を)走らせる。お客を乗せてハンドルを握る」

この発言を受けて、プーチンは余裕綽《しゃく》々《しゃく》で付け加えた。

「ゴシップがなければ退屈だろう」

こうして、騒ぎは収まった。プーチンは翌日から何事もなかったかのように、公務を続けた。

なぜプーチンはこのとき一〇日間も姿を消したのだろうか。真相は今に至るまで不明だ。

ロシアで勤務する外交官の一人は、「やはり背中の不調ではないか」と推察していた。「プーチンが各方面と連絡を取り合っている様子はあった。異変の兆候はなかったので、緊迫感はさほどではなかった」とも。

制度化されていない専制国家

プーチンは無事だった。しかし、この出来事は「プーチンがいなくなったら、ロシアはいったいどうなってしまうのだろうか」という疑問を、改めて人々に突きつけることになった。

私（駒木）がプーチンの元経済顧問イラリオノフとこの問題について議論したのは、プーチンの「行方不明騒動」が起きる前のことだった。リーダーがいなくなった場合に何が起きるかという思考実験を通じて、ロシアの権力構造を他国と比べたり、それが抱える危うさを知ったりすることができるのではないかという興味からだった。

イラリオノフは答えた。

「米国や日本や欧州の国々ではなんの問題も起きないことは明らかだ。この場合最も興味深いのは、ロシアと中国の比較だ。ロシアと中国の異なるところは何か。中国にも共産党という権威主義的な体制が存在している。しかし、中国共産党にはリーダーの交代についてのメカニズムが存在している。次のリーダーを選抜するメカニズムは、私たちが民主的と考える選挙ではないし、自由な選挙でもない。それでもこれは、選挙の一種だ。非常に限られた人々だけが参加しているが、形だけではない、本当の意味での選抜が行われている。そして、誰が次のリーダーになるのかは、この手順を経てみないとわからない。長い時間をかけて周到に合意形成が行われる。それは一種の選抜システムなのだ。毛沢東時代にはなかったこのシステムは、鄧小平の登場後に出現した。私たちは今、この選抜システムで選ばれた四人目の指導者を目にしている。この決まりをみんなが守っているし、それが破られたことはない。自分がずっと指導者の座にとどまると言い出して規則に挑戦するような人物は出てこない。指導者交代のシステムが、制度として根付いている」

「しかし、ロシアにはそんなシステムは存在しない。これは、根本的な違いだ。中国が制度化された専制国家だとすれば、ロシアは制度化されていない専制国家なのだ」

「私たちは中国の次の指導者に誰がなるかを知らない。ロシアにおいては、何も制度化されていないため、指導者が交代するときにはどんなことだって起こり得る。極端な方向転換もあり得る。こんな例は、ロシアぐらいにまで経済的に発展して豊かな国では、まずあり得ない」

中国では習近平国家主席の下で二〇一八年に憲法が改正され、「二期一〇年」という主席の任期制限が撤廃された。習がいつまで指導者の座にとどまろうとするかは不明だが、今のところ次の指導者が慎重に選ばれるだろうという意味では「制度化された専制国家」という状況には大きな変化はないだろう。

一方プーチンは、二〇〇〇年にエリツィンの側近たちの手で大統領の座に据えられた。

その一年前まで、ほとんど無名の存在だった。政治的なキャリアは皆無に等しかった。

プーチンが憲法で認められている二期八年の任期を終えて、一時大統領の座から退いたとき、後継にメドベージェフを据えたのはプーチン自身だった。このときプーチンが他の誰を指名していたとしても当選は確実だっただろう。この状況を当時、政治評論家マカルキンは「ロシア大統領選の有権者はプーチン氏一人だけだ」と評した。

二〇一二年の大統領選もそうだった。二〇一一年九月にプーチンが翌年の大統領選で返り咲きを目指す方針を発表した瞬間、プーチンの通算三期目の当選は約束されていた。プーチンが今のような独占的な権力基盤を維持できれば、次の指導者もプーチンの手によって決められることになるだろう。しかし、その指導者がどこからどのように現れるのかは、まだ誰にもわからない。

もしも二〇一五年三月に、一時姿を消したプーチンがそのまま戻って来なかったらどうなっていたのか。憲法の規定で首相のメドベージェフが大統領代行を務めることになるが、その後の大統領選はどんな構図になっていただろうか。ロシア下院に議席を持っていた四政党の指導者、つまり統一ロシアのメドベージェフ、共産党のジュガーノフ、自由民主党のジリノフスキー、公正ロシアのミロノフの争いにはならなかったことはおそらく間違いない。

そもそも、メドベージェフが立候補していたかどうかも怪しい。おそらく、プーチン周辺の有力者らが選挙前にプーチンの後継者を決めてしまおうと、激しい権力闘争と駆け引きを繰り広げていただろう。どんなプロセスを経て誰が国民の前に後継者として現れていたかは想像もつかない。ただ、国民の手に選択が委ねられることはなかっただろう。

大統領の動向は藪の中

プーチンが一〇日間にわたって行方不明になった事件が浮き彫りにした事実がもう一つある。大統領府が発表するプーチンの動向にうそが含まれていることだ。

二〇一五年三月八日にプーチンがクレムリンでロシアの母親たちと会ったという発表は事実ではなかった。地方の首長らと会ったという発表も事実ではなかったらしい。大統領府は三月六日、プーチンがクレムリンで国家安全保障会議を開いたと発表したが、これも本当にこの日に開かれたことを確認したメディアはない。安全保障会議は大統領のほか首相、国防相、外相、情報機関の長、上下両院議長らが参加する極めて重要な会議だ。何が話し合われ、何が決まったのかは、世界の外交関係者や報道関係者の関心の的となる。そうした重要会議の開催日さえ、公式発表があてにならないのだ。

日本の首相の場合、新聞、テレビ、通信社の担当記者が朝から晩まで張り付いて、分単位で動向をチェックしている。誰と会ったのか。夕食はどこでとったのか。どの床屋に行ったのか。その内容は新聞の「首相動静」欄などで毎日報じられる。記者に見つからないように工夫して誰かと会うことはあるが、基本的にはその動向は丸裸と言ってよい。

これまで、事実とかけ離れた「首相動静」が報道されたことがないわけではない。それは、極めて例外的なケースだった。

二〇〇〇年四月二日未明、当時の首相小渕恵三は脳梗塞《こうそく》で倒れ、順天堂大学医学部附属順天堂医院に緊急入院した。しかし、官房長官の青木幹雄が深夜に緊急会見を開くまで、首相官邸は二二時間にわたってこの事実を隠し続けた。通信社はこの間、首相官邸からの連絡を受けて、小渕の動静について「午前六時に起床。朝の来客なし」「午前中は来客なく、公邸で政策の勉強などして過ごす」「午後も来客なく、資料整理などして過ごす」と報じていた。このことは当然、大きな問題となった。

ロシアの状況は、日本とは大きく異なる。

プーチンがどこにいるのかさえ、大統領府が発表しない限りわからない。二〇一五年六月二七、二八日、プーチンは週末を旧友のイタリアの元首相ベルルスコーニと共にロシア中南部のアルタイ地方で過ごしたが、これについて、大統領府は公式には発表しなかった。一部メディアの問い合わせに対して、大統領報道官のペスコフが事実関係を確認して初めて明らかになったのだった。

二〇一三年七月下旬、大統領府は「最近の休日」の様子として、プーチンが首相のメドベージェフや国防相のショイグと一緒にシベリア南部の湖で過ごす写真とビデオを公表した。主要テレビ局はこぞって、プーチンが釣り上げたばかりの二一キロあるという巨大なカワカマスにキスをする様子や、プーチンが上半身裸で釣り竿を握る姿を報じた。

だが、直後からネット上で「奇妙な点が多い」という指摘が続出した。発表されている大統領の日程には南シベリア訪問の記載がなく、いつのことなのかわからない。このときも、新聞やテレビのクレムリン担当記者が一人も取材を認められていなかった。

プーチンが身につけているズボンや時計が二〇〇七年にこの地方を訪れたときと酷似していると指摘して「映像はそのときのものでは」と推測するブログも現れた。釣りの愛好家らからは、プーチンが釣った魚は「せいぜい一〇キロに見える」との指摘が相次いだ。大統領報道官のペスコフは「時計は二〇〇七年と同じだが、服は新しい」「自分の目ではかりを見たが、魚は二〇キロあった」と釈明に追われた。

大統領府が事実と異なる発表をしたことがはっきりしている例はまだある。

二〇一四年一一月八日、プーチンがモスクワで開かれた日本武道演武会を視察したことについての大統領府の発表文の末尾にはこう書かれている。

「前日の夜、大統領は全日本柔道連盟の山下泰裕副会長と会談した」

しかし、実際に山下がプーチンと会ったのは前々日の一一月六日のことだった。なぜ、プーチンと山下の会談の日付を一日ずらして発表したのか。何か理由があるはずだが、日本側の関係者も首をひねるばかりだ。

私自身が気づいた例を紹介しよう。

プーチンの報道官を務めるペスコフは二〇一六年、夏休みシーズンを前に「プーチン大統領の九月一日までの日程を見ると、残念ながら休暇は見当たらない」と述べていた。

彼の言葉通り、八月に入ってからもロシア大統領府の公式サイトには、プーチンの仕事の様子が毎日のように写真付きで掲載されていた。

しかし、その写真を子細に見るうちに、奇妙なことに気がついたのだ。【写真1】は、八月二二日に発表されたアルハンゲリスク州知事との面会の様子だ。場所はモスクワのクレムリンにある大統領の執務室。だがこの写真、見れば見るほど不思議な一枚なのだ。

いや、この写真だけをいくら見てもわからない。【写真2】と【写真3】を見てみよう。【写真2】は八月一八日に発表されたマガダン州知事との面会。【写真3】は八月二三日に発表されたスベルドロフスク州知事との面会の様子だ。三枚の写真を隅々まで見比べてみてほしい。

おわかりいただけただろうか。

私がまず注目したのは、相対して座る二人の後方にある大統領の執務机に置かれている筆立てだ。左右二つあるうちの右の方。ロシアらしく緑色が鮮やかなクジャク石製で、鉛筆と様々な色鉛筆が立っている。問題はその並び方だ。

筆立てを拡大したのが【写真4】だ。八月二四日に発表されたモスクワ州知事との面会の様子も加えて、四日分を比較している。

奇妙なことに、一八日、二三日、二四日は同じ鉛筆が同じように並んでいるように見える。しかし、二二日だけ様子が違うのだ。一八日、二三日、二四日の筆立てで一番目立つのは、右側に飛び出している鉛筆（カラーで見るとオレンジ色）だが、二二日にはこれが見

【写真１】アルハンゲリスク州知事との面会。8月22日発表

【写真２】マガダン州知事との面会。8月18日発表

【写真３】スベルドロフスク州知事との面会。8月23日発表

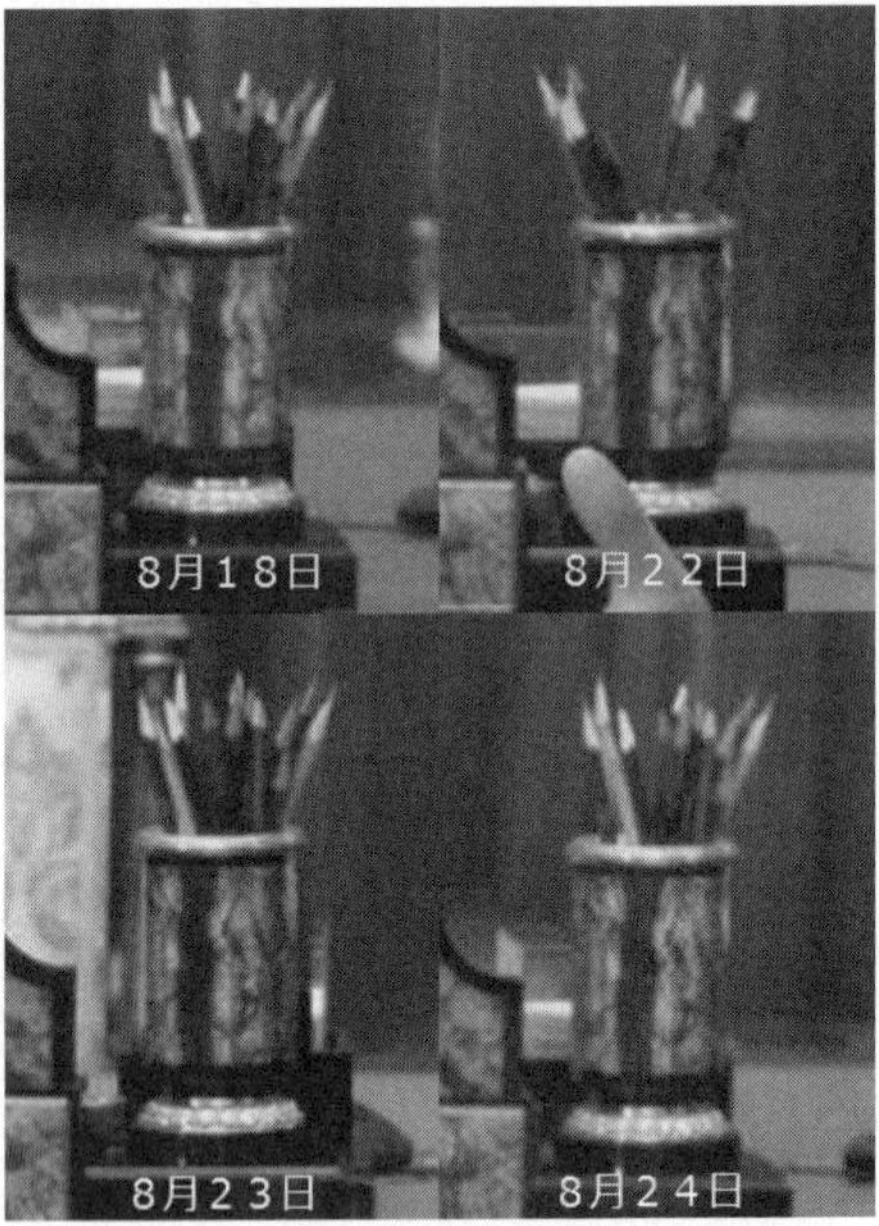

【写真4】筆立ての拡大写真

当たらない。

一八日に並んでいた鉛筆が二二日に一度乱れて、二三日にまた元通りになったというのだろうか?

おかしな点はこれだけではない。左の筆立ての横には、メモ用紙のようなものを束ねて立ててある。これを拡大したのが【写真5】だ。一八日、二三日、二四日は、メモ用紙の束のうち一番右の一枚だけ、少しずれて浮き上がっているが、二二日はきちんと揃っている。

再び同じ疑問が浮かぶ。

一八日にずれていた束が二二日に揃えられて、二三日に

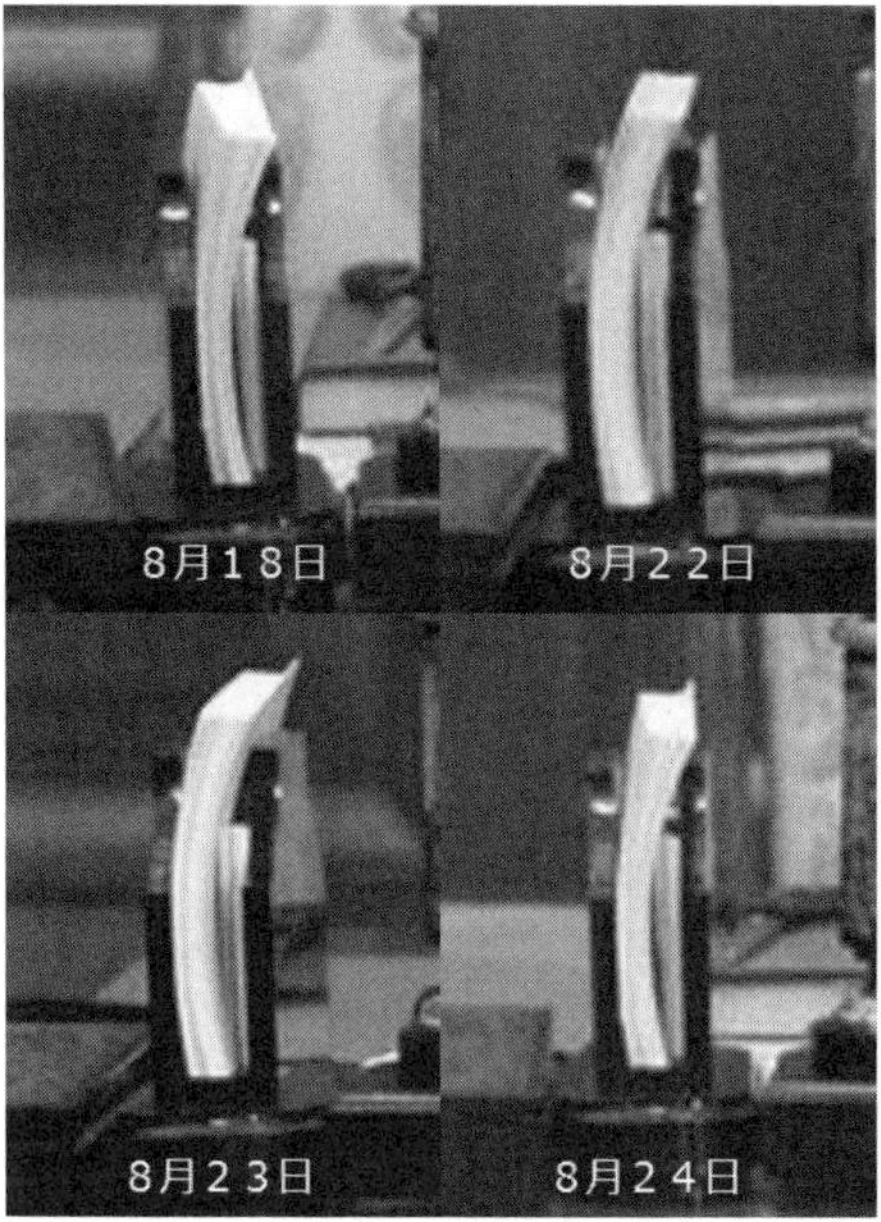

【写真5】メモ用紙の束の拡大写真

五日前と同じようにずれたのだろうか？

さらにプーチンの靴に注目してみた。【写真6】を見てほしい。靴の甲の縫い目のラインに注目すると、やはり二二日だけ違う靴を履いているようだ。

スペースの都合で載せられなかったが、八月一七日に公式サイトに公表されたコミ共和国首長臨時代行との面会の写真でも、筆立て、メモ用紙、靴の特徴がいずれも一八日、二三日、二四日と一致していた。二二日だけ別物なのだ。

これはいったいどういうことだろう？

【写真6】プーチンの靴の拡大写真

真相はおそらくこうだ。

プーチンはコミ共和国、マガダン州、スベルドロフスク州、モスクワ州の代表と、実は同じ日に会っていた。何日かはわからないが、一七日以前だったのだろう。それを一七日、一八日、二三日、二四日の四日にばらして発表したのだ。四枚の写真でプーチンは違う柄のネクタイをしているが、これはおそらく面会のたびに取り換えていたのだ。

二二日の写真だけは、別の日に撮影されたものだろう。そう考えないと、この一枚だけ細部が違う理由の説明がつかない。

実は、プーチンがクレムリンで集中的にこなした公務を、大統領府がいくつかの日付にばらして発表しているらしいことは、モスクワの外交関係者の間では以前から知られていた。ここで紹介した一連の写真は、そうした推測が正しいことを証明したと言えるだろう。

プーチンがクレムリンで執務をする日は発表よりも、実はかなり少ない。その分、モスクワ郊外の公邸やロシア南部のソチの別邸で長い時間を過ごしているようなのだ。

誰もプーチンの言葉を信じない

さらに深刻なのは、大統領府の発表よりもプーチン本人の言葉の信用だ。

「ウクライナ危機の中で生じた最大の問題はプーチンの言葉を誰も信じなくなってしまったことだ」

二〇〇〇年の大統領選直前にプーチンに長時間インタビューしたジャーナリストのナタリヤ・ゲボルクヤンはそう語った。

プーチンは二〇一四年三月四日、ウクライナのヤヌコビッチ政権の崩壊後初めてとなる記者会見をモスクワ郊外の公邸で行った。ヤヌコビッチが二月二二日に首都キエフから逃走して以降、プーチンはこの日まで約一〇日間沈黙を守っていた。

一方クリミア半島では二月二七日ごろから、国旗や記章の類いをいっさいつけていない正体不明の武装集団が姿を現し、まず、空港や地方政府や議会の建物を占拠。その後、ウクライナ軍の基地などを次々に掌握していた。その装備や規律だった行動からみて、ロシア兵であることは間違いないと思われた。

クリミア半島の現場で取材していた朝日新聞記者、山尾有紀恵は三月二日、ウクライナ軍基地を包囲する武装集団の一人から「数日前にモスクワから来た」という証言を引き出した。この言葉は、彼らがロシア軍人であることを決定づけるものだとして、翌日の朝日新聞朝刊一面に掲載された。彼は山尾に対して「グルジア（ジョージア）にも行ったし、ここに来たくはなかった。ロシア住民を守れという指令が出ているので仕方がない。戦わずに早く帰りたい」という本音まで明かしていた。

ロシアはこの先、クリミア併合に突き進むのか。それとも、ロシア系住民の安全確保のための一時的な軍展開なのか。世界が固唾《かたず》をのんで見守っていた。

プーチンの記者会見はこうした中で行われた。モスクワ郊外の公邸に呼ばれたのは、ロシアメディアの「クレムリン・プール」と呼ばれる記者クラブのメンバー。いわばプーチンの番記者たちである。私は当時ウクライナのキエフにおり、記者会見の様子をモスクワからの生中継で見守った。

記者の一人が聞いた。

「一つ確認したい。クリミア半島でウクライナ軍部隊を包囲した人たちは、ロシア軍の制服に非常によく似た制服を着ている。あれは、ロシアの軍人だったのだろうか？」

プーチンは最初、正面から答えなかった。

「旧ソ連の国々を見てみたまえ。似たような制服であふれているじゃないか。ロシアの店に行ってみたまえ。どんな制服だって買える」

「あれはロシア軍人だったのか、そうじゃなかったのかと聞いている」

「あれは地元の自衛部隊だ」

「あれほどよく訓練されているのに？　キエフの自衛部隊と比べても……」

「いいかね、キエフで暗躍した連中がどれだけよく訓練されていたかを見てみるんだ。よく知られているように、彼らは近隣国の基地で訓練を受けていた。それはリトアニアや、ポーランドだ。ウクライナ国内のこともあった。インストラクターが指導し、長い時間をかけて準備をしていたのだ。数十人、数百人単位に分けられ、組織され、良い通信システムを持っている。まるで時計のように機能しているのだ。君たちは、彼らがどう動いているのかを見たかね？　完全なプロだ。特殊部隊のようにね。どうしてクリミアの方が劣っていなければいけないなんて考えるのかね？」

プーチンの答えの最後の部分は、少し混乱しているように見える。クリミアに現れた部隊がよく訓練されているという記者の指摘とかみ合っていない。内心の動揺が表れていたのかもしれない。記者は続けた。

「では、質問を変えてよいだろうか？　我々（ロシア）は、クリミアの自衛部隊を訓練していたのだろうか」

「いいや。やっていない」

別の記者が、核心のクリミア半島併合の可能性について質問した。

「クリミアの将来をどう考えているのか。ロシアに編入する選択肢も検討されているのだろうか」

プーチンは明確に否定した。

「いいや。検討されていない」

その上でプーチンは付け加えた。

「私が信じているのは、どこの領土であれ、そこにいる住民だけが、自由に意思表示できるという条件下で、そして安全が保証されている条件の下で、自分たちの将来を決定すべきだということだ。もしもそれを、例えばコソボのアルバニア系住民がそれをすることができたなら、地上の多くの場所ですることができたなら、民族自決の権利は強化されていただろう。私の知る限り、国連の関連文書にも記されていることだ。誰もそれを否定していない。しかし、我々はいかなる場合でも、誰に対しても、なんらかの決定に向けて扇動するようなことはしないし、いかなる場合においても、そうした感情をあおるようなこともしない。私が強調したいのは、ある地域に実際に住んでいる住民自身だけが、自らの運命を決定する権利を持っていると、私が考えているということだ」

一連のやりとりの中で、プーチンは、完全に事実に反することを二回述べている。

第一に、クリミアに展開していたのは地元の自衛部隊ではなく、ロシア軍兵士だった。第二に、ヤヌコビッチ政権崩壊直後から、プーチンはクリミア半島のロシアへの編入を検討していた。これらの事実は、いずれもプーチン自身が、後になって認めている。

記者たちとのやりとりで興味深いのは、プーチンがうそをついた二回の場面で、いずれもその直後に、聞かれた質問と直接関係あるのかないのかよくわからないような話を延々と語り出したことだ。キエフの自衛部隊の話、そしてコソボと民族自決の話だ。プーチンが心の奥底のどこかで感じたやましさのようなものが、彼を必要以上に多弁にさせたのではないだろうか。延々としゃべっているうちに、少し話がこんがらがっていく様子さえうかがえる。KGBの元要員にしては隙がある、ということかもしれない。

クリミアやウクライナをめぐっては、その後もプーチンの言葉は何度も事実に裏切られている。二〇一四年五月七日、プーチンはウクライナ東部の親ロ派が四日後に予定していた独立の是非を問う住民投票を延期するよう呼びかけたが、選挙は強行された。ウクライナ東部の親ロ派支配地域でマレーシア航空機が撃墜されて五日後の七月二二日、プーチンは国家安全保障会議で、墜落現場一帯を支配する親ロ派武装勢力に対して、国際調査に協力するよう働きかける考えを表明した。しかし、調査団が現場で十分な調査活動を行えない状況は変わらなかった。

これらは、「親ロ派がプーチンの言うことを聞かなかった」という理由で説明がつかないわけではない。しかし、プーチンがそのことで親ロ派を批判したり、圧力を強めたりした様子はまったくうかがえない。

さらに、あからさまに事実に反すると受け止められているのが、ウクライナ東部に「ロシア兵はいない」というプーチンの主張だ。例えば二〇一五年四月一六日にロシア全土に生中継されたプーチンと国民との対話番組「プーチンホットライン」でも、プーチンは断言した。

「ウクライナに我々の軍がいるのかという問題だ。率直に、はっきりと言おう。ウクライナにはロシア軍は存在しない」

しかし、この言葉をそのまま信じるものはロシア国内でさえ多くはいないだろう。

実際当時、ウクライナ軍と親ロ派の戦闘が行われていたウクライナ東部では、ロシア軍兵士が捕虜にされる例が散発していた。ウクライナ東部にいることをフェイスブックなどのソーシャルメディアに投稿するうかつなロシア兵士も後を絶たなかった。

ロシア国防省は、ロシア軍の兵士がウクライナ東部にいること自体は否定していない。しかし、その軍人は自発的に親ロ派を支援するために現地入りしたボランティアで、ロシア軍とはなんの関係もないと主張してきた。この言い分を信じる者もいないだろう。

一例を挙げよう。二〇一五年五月、ウクライナ東部の戦闘に加わっていたロシア軍兵士二人がウクライナ側に捕虜にされた。ロシア国防省はただちに、二人は二〇一四年末に除隊されており、現在はロシア軍の兵士ではないと主張した。ロシアのニュースチャンネルは、捕虜のうちの一人の妻が「夫は昨年一二月にロシア軍から除隊されていた」と語る様子を放映した。

しかし、捕虜となった当の兵士自身は、自分が除隊扱いになっていたことを知らなかった。プーチン政権に批判的なロシア紙「ノーバヤ・ガゼータ」の記者が現地に入って行ったインタビューで、妻の証言を聞かされた捕虜は、ショックのあまり目に涙を浮かべて、タオルで顔を覆ってしまったという。

ジャーナリストのゲボルクヤンは言った。

「西側の首脳たちはこれからもプーチンと同じテーブルを囲んで、対話をすることはあるだろう。それは、それが必要な状況があるからだ。しかし、プーチンの言うことは何も信じない。これは、彼個人が引き起こした問題だ。プーチンは今やロシアの足を引っ張る存在なのだ。ロシアと話をつけようとするとき、彼を相手にするしかない。なぜなら、すべてを彼一人が決めてしまっているからだ。しかし、彼と話をつけることがどんなに重要でも、それは非常に困難なことになってしまった」

プーチンと向き合わねばならない外国首脳らの苦悩は深い。

第一二章　欧州が見たプーチン

「シュレーダーは真の友人だ」

ロシアがウクライナのクリミア半島を併合してからわずか一カ月後の二〇一四年四月下旬。ドイツ各紙の一面に載った写真が、読者に衝撃を与えた。

後ろ姿のプーチンと抱き合った男が極上の笑顔を見せている。ドイツの前首相シュレーダーだ。シュレーダーが、七〇歳の誕生会をプーチンの故郷サンクトペテルブルクで開き、プーチンを出迎えた瞬間を、待ち構えていたカメラが捉えたのだった。

その数日前には、ウクライナ東部で欧州安全保障協力機構（ＯＳＣＥ）の軍事調査団十数人が親ロシア派に拘束されたばかり。中には、ドイツ人も含まれており、ドイツ国内でロシア批判が強まっていた。

シュレーダーは帰国後、新聞のインタビューに「プーチンが（誕生会に）来てくれてうれしかった。人質解放に手を貸すよう頼むのに役に立った」と弁明した。だが、プーチンに協力を求めるために会った、という言い分に納得したドイツ国民は少なかった。

プーチンとシュレーダー。二人の仲をドイツメディアは「男の友情」と呼ぶ。プーチンが大統領に就任した二〇〇〇年の首脳会談でさっそく意気投合。家族ぐるみのつきあいもすぐに始まり、ドイツ語を自在に操るプーチンと、プーチンの別荘などで深夜まで通訳なしで話し込むこともあったという。

二人の仲が外交関係にも反映されたのではないかと見えたケースもある。米軍のイラク侵攻には、反対で足並みをそろえた。独ロ両国の経済関係も強化された。「友情」の証しだろうか。シュレーダーは首相退任後、両国を結ぶガスパイプライン会社の役員となり、批判を集めたが、シュレーダーは意に介さなかった。

後任のメルケル政権で外務省国務大臣（外務副大臣に相当）を務めたゲルノート・エルラーは、二人の関係の深さを身にしみて感じたことがある。

エルラーは二〇〇八年、チェチェンなどロシア南部の若者と欧州の若者を交流させる計画を、前首相のシュレーダーに提案した。すると、わずか数日後にプーチンとの会談がセットされた。

モスクワに飛ぶと、クレムリンの小会議室の卓上に、主だったドイツ紙の記事がずらりと並んでいた。

プーチンはKGBで身につけた滑らかなドイツ語でエルラーに語りかけた。

「シュレーダーによろしく。私はドイツで起きていることはすべてフォローしている。彼は真の友人だ」

エルラーは振り返る。

「シュレーダーは当時、いつもプーチンへの批判に反論してかばっていた。プーチンは新聞でそれを知ってうれしかったのだろう」

シュレーダーは首相在任中、プーチンのことを「本物の民主主義者」と評して、非難を浴びたことがある。それでも、発言を撤回せずに、「プーチンは私の友人だ」とかばった。

シュレーダーは二〇一四年に出版されたインタビュー本でも、こう語っている。

「プーチンの印象は、報じられているのとはまったく違う。驚くべきユーモアの持ち主で、リラックスできる話し相手だ」

プーチンはシュレーダーや日本の森喜朗のように、心を許す相手には愛敬ある一面を見せるようだ。しかし今、そうした外国首脳はほとんどいなくなってしまった。

エルラーは、二〇〇八年にモスクワでプーチンと会ったとき、強烈なオーラを感じた。

「彼が入ってきたとき、広い部屋がたちまちプーチンで満たされたようだった」

そして、プーチンがドイツの前首相シュレーダーのことを話すときは、とてもうれしそうな様子だった。

フランスのサルコジ政権下で国防相を務めた仏上院議員ジェラール・ロンゲも、プーチンのことを「エネルギーに満ちていた。プーチンがいたところには、どこにでもプーチンの空気が残っていた」と表現した。

ロンゲは二〇一一年、当時首相のプーチンをパリ郊外ルブルジェの航空宇宙展に案内する機会があった。小柄なプーチンは背の高いジャーナリストの一行に囲まれ、埋もれていた。それでもその中心から強烈な存在感を放っていたという。

ロンゲが仕えたサルコジも、プーチンの「お友達」の一人だ。ロンゲは二人の友情について「サルコジはプーチンに自分と同じ強いエネルギーを感じとっていた」と分析する。

だが、エルラーやロンゲのようにプーチンへの好印象を率直に話す政治家や官僚は、欧州にはあまり見あたらない。ウクライナ危機以降、ロシアとEUとの間に緊張関係が続いていることも影響している。

中でも、シュレーダーの下で外相を務めたヨシュカ・フィッシャーは、プーチンに手厳しい。フィッシャーと私（吉田）は二〇一五年四月下旬、ベルリンの事務所で会った。フィッシャーはプーチンと何度も会い、話しているはずだが、具体的なエピソードや印象を尋ねても、「何も覚えていない」「個人的な関係は一切ない」と繰り返した。

そんなフィッシャーが見るところ、プーチンは二〇一二年に四年ぶりに大統領に復帰して「まったく変わってしまった」のだという。

「明らかに新帝国主義的な考え方が支配するようになっている」

フィッシャーの説明はこうだ。

ロシアでは、石油や天然ガスを輸出するだけの国であり続けるか、利益を経済の近代化に投資するかという論点がある。プーチンは今も言葉では近代化の重要性を強調しているが、実際には有力者に利益を分配して権力基盤を固めるために、前者の道を進んでいるというのだ。

また、プーチンが統治のために「愛国主義を利用し、問題を抱えてしまった」と指摘する。

「愛国主義という虎を檻の外に放ち、乗りこなそうとしている。だが、虎を再び檻に入れようとしたときに、虎は素直に戻るのか。どうすれば、虎に食べられずに虎から降りることができるのか」

愛国主義を一度、国民を支配する手段に利用してしまえば、それはやがて本人にも制御不能になってしまう。プーチンは、その危険な道に踏み出しているというのだ。

欧州連合（EU）の首相にあたる欧州委員会委員長としてプーチンと二〇回以上会談したというジョゼ・マヌエル・バローゾも、大統領に復帰してからのプーチンは以前と異なるという見方だ。二〇一四年末のインタビューに「経済の近代化よりも、軍事力の強化や（外国との）対立を強調するようになった」と語った。

プーチンはバローゾにかねて「ウクライナがNATOに加盟することは認めないが、EU加盟には原則的には反対でない」と話していたのだという。

しかし、いざEUがウクライナと経済連携を強化しようとした連合協定の署名の段階で、突然、ロシアはウクライナ製品の禁輸措置などを通じてウクライナに圧力をかけた。ロシアの介入によって、ウクライナのヤヌコビッチ政権は署名を断念。それに反発した市民が首都キエフの独立広場を占拠したことが、ウクライナ危機へと発展していった。

バローゾは、「ロシアの根本的な転換としか言いようがない」と残念がった。

ただ、今も変わらない点がある。プーチンと欧州を取り持つ役割をドイツが担っているということだ。

「プーチンは別の世界に住んでいる」

二〇一五年二月一一日、ロシア、ウクライナ、ドイツ、フランスの四首脳がベラルーシで、ウクライナの停戦を目指して徹夜で協議した。関係者によると、話し合いを終始引っ張ったのはドイツのメルケルだった。プーチンとロシア語でささやき合うこともあったという。

外交関係者は「からまった糸を一本ずつほどくような複雑な作業だった。メルケルは驚くほどの自覚とエネルギーで取り組んでいた」と打ち明ける。停戦合意がまとまったのは翌日の午後だった。

メルケルは旧東ドイツで育ち、プーチンの「KGBのやり方」を熟知していると指摘する専門家もいる。

だがメルケルのプーチン観は、前任のシュレーダーとはまったく異なる。欧米メディアによると、メルケルはロシア軍がクリミア半島を掌握していった二〇一四年三月、米大統領のオバマに電話でこう語った。

「プーチンは（我々とは）別の世界に住んでいる」

プーチンのドイツ人脈は、政界だけでなく経済界にも及んでいる。自動車大手、旧ダイムラークライスラーの元役員で、ロスチャイルド欧州の副会長を務めた、クラウス・マンゴルトもその一人だ。プーチンの九歳年上。二〇〇〇年から一〇年間、ドイツ企業の旧ソ連・東欧への進出を支援するドイツ産業連盟東方委員会の委員長だった。

プーチンと知り合ったのは、ダイムラーで東欧を担当していた一九九二年ごろ。当時プーチンは、サンクトペテルブルクで外資を次々に導入していた。二〇一二年にプーチンが大統領に復帰した後も数カ月に一度プーチンに会っているというマンゴルトに、フランクフルトで話を聞いた。

「プーチンはドイツ人の気質を愛している。例えば、時間厳守、規律正しさ、仕事に対する強い意志、そして国際的な感覚だ」とマンゴルトは語った。

プーチンはKGB時代に、東ドイツで五年間過ごした。

「経験を通じて、ドイツに対して強い好感を抱いたのではないか」

だがマンゴルトはあるとき、プーチンが失望を口にするのを聞いた。

「私は君たちに対していつも、何度も提案をしてきたのに、どうしてそれを受け入れないのか?」

プーチンの「提案」とは、「リスボンからウラジオストクまで」つまりユーラシア大陸の西端から東端までを広大な自由経済圏にしようという構想だ。

プーチンは二〇一〇年ごろから、繰り返しこの夢を語っている。大統領の座を一時離れ

ウクライナ危機をめぐる首脳会談の記念撮影に臨む（右から）ポロシェンコ・ウクライナ大統領、オランド仏大統領、メルケル独首相、プーチン・ロシア大統領、ホスト国ベラルーシのルカシェンコ大統領。笑顔のルカシェンコ以外は硬い表情を崩さず、ほとんど視線も合わせなかった＝2015年2月11日、ミンスク、駒木明義撮影

て首相だった時期だ。二〇一一年、大統領に復帰する直前に発表した外交論文でも、この構想について語っている。

だが提案は、欧州から黙殺された。マンゴルトは、プーチンが大統領に復帰してから強硬姿勢に転じたのは、欧州への失望が一因だと考えている。

プーチンはクリミア半島を併合した直後の二〇一四年四月にも、テレビ番組であきらめきれない様子で語った。

「リスボンからウラジオストクまでを欧州にする。それができれば、私たちが世界で相応の地位を占めるチャンスが生まれる」

ロシアはまだ「相応の地位」さえ得ていない。それがプーチンの実感だろう。

しかし、サルコジ仏政権下で国防相を務めたジェラール・ロンゲは、プーチンが置かれている厳しい現実を指摘する。

「ロシアの戦略的な地位は重要だが、人口は独仏を合わせた程度で、経済力も弱いまま。みんなわかってはいるが、外交は大人の関係だから言わないだけだ。プーチン自身も自分の国の限界を十分に知っているはずだ」

ロシアの領土は地球の全陸地の一〇%を超えるが、そこに住む人口は約一億四千万人。クリミア半島を併合した二〇一四年以降、主力輸出商品の原油価格の下落と欧米からの制裁に見舞われた。二〇一三年に世界第八位だった国内総生産（GDP）は、二〇一七年には第一二位にまで後退し、韓国とほぼ同規模となった。政治的にG8から追放されただけでなく、経済規模でも上位八カ国から転がり落ちた。

第一三章 「皇帝」の孤独

欧米への失望と疑心

「プーチンは変わった」「欧米を敵視するようになった」。こうした見方に対して、プーチンはどのように答えるだろうか。プーチン自身の発言からその考えを推し量ることができる。

プーチンは二〇一五年四月二六日に放映されたドキュメンタリー番組「大統領」の中で、次のように語っている。

「KGBの対外諜報部門で二〇年近く働いた私でさえ、共産党の一党独裁という形のイデオロギーの壁が崩れたら、すべては根本的に変わるのだと考えていた。だが、違ったのだ。根本的には変わらなかった。結局のところ、イデオロギーとはなんの関係もない地政学的利益があるのだ」

プーチンは、こうも語っている。

「私たち全員が幻想を抱いていたのだ。あのとき、ソ連が崩壊し、そしてロシアが自発的に――私が強調したいのは『自発的になおかつ意識的に』――歴史的な自制心を発揮して、自らの領土をあきらめ、生産能力やその他もろもろを捨て去った。私たちは、ソ連とその他すべての文明的な世界を分け隔てていたイデオロギーから脱すれば、手かせ足かせが外されて、自由がその入り口で私たちを出迎え、兄弟たちが私たちに剣を与えてくれるだろうと考えていたのだ」「しかし『兄弟たち』は、私たちにいかなる剣も与えようとせず、ソ連が持っていたかつての戦力の残りさえ喜んで取り上げようとしたのだ」

プーチンは、KGB時代から共産主義のイデオロギーには強い疑念を抱いていた。ソ連崩壊前夜から、生まれ故郷のサンクトペテルブルクで外国企業の誘致に奔走した。ソ連最後の指導者ゴルバチョフに対するクーデター未遂が起きたときには、サンクトペテルブルク市長のサプチャークと共に、クーデター阻止のために立ち上がった。

ロシアが、旧ソ連の国々の独立を認めたのは、決して冷戦に敗れて支払った代償ではない。ロシア国民が自ら下した歴史的決断だった。プーチンは、こうした考えを大統領に就任した二〇〇〇年に、当時の首相森喜朗にも伝えていた。ロシアは勇気ある決断の結果、欧米に「兄弟」として歓迎されるはずだった。

しかし、それは幻想だったのだ。米国を中心とする軍事同盟のNATOはソ連崩壊につけこむように東側に膨張を続け、ロシア国境にまで迫った。「リスボンからウラジオストクまで」を一大経済圏にしようというプーチンの呼びかけは、顧みられることがなかった。

欧米の方こそ、ロシアを拒絶しようとしている。プーチンはそう言いたかったのかもしれない。

プーチンは番組の中でこうも語っている。

「ロシアのような国には、自身の地政学的な利益があるということを、他の国々は理解する必要がある。そして、互いを尊重し、バランスを取り、互いに受け入れ可能な解決策を見つける必要がある」

米国をはじめとする西側諸国と、ソ連を中心とする東側諸国が互いの勢力圏を分け合っていた冷戦型の世界に戻らざるを得ない。ウクライナはロシアの勢力範囲だ。欧米は手を出すな。これが、プーチンが一五年かけてたどりついた結論なのだろうか。

プーチンの口ぶりはどこまでも冷笑的だ。

「彼ら（西側）は、私たちが人道支援を必要としているようなときだけ、私たちを好きになるような印象がある。『よしよし、それならジャガイモを送ってやろう』というわけだ」

こうしたプーチンにとって、日本首相として初めて米議会上下両院合同会議で演説した安倍晋三が示した歴史認識は、とうてい受け入れられないものに違いない。安倍は、二〇一五年四月二九日の演説の中でこう語った。

「省みて私が心から良かったと思うのは、かっての日本が、明確な道を選んだことです。その道こそは、冒頭、祖父（岸信介）の言葉にあった通り、米国と組み、西側世界の一員となる選択にほかなりませんでした。日本は、米国、そして志を共にする民主主義諸国と共に、最後には冷戦に勝利しました」

ソ連とロシアは冷戦に敗れたわけではない。国民自らの決断で、共産主義を捨てたというのがプーチンの主張だ。

プーチンは、冷戦の勝者のように振る舞っているとして、米国を常々批判している。二〇一四年一〇月二四日、世界のロシア専門家らを前にした演説では次のように語っている。「米国は冷戦の勝者を自称している」「冷戦は終結したが、その終結は、平和をもたらさなかった」「冷戦の勝者を称するものが、自分たちの利益のためだけに全世界を塗り替えようとしている印象だ」

弱いロシアを望むだけではない。実際にロシアを弱体化させようとする策謀が外国によって行われている。プーチンは二〇一四年一二月、上下両院議員や地方首長らを前に行った年次教書演説で、そうした見方を示した。

「誰がどのように我が国の分離主義やテロを支援したかよく覚えている」「我が国をユーゴスラビアのような崩壊と分裂のシナリオに向かわせたかったことは疑いない」

プーチンによると、プーチンが大統領に就任した二〇〇〇年以降も、米国はチェチェンがある北カフカス地方の反ロシア武装勢力を支援していた。二〇一五年四月二六日に放映された番組で次のような「秘話」を明かした。

「あるとき、北カフカスの武装勢力と米国の特務機関の代表者がアゼルバイジャンで接触したことを我々の特務機関がキャッチした。それは、本当の意味での支援で、輸送まで手伝っていた。私は当時の米国大統領（ブッシュ［子］）にこのことを伝えた。彼はこう言ったものだ。『じゃあ、あいつら（米国の特務機関）のケツを蹴飛ばしておくよ』。だがその一〇日後、私の部下のＦＳＢ（連邦保安局）の幹部は、米国のカウンターパートからこんな手紙を受け取った。『私たちはこれまでもロシアのすべての野党勢力と接触を保ってきたし、これからも維持していく。私たちはそうする権利があると考えており、今後もそうするだろう』と」

ウクライナ危機後、欧米との関係改善の糸口はつかめず、ロシア経済は先行き不透明な情勢だ。プーチンの言葉には、国民の動揺を抑えるために、外敵の存在を強調して団結を促す狙いもあるだろう。

だが、腹を割った話し合いができる欧米の首脳がいなくなってしまったことで、プーチン自身が疑心暗鬼にとらわれてしまっているようだ。

ＮＧＯは外国の手先？

実際プーチンは二〇一二年に大統領に返り咲いて以降、ウクライナ危機が起きる前から、ロシアの転覆を画策する「外敵」が浸透することを未然に防ぐことを狙っていると思われる政策を次々に打ち出した。そうした傾向は大統領一、二期目にも見られたが、二〇一二年に三期目に入り、いっそう顕著になった。

中でも、内外で評判が悪いのが、「外国のエージェント法」だ。ロシア国内で政治的な活動をするＮＧＯで、外国から資金援助を受けている団体は、『外国のエージェント」として、ロシア法務省に登録することが義務づけられた。法務省は、「外国のエージェント」のリストを公式サイトに掲載している。該当するNGOは、出版物やネット上の公式サイトなどに「外国のエージェント」であることを明記するよう求められている。

「外国のエージェント」は、ロシアでは一般に外国のスパイ組織という意味で使われる言葉だ。選挙監視や人権状況改善に取り組むNGOを、ロシアの弱体化をたくらむ外国の手先として敵視するプーチン政権の姿勢が象徴的に表れている法律だ。

二〇一二年、プーチンが四年ぶりに大統領に復帰したその年に成立したこの法律が積極的に適用されるようになったのは、翌年二月一四日、プーチンがFSBの幹部を集めた会合でハッパをかけてからのことだった。FSBは、KGBの主要後継組織で、プーチン自らがかつて長官を務めた古巣でもある。

「強調したいのは、誰も全ロシア社会を代表して発言するような権利は持っていないということだ。国外から管理され、資金を受け取っている組織であれば、なおさらだ。それらは、必然的に外国の利益に奉仕しているからだ」「国外からの資金調達を含む、ロシアにおけるNGOの活動の秩序が確立された。この法律は、確実に実行されなければならない。直接的、間接的を問わず、私たちの内政に対するいかなる干渉も、ロシアや私たちの同盟国やパートナー国に対するいかなる圧力も、受け入れることはできない」

プーチンは、ロシア国内のNGOの活動を、外国からの干渉であり、圧力であると考えている。

ロシア法務省のサイトには、二〇一八年一〇月末の時点で、七三のNGOが「外国のエージェント」として登録されている。その中には、二〇一一年一二月に行われた下院選で大がかりな不正があったことを告発、モスクワを中心にかつてない規模で広がった反プーチンデモの起爆剤の役割を果たした選挙監視団体「ゴロス」や、ノーベル平和賞候補にも名が挙がった人権団体「メモリアル」などの著名なNGOがずらりと並ぶ。

徴兵された若者の人権状況を監視していた「サンクトペテルブルク兵士の母親委員会」は、二〇一四年八月、ウクライナ領内で戦闘に参加したロシア兵が戦死していたという発表をしてからまもなく「外国のエージェント」に指定された（二〇一五年一〇月に指定解除）。

国全体がプーチンの指揮下、かつてのKGBの論理で動き出しているような状況だ。

冷戦後の屈辱

だが、プーチンの目から見ると、冷戦後のロシアの歴史は、欧米から裏切られ続け、弱体化したロシアがつけ込まれ、押し込まれてきた歴史ということになる。

プーチンが繰り出す理論を理解するため、プーチンが折に触れて屈辱感を込めて振り返る問題の数々を、これまでに言及したものも含めて、ひととおり整理しておきたい。

■NATOの東方拡大

一九九一年のソ連崩壊後、NATOはかつてソ連の勢力圏だった東欧の国々を次々にのみ込んでいった。一九九九年にチェコ、ハンガリー、ポーランド。二〇〇四年にはスロバキア、スロベニア、ブルガリア、ルーマニアのほか、エストニア、ラトビア、リトアニアの「バルト三国」が加盟。NATOはロシアと国境を接するに至った。その後二〇〇九年にはアルバニア、クロアチア、二〇一七年にはモンテネグロも加わった。

■NATOによるユーゴスラビア空爆とコソボ独立

前述の通り、一九九九年三月に始まったNATO軍による当時ユーゴスラビアの一部だったセルビアに対する空爆は、国連安全保障理事会の決議なしに行われた。ユーゴスラビアはNATO加盟国でないだけでなく、歴史的、文化的にロシアと深いつながりがある。さらに二〇〇八年のセルビアからのコソボ独立は、セルビアの同意なしに行われた。ロシアはこれに強く反発。二〇一四年、ウクライナ側の同意を得ることなく、クリミアを一方的に併合した際には「セルビアの同意なしにコソボを独立させた欧米には、ロシアを批判する資格はない」と主張した。

■米国の弾道弾迎撃ミサイル（ABM）制限条約からの脱退とミサイル防衛（MD）システムの配備

ABM制限条約は、一九七二年に米国とソ連が結んだ。戦略核兵器を撃ち落とすABMは核の抑止力を損ない、結果的に核の先制使用につながりかねないとして、配備を厳しく制限していた。具体的には、ＡＢＭの配備は双方の国内で一カ所ずつとし、迎撃ミサイルの上限を一〇〇発とする内容だ。

米国はＭＤの開発・配備を進めるため、二〇〇一年一二月にＡＢＭ制限条約からの一方的脱退をロシアに通告。翌年六月に正式に脱退した。米国は、欧州に配備を進めるＭＤをイランのミサイルを対象にしていると説明したが、ロシアは「ロシアの核戦力も無力化される」と強く反発。グローバルなＭＤシステムの一部を担っているとして、アジア太平洋地域のＭＤに参加している日本も批判している。ロシアはＭＤをかいくぐることができるように、多弾頭の新型大陸間弾道ミサイル（ＩＣＢＭ）をはじめとする新型兵器の開発、配備を急いでいる。

■旧ソ連で相次いだ「色の革命」

ジョージア（グルジア）で二〇〇三年一一月、議会選挙で不正が行われたとして大規模な反政権デモが首都トビリシの街頭から全国へと広がった。ソ連崩壊後ジョージアの大統領を務めていたシェワルナゼはソ連外相も務めた老練の政治家だが、退陣を余儀なくされた。大統領選の結果、親米のサアカシビリ政権が誕生した。デモ隊が抵抗のシンボルとしてバラの花を手にしたことから、「バラ革命」と呼ばれる。

ウクライナでは二〇〇四年一一月の大統領選決選投票で、いったんは親ロ派の首相ヤヌコビッチの当選が発表された。しかし、親欧米派の候補ユーシェンコの支持者らが選挙の不正を訴えて、首都キエフ中心部の独立広場を占拠。ＥＵや米国はユーシェンコ派の主張に同調した。事態を収拾するために再選挙が行われ、ユーシェンコが逆転勝利を果たし、大統領に就任した。プーチンは初回の選挙後、早々にヤヌコビッチへの祝意を発表しており、面目を失った。一連の経緯はユーシェンコ派のシンボルカラーから「オレンジ革命」と呼ばれる。

いずれの「革命」についても、プーチンは欧米が野党勢力を支援して正当な政権を転覆させた陰謀だとして批判してきた。ロシアが二〇一二年に「外国のエージェント法」を成立させた背景には、同じシナリオがロシアで繰り返されることへの警戒感がある。

■リビアのカダフィ政権崩壊

リビアの独裁者カダフィの死は、多くの日本人が想像する以上にロシア外交に深い傷を残している。二〇一〇年暮れからリビアで始まった反政府運動は、年明けから反政権派とカダフィ派の内戦へと発展した。二〇一一年三月一七日、国連安全保障理事会は、リビア上空に飛行禁止空域を設定する決議を賛成多数で可決。ロシアは棄権はしたものの拒否権は行使せず、決議の成立を容認した。これがロシアにとっての痛恨事となる。

その後、米英仏を中心とする多国籍軍がカダフィ派への空爆を開始。勢いを得た反政権派は八月に首都トリポリを制圧。敗走して姿をくらましていたカダフィは一〇月になって出身地のシルトで反政権派に発見され、殺害された。

この経緯に、ロシアは強く反発した。飛行禁止空域の設定は一般市民を保護することが目的とされていた。多国籍軍の参戦や、ましてカダフィ政権の打倒に利用されることは容認できない事態だった。

当時首相だったプーチンは二〇一一年一二月一五日、テレビ番組でカダフィの死を怒りもあらわに批判した。

「これが民主主義か。誰がやったのか。米国のものも含まれる無人飛行機が、彼の車列を攻撃したのだ。その後、そこにいてはならないはずの特殊部隊が、野党勢力と言われる武装勢力を無線で動かして、裁判も捜査もなく抹殺したのだ」

ロシアがその後、シリア問題で、純粋な人道支援以外のあらゆる国連安保理決議案に拒否権を行使するようになったのは、リビアの一件で拒否権を行使しなかった結果、苦渋を味わった反省からだ。

■シリア問題

二〇一三年のG8サミットで、アサド政権の退陣を求める七カ国首脳と、それは内政干渉だとして反対するプーチン大統領が対立したことは、前述の通りだ。

さらにプーチンは二〇一五年九月、アサド政権から要請を受けたとして、空軍を動員してシリアでの空爆に踏み切った。欧米が支援する反体制派に押されて崩壊寸前だったアサド政権は、これを機に息を吹き返した。ロシアは、シリアの地中海沿岸の海軍の拠点に加えて、国内に空軍の基地を確保した。アサド政権軍はロシア軍の支援を受けて、反体制派や過激派組織「イスラム国」（ＩＳ）の拠点を次々に奪還。アサドは、自国民に対する樽爆弾や化学兵器を使った攻撃で国際社会から厳しく批判を受けているが、欧米諸国も政権の存続を事実上容認せざるを得ない状況となった。

これらの経緯を見て一貫して言えることは、プーチンはとにかく体制の転覆を忌み嫌うということだ。ＫＧＢ時代に東ドイツが消滅する現場に立ち会った原体験もある。「色の革命」でロシアの周囲に次々と反ロ・親欧米の政権が誕生したこともある。そこに欧米による工作の影を見ていることもあるだろう。そして何より、同じような事態がロシアで繰り返される可能性を心の底で恐れていることが大きな理由だと思われる。

核の力への依存

プーチンは近年、ロシアの核戦力をことさらに誇示する姿が目立つ。

日本で特に問題視されたのは、二〇一四年三月にクリミア半島を併合した際、ロシアの核兵器を臨戦態勢に置く可能性があったことを認めた発言だ。この発言は二〇一五年三月一五日、クリミア併合一年を記念するロシア国営テレビのドキュメンタリー番組「クリミア、祖国への道」の中で飛び出した。

インタビュアーから、クリミア情勢がロシアに思わしくない方向に向かったときにロシア軍の核戦力を臨戦態勢に置く可能性があったかを聞かれたプーチンは明言した。

「我々はそうする用意ができていた」

その上でプーチンは「世界的な紛争を引き起こしたい者がいるとは考えていなかった」と付け加え、実際に臨戦態勢をとる必要はないと予測していたことも強調した。

プーチン自らはひと言も「核」とも「臨戦態勢」とも言っていない。しかし、唐突とも言えるインタビュアーの質問が、大統領府側との打ち合わせの中であらかじめ用意されていたことは間違いないだろう。

実際にロシアが核兵器の使用を具体的に検討するような局面に追い込まれた可能性は極めて低い。ロシアが核兵器を使用する条件は、ロシアが直面する脅威を分析して対抗策の原則を定めた「軍事ドクトリン」で、二つの類型に明確に整理されている。

⑴大量破壊兵器による侵略を受けた場合
⑵通常兵器による侵略を受けた結果、国家の存立が脅かされた場合
である。

クリミア半島併合で、このどちらかのケースに事態が発展していたシナリオは考えにくい。プーチンの発言は、併合当時の秘話を明かしたというよりも、むしろクリミアに対する返還要求はロシアへの侵略と見なすという決意表明としての意味合いが強いと言える。

問題は、プーチンが、決意の強さを示すために核兵力をちらつかせることが有効だと考えていることだ。そして、ロシアが他国の圧力に屈しないことと、核兵力を持っているこ

とを結びつけて考えているこだ。

そうした文脈で理解できる発言を、プーチンは他の場面でも繰り返している。

二〇一四年八月一九日、モスクワ北方のトベリ州で開いた若者との対話集会ではこんなことを言っている。

「ロシアが最も強力な核大国の一つであることを想起してほしい。それは言葉だけの話ではなく、現実なのだ。さらに、我々は核抑止力を強化しており、軍事力を強化している」

「私たちはこれからもその能力の強化を続ける。誰かを脅かすためではない。自分自身が安全だと感じ、安心を感じ、経済発展や社会分野で私たちが持っている計画を実現する可能性を手にするためなのだ」

二〇一五年四月一六日に生放送された「プーチンホットライン」では、こんな具合だ。

「私たちは偉大な核大国だ。私たちの核の潜在力は最も強力で、米国に匹敵する。だから、我々の敵になるのも友人となるのも、同じように名誉なことなのだ」

「我々の敵になれるものならなってみろ」と言わんばかりの発言は、周辺国を威嚇するためというよりは「ロシアが軽視されるのは我慢ならない」という心理から来ているようだ。そして、そうした心理は、ソ連崩壊後経済的に困窮し、苦難の時期を乗り越えてきた多くの国民にも共有されているように思える。

プーチンがそうした国民心理を利用しようとする姿が浮き彫りになったのは、二〇一八年三月一日に行った年次教書演説だ。通常は毎年一二月に行われる演説だが、プーチンは二〇一七年には演説を行わず、大統領選を一七日後に控えたこの日まで延期したのだった。

プーチンは社会、経済問題から語り始めたが、突然そのトーンが変わり、激しく米国のミサイル防衛（MD）システムを批判し始めた。さらに、会場に用意された大スクリーンに、ロシアが開発している新型兵器のCGを次々に上映したのだ。原子力エンジンを搭載して事実上無限に飛び続けることができる巡航ミサイル、核ミサイルを搭載できる無人の潜水艦、南極方面から米国本土を攻撃できる超大型大陸間弾道ミサイル（ICBM）、レーザー兵器、等々。さながら新兵器の発表会場のような異様な演説となった。

強いロシア、米国に屈しないロシアの姿を強調することが、大統領選に向けて国民へのアピールになるという確信がプーチンにはあったのだろう。

第一四章　プーチンはどこに向かう

クリミア併合、真の理由は？

ウクライナのヤヌコビッチ政権が崩壊した混乱に乗じて、ロシアは二〇一四年三月にクリミア半島を併合。プーチンの国内的な権威は揺るぎないものとなった。さらにロシアは、ウクライナ東部で親ロ派武装勢力を支援して、ウクライナ政府の支配が及ばない事実上の独立地域を作り出した。政府軍と親ロ派の戦闘は断続的に続いており、情勢は極めて不安定だ。プーチンはこの先、何を目指しているのか。

「ウクライナ危機は、ロシアにとってもっと重要な目的に付随して生まれた問題として見ることが必要だ。そもそもロシアの戦略的な目標とは何か。そして、ロシアはウクライナで起きたこととの原因をどう考えているのか、という視点だ」

こう語るのは、イスラエルの情報機関「ナティーブ」元長官のヤコブ・ケドミだ。

ロシアの戦略目標とは、「ユーラシア経済連合」の設立だった、とケドミは語る。

「私たちが得ている情報では、プーチンはこの方針をロシアの指導部と何回か確認している」

ユーラシア経済連合は、旧ソ連の国々を中心に、人、モノ、サービスの自由な移動を認めるEUのような経済連合を設立する構想だ。今のところ、ロシアのほか、カザフスタン、ベラルーシ、アルメニア、キルギスの参加が決まっているが、ロシアが思うようには広がっていない。ロシアは、経済的なつながりが深いウクライナの参加を特に重視していた。「EUにおけるドイツのように、ユーラシア経済連合における『第一バイオリン』を弾きたいというのがロシアの狙いだった」と、ケドミは指摘する。

長期的には、ユーラシア経済連合とEUとの連携を実現させて、プーチンが夢見る「リスボンからウラジオストクまで」の自由経済圏創設を実現しようという構想だった。EUの盟主ドイツと、ユーラシア経済連合の盟主ロシアの主導で、ユーラシアの統合を進めよう、というわけだ。そうすることで、ロシアの政治的、経済的立場が強化される。EUや米国とも対等に渡り合える地位が得られる。

ケドミは「ユーラシア経済連合をソ連のような政治的な機構にする考えはロシアにはない。それが現実的ではないことをプーチンもわかっている」と指摘する。

しかし、米国はそうは考えなかった。二〇一二年一二月、当時米国務長官だったヒラリー・クリントンは、構想への警戒心をむき出しにした。アイルランドの首都ダブリンで、ロシア外相セルゲイ・ラブロフとの会談を前に行った記者会見でこう語ったのだ。

「地域を再びソビエト化しようという動きがある。呼び方は違っている。『関税同盟』であったり、『ユーラシア連合』であったりする。しかし、間違えてはいけない。私たちは、その最終目標が何かを知っている。私たちは、その（ソビエト化の）速度を鈍化させ、あるいはそれを止めるための効果的な方法を立案しようとしているところだ」

ロシア主導の「ユーラシア経済連合」構想を、ソ連と同一視するだけでなく、それを阻止することを米国の政策目標とすることを宣言したのだ。

クリントンのこうした言動は、プーチンにとってとうてい容認できるものではなかった。クリントンとトランプが対決した二〇一六年の米大統領選で、ロシアは陰に陽にトランプを支援し、クリントンの足を引っ張った。その背景には、こうした事情があった。「クリントンだけは勘弁してほしい」というのが正直なところだっただろう。

ロシアは、米国がロシア周辺国に対して展開する外交を、ユーラシア経済連合構想の阻止を目標に行っている工作として受け止めるようになった。特に、ヤヌコビッチ政権がロシアと良好な関係を築いていたウクライナの野党勢力に対する米国の直接、間接の支援に、ロシアは神経をとがらせていた。ウクライナの政変は、こうした中で起きた。

二〇一三年一一月、ヤヌコビッチが、ウクライナのEU加盟に向けた第一歩と位置づけられる、EUとの連合協定締結に向けた準備作業を中断することを表明。これに憤慨したEU加盟派が首都キエフ中心部の広場を占拠したことからウクライナの政治危機が始まった。

年が明けて二〇一四年二月一八日、広場やその周辺でデモ隊に対する大規模な発砲が始まった。二〇日までに一〇〇人以上が殺害される国民的な悲劇となった。事態収拾を迫られた大統領ヤヌコビッチは二一日、野党指導者らとの間で、大統領選の繰り上げ実施などを盛り込んだ合意文書に署名した。しかし、合意内容に満足しない野党勢力が大統領府など重要施設を占拠した。ヤヌコビッチはキエフを脱出し、政権は崩壊に追い込まれた。

一連の経緯について、プーチンは「憲法に違反するクーデターだ」と繰り返し批判している。

「ユーラシア連合」の阻止を戦略目標とする米国は、ウクライナをロシアから離反させる工作を行った。その行き着いた先が、ヤヌコビッチ政権の崩壊だった。これが、プーチンの理解だった。

さらに、軍事的な側面も見逃せない。ヤヌコビッチ政権の崩壊で、ウクライナがNATOに加盟する可能性が現実のものとなった。

もともとプーチンは、米国のミサイル防衛（MD）システム関連設備をチェコやポーランドに配備する計画に対して「ウラルに至るヨーロッパ・ロシアに配備したミサイル攻撃システムが無力化されてしまう」と強く反発していた。ウクライナも加わったらどうなるか。ケドミの見方はこうだ。

「ウクライナに米国のMDシステムが配備されることになれば、ロシア本土のミサイル攻撃システムが事実上全滅状態となる。軍の専門家でなくてもわかることだ」

ヤヌコビッチ政権の崩壊を受けて、ロシアはウクライナのNATO加盟だけはなんとしても阻止しなければならない差し迫った状況に置かれた。ロシアがクリミア半島を併合した最大の動機は、ウクライナのＮＡＴＯ加盟阻止だった、とケドミは見ている。

なぜ、クリミア半島を併合することでウクライナのＮＡＴＯ加盟を阻止できるのか。それは、他国と領土紛争を抱えている国は、軍事同盟であるＮＡＴＯには原則として加盟できないためだ。

実際二〇一四年一二月、ＮＡＴＯ事務総長のストルテンベルグはノルウェーメディアのインタビューに対して、ウクライナのＮＡＴＯ加盟は困難だという見方を示した。ストルテンベルグは、その理由として、クリミア半島という領土問題をロシアとの間で抱えていること、さらにウクライナ東部でロシアの支援を受けた分離独立派と戦闘を続けていることを指摘した。

「正体不明」の武装兵を送り込んで空港や議会を掌握し、首相を親ロ派に交代させる。さらにロシアへの編入を問う住民投票を実施。その直後に、クリミアをロシアに編入するための条約を締結。ヤヌコビッチ政権の崩壊から一カ月もかけずに一気にクリミア半島併合まで持っていったロシアのやり方は、驚くほどの鮮やかさだった。かねてロシア軍がひそかに用意していた作戦計画が実行に移されたことを疑う余地はない。

しかし、そのことは、ロシアが以前からクリミア半島を併合する方針を決め、その機会をうかがっていたことの証明にはならないと、ケドミは言う。

「クリミア半島の併合は、事態の推移によってはあり得るシナリオとして、以前から用意されていたはずだ。どんな国だって、さまざまな状況の変化に応じた作戦計画を用意しておくものだ。用意をしていないとしたら、軍とは言えない。ロシア軍は、日本全体はわからないが、少なくとも北海道を対象にした同じような計画だって持っているはずだ」

だが、そうした作戦計画を持っていることと、実際に発動することとは、まったく別の問題だ。プーチンは、いつかクリミアを併合してやろうとずっと隙をうかがっていたわけではない。むしろ、ヤヌコビッチ政権の崩壊という予想を上回る事態に直面し、慌てて併合に乗り出さざるを得なかった、という推測も成り立つ。ケドミは「プーチンは、本来は騒ぎを起こすことを嫌う。何事も時間をかけて静かに進めるのが彼のスタイルだ」と指摘する。

クリミア併合に踏み切ったロシアの最大の目的がウクライナのＮＡＴＯ加盟阻止であるならば、その目的はすでに一応は達成されたことになる。

ウクライナ東部の戦闘にはあからさまには参加せず、親ロ派がウクライナ政府軍に負けないように支援する。東部の状況を通じて親欧米路線を取るウクライナの現政権に圧力をかけ続け、あわよくば、よりロシア寄りの政権の誕生につなげる。そうすることで、ロシアが払う政治的コストは最小限に抑えられる。

「プーチンは止まらない」

一方、プーチンの経済顧問を務めたイラリオノフの考えは、これとはまったく異なる。

そして欧米においては、イラリオノフが抱いているのと同じ懸念が広く共有されている。

「侵略者は誰かに止められない限り、侵略を続けることを歴史は示している。ナチス・ドイツも、ソ連も、あなたには悪いが、かつての日本もそうだった」

イラリオノフはこう述べた上で、断言した。

「プーチンはさらに先に進む」

「いつ、どこに向かって、どんな方法で進むかは予見できない。しかし、彼がここで止まることを示すような歴史の前例は一つもない」

「ウクライナで起きていることは、プーチンの個人的心理から起きていると私は思う。クリミアを奪うことやウクライナ東部を破壊することで、プーチンは何か得るものがあっただろうか。私にはそんなものは見えない」

「むしろ、ロシアはウクライナを失ったのだ。いつでもどこでもロシアを後押ししてくれた四五〇〇万人のウクライナ人からの、数世代にもわたる信頼が失われる重みを、いったい何と比べられるのか、私には想像もつかない」

「これを経済的な理由、政治的な理由、安全保障上の配慮、地政学的な理由で説明することはできない。すべてNATOが原因？　そんなのは馬鹿げた話だ！」

「私はここには心理的な要素があると思う。しかし、それは、現代の人間、あなたの新聞の読者になじみがあるようなものではない。私の考えでは、これはごろつきの、路上の犯罪者の心理なのだ。そうした心理は現代文明の中では、ほとんど見ることができない。戦争直後の混乱の中とか、貧困地帯とか、警察が不在でギャングやマフィアが跋扈《ばっこ》するようなところでしか見られない。そこにある理屈はこうだ。何か奪うものがあるのなら、私はそれを奪う。他人のものは奪ってはいけないといった法的な理論とはまったくかけ離れたものだ。そこには法は存在しない。唯一あるのは、罰せられないのなら何が悪い、やってやろう、という理屈だ。九五％の人間はこんなことはしない。五％、三％、一％の人間の論理なのだ。『見てみろ！　やってやったぜ！　俺ってクールだろ？』というやつだ。それがどんなに高くつくかよりも、やったこと自体が重要なのだ」

そうした論理を超越した無茶を可能にしているのが、ロシアが手にしている莫大な石油・ガス収入だと、イラリオノフは指摘する。ロシアは、併合したクリミアが以前より豊かになったことをメンツにかけても示さなければならない。ウクライナ東部の親ロ派を支えるのにも莫大な資金が必要だ。それだけではない。ジョージアからの分離を宣言しているアブハジアや南オセチアを支え、二度にわたる戦火で完全に破壊されたロシア南部チェチェン共和国を復興させるためにも湯水のように予算をつぎ込んでいる。

「実は、ロシアの予算は財政的に、そうした支出を支えることができるのだ。近年の石油・ガス収入はロシアの歴史において前例がない規模に達している。中東などの産油国には例があるが、一億四千万人の人口を抱える国でこんなことが起きたことはかつてない。GDPの少なくとも一〇％。多くの場合二〇～二五％ものカネが空から降ってくるのだ。とてつもない規模の不労所得だ。その予算をプーチン個人がコントロールしている」

「すると何が起きるか。突然富豪になった人々は、理性に従って行動するのではなく、子供時代のコンプレックスに突き動かされて振る舞うようになる。大学で座って学んだことではなく、頭の中に隠されている無意識に動かされるのだ。ある者は博物館を作るかもしれない。慈善活動をする者もいる。病院を建てる者もいる。馬鹿騒ぎ、酒、ドラッグにはまる者もいる。そして中には帝国を造り出そうという者も出てくるというわけだ。私は帝国を造ることには賛成しないが、帝国を造るにしても正しいやり方というものがある。今行われていることは、帝国造りですらない。やくざ者のような所業なのだ」

クリミア半島の併合は、ウクライナのＮＡＴＯ加盟を阻止するための戦略的な判断だったのか。奪う機会があったからただ奪ったのか。ケドミとイラリオノフの見方は一八〇度異なる。プーチンの意図がどこにあるのか、世界は疑心暗鬼にさいなまれている。ここでも問題は、プーチンの真意を理解できる他国の首脳がいなくなってしまったことだ。

第四部

大統領復帰後のプーチンと日本

第一五章　「引き分け」の舞台裏

選挙直前のインタビュー

二〇一二年一月二〇日のことだった。プーチンが二月に主要国を代表する新聞とのグループ・インタビューを行うことを検討しているという話が、当時国際報道部の次長だった私（駒木）に寄せられた。日本からは朝日新聞を指名したいということだった。数日後には、インタビューには各社の編集トップクラスを招く予定で、朝日からは主筆の若宮啓文《よしぶみ》に出席してもらいたい、という打診があった。

当時プーチンは首相だった。前年九月に、三月四日の大統領選に立候補する方針を表明。四年ぶりに大統領に返り咲くことが確実な情勢だった。久しぶりに大統領としてロシアを率いることになるプーチンが、日本を含む対外関係をどのように考えているのかを直接聞くまたとない好機だった。

だが、懸念もあった。なにしろ大統領選の直前というタイミング。インタビューが選挙運動の一環として設定されたことは明らかだった。前年一二月に行われたロシア下院選では、大規模な不正が行われた疑惑が浮上し、モスクワの街頭では反プーチンデモが繰り返されていた。西側の記者たちと会うことで、開かれた指導者というイメージを印象づける狙いがあっただろう。

私たちにとって大きな関心事である北方領土問題にしても、大統領選挙直前というタイミングでは大胆な発言は望めないのではないかという懸念もあった。木で鼻をくくったような公式見解しか話さないのであれば、利用されるためにわざわざモスクワまで行ったのかということにもなりかねない。

一方で、プーチンが外国主要紙の編集トップを一堂に集めて、実のあることを何も話さないということは考えにくい、とも思われた。プーチンと夕食を共にしながら行うというインタビューの形式からしても、プーチンの個性からしても、どんな質問にも自分の言葉で答えられるところを見せようとするだろう。答えが前向きのものになるか後ろ向きのものになるかはわからないが、直接質問をぶつける価値は大いにあるのではないか。

社内で慎重な検討が行われた結果、インタビューに参加することが決まった。私は、補佐役として主筆の若宮に同行することになった。旧知の専門家たちにも助言を仰いで、事前の質問案作りにもかかわった。

日本に触れない外交論文

インタビューは当初、二月一三日からの週を予定しているという話だった。だが、二月に入ってすぐに、二月二七日にセットされたという連絡がロシア側から入ってきた。しかし、それも間際になって再び延期された。結局三月一日という日程が示された。

大統領選投票日のわずか三日前だ。そんなタイミングでいったい何を話せるのだろう。結局すべてはキャンセルということになるのではないか。不安が高まったが、行くと決めたのだからしかたがない。インタビュー二日前の二月二八日、私は主筆の若宮と共にアエロフロート機で成田からモスクワに向かった。

機中で私は、プーチンがその前日にロシア紙「モスクワ・ニュース」に発表した外交論文に目を通した。プーチンはそのころロシアの主要紙に立て続けに論文を発表していた。それらは、大統領復帰後に向けた公約という位置づけだった。その外交版がタイミングよく発表されたのだった。

論文の表題は「ロシアと変化する世界」。外交一般を幅広く論じている長い論文の中に、特に「アジア太平洋地域の役割の向上」という章が設けてあった。欧州についての章よりも先にこれを置くという順番に、アジア太平洋を重視するプーチンの姿勢が表れていた。

だが大きな問題があった。論文を隅々まで読んでも「日本」という言葉が出てこないのだ。アジア太平洋地域の章にも出てこない。それ以外の箇所にも見当たらない。繰り返し強調されているのは中国との協力の重要性だった。プーチンは日本には関心がないのか。モスクワに着く前から、ますます不安な気持ちにさせられた。

インタビュー前夜、私たちは旧知の元駐日大使、アレクサンドル・パノフと会った。外交論文の件が話題にのぼると、パノフは「まさにそのことを聞くべきだ。そうすれば、北方領土も含めた日本との関係についてプーチンは自分から話すだろう」とアドバイスしてくれた。

私はパノフとの夕食を中座させてもらい、市内のホテルで開かれるロシア政府の報道担当者との打ち合わせに向かった。行ってみると、そこにはプーチンの報道官を務めているドミトリー・ペスコフが来ていた。ペスコフの顔を見て、私は初めて「明日のインタビューが実際に行われる」ということを信じることができた。

打ち合わせではペスコフから、質問に一切の制限を設けない、何を聞いてもらっても構わないという方針が示された。出席する新聞社は朝日新聞のほか、フランスのル・モンド、イタリアのラ・レプブリカ、カナダのグローブ・アンド・メール、英国のタイムズ、ドイツのハンデルスブラット。G8のうち米国を除く各国から一紙ずつが選ばれていた。米国からはウォール・ストリート・ジャーナルが参加予定だったが、日程の変更の結果、出席できなくなったということだった。

パノフの助言を採り入れて、インタビュー当日の朝まで質問の練り直しを続けた。プーチンとのやりとりは同時通訳を介して英語で行われるということで、質問も英語で用意した。ロシア側から事前に質問内容を知らせてほしいといった要請は一切なく、プーチンの自信のほどが伝わってきた。

身を乗り出したプーチン

インタビューはモスクワ中心部から西方に車で一時間ほどのプーチンの公邸で行われた。

会場は、迎賓用の建物の二階のホール。美しい食器が並べられ、花が飾られた楕円《だえん》状のテーブルを囲んで、椅子が八脚据えられている。プーチンとペスコフ、そしてインタビューに参加する六人の記者の分だ。ペスコフ以外の補佐官は立ち会わない。ホールの隣の部屋に同時通訳用のブースがある。

私のような同行者は、一階の記者室に案内された。そこには、プーチンを担当するロシアメディアの記者が三〇人ほど集まっていた。壁に大きなスクリーンが下げられており、二階の様子が映される。ロシア語の音声もその場に流れる。記者たちはインタビューをスポーツバーのように「観戦」できるというわけだ。

さて、プーチンは予定より約二時間遅れて公邸にやってきた。平常運転だ。この点については覚悟をしていた。

私はカメラマン役も兼ねていたため、二階に上がって、プーチンが入ってくるのを待っていた。プーチンは見るからに上機嫌だった。笑顔で記者一人ひとりと握手。テーブルについて、改めて記者の顔をぐるりと見渡した。プーチンはしばらくの間、若宮の顔をまじまじと見ていた。後から考えれば、「今日日本のために用意してきたあの言葉を言う相手はこの記者か」とでも思っていたのかもしれない。ひととおりの撮影を終え、私は一階に下りて他の記者たちとモニターに見入った。

2012年3月、朝日新聞主筆らとのインタビューに応じるプーチン首相＝駒木明義撮影

会見が始まってからもプーチンは余裕綽々だった。欧米の記者らがぶつける下院選の不正疑惑やロシアの民主主義や人権状況をめぐる厳しい質問も受け流し、ときにデータを交えて反論してみせた。大統領から首相に退くというメドベージェフの話、シリア情勢、イラン問題と話題が移っていった。この間、若宮が発言する機会は一度もなかった。一階で観戦しているロシア人記者らからは「日本は、なんでひと言も話さないんだ」という声が上がり始めた。

後で聞くと、プーチンが到着するまで待たされている間に六人の記者で大まかな質問の順番について打ち合わせをしておいたのだという。若宮からは「他の問題にはあまり口を挟まない。そのかわり、日本についてはしっかり聞く時間をもらいたい」と要請していたのだった。しかし、そんなことを知らない私は、気がもめてしかたがなかった。一時間が過ぎても発言の機会がやってこない。「このまま終わってしまったら日本に帰れない」と、脂汗がにじむ思いだった。

開始から一時間半以上が過ぎたころだろうか、記者たちが目配せをし合って、ようやく若宮が話し始めた。

「まず初めに、二〇一一年、地震と津波に見舞われた日本へのロシアからの温かい支援に感謝したい」「福島の原発事故では、携帯型の線量計四〇〇台を送っていただいた」

プーチンへの質問を、ロシアへの感謝の言葉から始めようという方針は、質問の準備段階で決めていた。

「ロシア政府からは、一連のエネルギー協力の提案があった。私は、これがあなたのイニシアチブによるものだと思っている」

プーチンはここで言葉を挟んだ。

「私の個人的なというのは、その通りだ」

まず、プーチンに身を乗り出させることには成功したようだ。

質問の中の「あなたのイニシアチブ」という言葉は、用意しておいた質問案にはない、その場のアドリブだった。ロシアが震災後に日本に提案したエネルギー協力計画は、当時提案者とされていたエネルギー担当の副首相、イーゴリ・セーチンの名を取って「セーチン提案」と呼ばれていた。プーチンへの質問原案では「セーチン提案」と書かれていた。しかし、事前に私が助言を仰いだ一人、作家で元外交官の佐藤優は「プーチン以外のロシア人の名前はこちらからは出さない方がよい」という意見だった。それを受けて、当日若宮が手元に置いた質問文では単に「エネルギー協力の提案」となっていた。若宮がさらにその場のアドリブで「あなたのイニシアチブ」という言葉を付け加えた。それが当たったのだった。

作戦的中

若宮はその後、プーチンがアジア太平洋地域を重視してユーラシア経済連合構想を打ち出していることを指摘。そして、当日の朝に用意した例の質問へと移っていった。

「モスクワ・ニュースに掲載された外交論文の中で、あなたは日本に触れていない。中国の重要性については何度か言及している。インドの重要性もある。日本はどこにあるのだろうか。あなたは日本のことを忘れてしまったのか？」

プーチンは、答えた。

「私は日本のことを忘れることなどできない。なぜなら、あなたもご存じのように、私は物心がついてからほとんどの人生を柔道に熱中して過ごしてきたからだ。私の家には嘉納治五郎の像があり、私はそれを毎日見ている。それが毎日のように私に日本を思い出させてくれる」

「嘉納治五郎」とプーチンが言った部分は、ロシア政府の公式サイトに掲載されたやりとりには載っていない。単に「像」となっている。おそらく担当者が理解できなかったのだろう。

プーチンはその後しばらくの間、エネルギー、ハイテク、自動車などをめぐる日ロ間の経済協力を評価し、相互貿易が増えていくことへの期待を語った後、おもむろに切り出した。

「だが、もちろん（このままでは）私の方が礼を失することになってしまう。つまり、あなたは礼儀正しく振る舞った。領土問題についての質問を出さなかった。これで私の方からその話をしなければ、私は礼儀知らずということになってしまう」

日本を忘れたのかと聞けば、聞かれていない北方領土問題のことも話すだろう。パノフの助言の通りの展開となった。さすがは老練な外交官だ。

「この問題、日本との領土問題を、最終的に解決したいと私たちは強く望んでいる。そして、双方の国、双方の国民が受け入れられるような形で解決したいと考えている」

「私は、相互協力の規模を増やしていくことを通じて、解決策を見つけられると考えている。私たちは、領土のような問題が、深刻な問題ではなくなり、二次的な問題になってしまうような、そして私たちが互いのことを単なる隣人ではなく、互いの経済の発展、交流の発展を望む、心からの友人だと受け止めるような状況を作り出さなければいけない。そうすることで、双方共に妥協することが容易になる。まさにそのために、私はもう一度強調したい。何よりも経済分野での私たちの（協力の）規模が拡大していることを私は喜んでいる。しかしそれはまださほどのものではなく、日本やロシアの経済の潜在力に応じたものにはなっていない。しかし私たちは、その発展のために私たちができるすべてのことをするつもりだ」

若宮は質問を重ねた。

「日本のことを忘れていないということを聞いてうれしい。二〇〇九年五月に日本を訪問したとき、あなたは『ロシア国内には解決しないまま進もうとする考えもあるが、自分は逆だ。すべての障害を取り除く必要がある。過去の負の遺産を取り除かなければいけない』と述べた。あなたの立場に変化がなければ、そうした考えで取り組むことが望ましい」

プーチンは答えた。

「私の立場が変わることはないと考えている。私たちは、関係のざらつきを取り除き、スムーズにし、前向きで、建設的な対話に戻らなければならない。ご存じだと思うが、私たちは中国との間で国境問題を解決するための交渉を四〇年にわたって行った。四〇年だ。国家間のつながりの水準が、その質が、今日のような状況にまで達したことで、私たちは妥協案を見つけることができたのだ。私は日本との間でも同じことが起きることを強く期待している。そうしたいと強く思っている」

ここで、カナダの記者が割って入ってきた。領土問題つながりということで、北極圏をめぐるロシアとカナダの境界問題を持ち出した。しばらく質疑を重ねた後、話題はロシアとカナダで人気のアイスホッケーへと脱線していった。

私は「日本については、これで終わりか。少なくともプーチンは、北方領土問題を解決したいという強い意欲と、双方が妥協する必要性は語った。これは十分ニュースに値するな」などと考えていた。

「引き分け」と「始め」

ところがその瞬間、今度は若宮がプーチンとカナダの記者の会話に割って入った。

「二〇〇一年に、当時大統領だったあなたは、当時の森喜朗首相と共に『イルクーツク声明』に署名した。そこには、一九五六年の『日ソ共同宣言』を今後の交渉の出発点とし、一九九三年の『東京宣言』に基づいて最終的に解決するということが書かれている。日本側は一貫して、五六年宣言で（日本に引き渡すことが）約束されている（歯舞、色丹の）二島だけでは、問題の解決には不十分だと言っている。東京宣言は、我々が（国後、択捉も含めた）四島の問題を解決する必要があると規定している。両国がこの問題を終わらせたいと考えているなら、双方が互いに譲歩しなければならないのではないだろうか。あなたが大統領に復帰したら、この問題を打開するために勇敢な一歩を踏み出す可能性と願望はあるだろうか？」

今度は「勇敢な一歩」という言葉がプーチンに響いた様子だった。プーチンはこの言葉を受けて、日ロ関係に関心を抱く誰もが知るキーワード「引き分け」を語ることになる。

「私たちは柔道家として、勇敢に足を運ばなくてはならない。しかし、勝つためではなく、負けないためだ。この状況において私たちが何かの勝利を得る必要がないとしても、不思議なことではない。この状況において、私たちは受け入れることが可能な譲歩をするべきなのだ。それは（日本語で）『引き分け』のようなものだ。何かそうしたものなのだ。（若宮に向かって）あなたは『引き分け』とは何かを、知っている。みなさんご存じないだろう。私と彼は知っている」

こういうと、プーチンは愉快そうに周りを見回した。「引き分け」を知っているのは、この場では二人だけ、という状況を楽しんでいる様子だった。きょとんとしていた残り五人の記者の一人から質問が飛んだ。

「それはなんですか？」

プーチンは説明した。

「それは、ドローのことだ」

実は、ロシア政府が公式サイト上に掲載したプーチンの言葉は、ここで紹介したものとは少し異なっている。

「勝つためではなく、負けないためだ」の部分が、発表では「勝つためであり、負けないためだ」となっているのだ。

だが当日、私たちが録音したプーチンの言葉を朝日新聞モスクワ支局のロシア人スタッフが聞き起こしたテキストには、ロシア語の否定詞「не」が入っており、「勝つためではなく」という意味になっていた。私も録音を聞いたが、非常に弱くだが、確かに「не」と言っているように聞こえた。

何よりも、この言葉が語られた文脈がある。その直後にプーチンははっきりと「勝利を得る必要はない」ということを言っている。「引き分け」でよいとまで念を押している。それを考えると、プーチンはこのときロシア政府の発表にあるような「勝つためであり、負けないためだ」ではなく、「勝つためではなく、負けないためだ」と言っていたと思われるのだ。

一階の記者室でプーチンが「引き分け」という日本語を使うのを聞いた私は、「こりゃ、すごいことを言った」と、半ば興奮状態にあった。だが、プーチンはその後も言葉を続けた。少し長くなるが、二〇一二年に大統領に復帰したプーチンが、自らの対日交渉の出発点を語った言葉なので、全文を紹介したい。

「あなたが我々のイルクーツク声明を思い出させたのなら、私は別のものを思い出させてもらう。ソ連は日本との長期間にわたる討議を経て、一九五六年に共同宣言に署名した。この宣言に書かれていることは、二島が日本に引き渡されるのは、この点に注意して聞いてほしいのだが、平和条約に署名された後、ということだ。これが一九五六年宣言の第九項だ。もう一度繰り返す。そこに書かれているのは、ソ連は平和条約に署名された後に、日本に二島を引き渡すということだ。つまり平和条約が意味するのは、領土についてのそれ以外の要求は日本とソ連の間にはもはや存在しなくなるということなのだ。そこには、島がどんな条件で、どの国の主権の下に引き渡されるかということは書かれていないが、「ソ連大統領だったゴルバチョフ氏が当時どんな考えに基づいていたのかはわからない」

申し訳ないが（一九五六年の）共同宣言に署名がされた後、日本とソ連最高会議によって批准されたのだ。つまり、この文書は法的な拘束力を持っているのだ。そして、何が起きたかわかるだろうか？　日本側は後になって、一方的に、日本はこの宣言を履行しないと声明したのだ。つまり政府が署名し、議会が批准したのに、日本は宣言の履行を拒否したのだ。そしてゴルバチョフ氏がソ連大統領となって言ったのは、これほど長い中断を経た後となっては、ソ連もこの宣言を履行しないということだった」

「あなたが思い出させたイルクーツクでの会談で、日本の森首相は私にこんな質問をした。ゴルバチョフ氏がいったんは履行を拒否したことだが、今のロシアは一九五六年宣言に戻る用意はあるだろうか、と。私は用意がある、と答えた。外務省と協議をする必要はあるが、全体として我々は一九五六年宣言に戻る用意がある、と。日本側はしばらく間を置いて、こんなことを言い出した。一九五六年宣言はよい。しかしそこには二島と平和条約のことしか書かれていない。我々は四島を求めている。その後に平和条約だ、と。しかし、これはすでに一九五六年宣言ではない。すべては再び出発点に戻ってしまったのだ」

「客観的になるために、私はあなたにも客観的になり、状況のすべての時系列での変遷を知っていただきたい。このように交渉が進んできたのだ。しかし、私は、それでも私たちが、この問題の解決に向けてさらに先に進むことができるような接点を見つけることができることを願っている。私は、自分の立場を明確に述べただろうか？」

若宮は、こう応じた。

「ええ。私たちが『引き分け』を望むのなら、二島では不十分だ」

この言葉には、一階の記者室で「観戦」していたロシア人記者たちも大いに沸いた。「日本人記者、やるじゃないか」といった雰囲気だった。

驚いたことに若宮の言葉を聞いたプーチンは、さも愉快そうに声を上げて笑った。笑いのツボにはまった、というのだろうか、しばらく止まらないほどだった。そして、笑いながらこう語った。

「あなたは外務省で働いていないし、私はまだ大統領ではない。なので、こうしよう。私が大統領になったら、我々の外務省を一方の側に呼び出し、日本外務省をもう一方に据えて、こう号令をかけよう。（日本語で）『始め！』と」

ここでプーチンは再び柔道用語を使った。

プーチンの言葉は、私にとっては驚き以外の何物でもなかった。いくら当選が確実視されているとはいえ、大統領選を三日後に控えた指導者が領土問題、しかも自国が現に実効支配している領土をめぐる問題について「引き分け」による解決を口にするのは、予想の範囲を超えていた。歴史的経緯がまったく異なるため単純に比較できることではないにしても、日本の指導者が尖閣問題で、あるいは韓国の指導者が竹島問題で「引き分け」を口

2012年3月、朝日新聞主筆らとのインタビューを報じるロシア国営テレビは、2島では引き分けにならないと聞かされたプーチンが愉快そうに笑う様子を伝えた

にしたらその瞬間何が起きるか想像してみれば、プーチンの発言の大胆さがわかるだろう。

さらに、ロシア全土をカバーする三大テレビ局のうち少なくとも二局は、翌日のニュース番組で、二時間半の長きにわたったこの日の外国記者とのインタビューを、プーチンの「引き分け」発言に焦点を当てて報じた。「プーチンが日本語で切り返した」というニュアンスの報道ではあったが、「引き分け」発言が選挙のマイナスにはならないと大統領府が判断したのだろう。実際、テレビ等で報道された後も、この発言を批判したり、譲歩に反対したりするような論調がロシア国内で噴き出すようなことはなかった。

解釈に隔たりも

一方で、プーチンが縷々《るる》述べた北方領土交渉の経緯には、日本として納得できない内容が多々含まれている。その最たるものは、「一九五六年の日ソ共同宣言には二島の引き渡ししか書かれていないのだから、平和条約が締結されれば、それ以外の領土要求は存在しなくなる」という認識を述べたくだりだ。しかし、二島だけでよいのであれば、一九五六年に平和条約を締結できていた。二島による決着を日本側が受け入れなかったからこそ、平和条約ではなく暫定的な共同宣言という形になった。それが、長年にわたる日本側の主張だ。

プーチンも言及した日ソ共同宣言第九項には、以下のような内容が書かれている。

・共同宣言によって日ソ間の国交が回復された後も、平和条約締結交渉を続ける
・平和条約締結後、歯舞、色丹の二島をソ連から日本に引き渡す

「平和条約の交渉を続ける」というのは、とりもなおさず残り二島についての交渉を続けるということだ。歯舞、色丹については少なくともこれだけは将来日本のものになることが確認されたという、いわば最低ラインとして盛り込まれている、というのが日本の主張だ。

さらに、歯舞、色丹の二島について、プーチンが「共同宣言にはどんな条件で、どの国の主権の下で引き渡すかは書かれていない」と述べたところも、日本としては承服できない部分だ。歯舞、色丹を日本の主権下に置くという以外に解釈の余地はないと日本政府は考えている。

また、日本が一方的に一九五六年宣言の履行を拒否したというのも、日本側の認識とはかけ離れている。

一九六〇年、岸内閣による日米安保条約改定に反発したソ連は、二島引き渡しの前に「日本からの全外国軍隊の撤退」を求める方針を表明した。日本の米軍基地をなくせという要求だ。これは、宣言にはひと言も書かれていない条件だった。さらに一九六一年、ソ連首相フルシチョフが日本首相池田勇人への書簡で「領土問題は一連の国際協定によって久しき以前に解決済み」と伝えた。その後、ソ連は領土問題の存在さえ否定し続けた。冷戦を背景に一九五六年宣言をひっくり返したのはソ連の方だ、というのが、日本側が長年にわたってかみ締めてきた屈辱の歴史だ。

ただ、日本側との見解の相違も含めて、プーチンの平和条約交渉に向けた理解、考え方が詳細に示されたことに大きな意味があるインタビューだった。

プーチン復帰への期待

見解の相違は残っていても、プーチンが大統領への復帰前に日本との平和条約交渉に強い意欲を示したことは日本にとっては前向きなニュースだった。メドベージェフが大統領を務めた四年間、日ロ交渉は完全に停滞していたからだ。この間、日本の首相は福田康夫、麻生太郎、鳩山由紀夫、菅直人、野田佳彦とめまぐるしく代わり、とてもロシアと腰を落ち着けて交渉するような状況ではなかった。

一方のメドベージェフも、二〇〇八年の北海道洞爺湖《とうやこ》サミットと二〇一〇年の横浜でのAPEC首脳会議に出席した以外、日本を訪れる機会はなかった。

二〇〇九年五月には、クレムリンで行われた新しい駐ロシア大使河野雅治の信任状奉呈式のあいさつで、メドベージェフが突然北方領土問題に言及した。

「ロシアの主権を疑問視する日本の試みは交渉継続を促すことにはならない」「東京で（日本政府が）適切に状況を判断し、正しい決定をするよう望む」

式典には河野を含む一二カ国の新任大使が出席していた。メドベージェフは各国それぞれについてコメントしたが、日本への批判的な発言は突出したものだった。外交的な儀式の場としては異例な、非礼ともいえる発言に、日本国内では失望と反発が広がった。

さらにメドベージェフは二〇一〇年一一月一日、ソ連、ロシアの歴代の最高指導者として初めて、北方領土の国後島を訪問。日ロ関係はかつてないほど冷え込んだ。

メドベージェフは国後島からツイッターで発信した。

「大統領の使命はロシアの全地域の発展をコントロールすることだ。そこには最も遠い地域も含まれる」

国後島の海岸風景の写真も投稿し、「ロシアには美しい場所がなんと多いことか」というコメントを添えた。

こうしたメドベージェフが首相の座に退き、大統領に復帰するプーチンが「引き分け」を合言葉にしたことは、日ロ交渉が再び活性化することに期待を抱かせるものだった。

第一六章　日本首相、一〇年ぶりの公式訪ロ

プーチン、大統領に復帰

プーチンが北方領土問題で「引き分け」を呼びかけた三日後の二〇一二年三月四日、ロシア全土で大統領選が投開票された。立候補したのはプーチンの他に四人。共産党委員長のジュガーノフ、ロシア自由民主党党首ジリノフスキー、公正ロシアの指導者で前上院議長のミロノフ、そして大富豪の実業家プロホロフだ。リベラル政党「ヤブロコ」の創設者ヤブリンスキーは、立候補に必要な二〇〇万人の署名に不備があると中央選管に指摘され、立候補できなかった。

プーチンにとっての至上命題は、第一回の投票で過半数を獲得し、決選投票に進むことなく一発で勝利を決めることだった。それも、五〇%をわずかに超えるような薄氷の勝利ではなく、有無を言わせぬ結果が必要だった。二〇一一年一二月の下院選で開票に不正が行われたとして反発する市民が反政権デモを繰り返す中で迎えた大統領選。中途半端な勝ち方では「また不正だ」という批判を招きかねない。

反政権デモへの参加者たちは、抵抗のシンボルとして白いリボンを身につけた。二〇一一年末、プーチンはデモについて「テレビで胸につけているのを見たとき、反エイズキャンペーンだと思った。失礼ながら、コンドームのように見えたのでね」と語っている。「広場に繰り出した学生に金が支払われていたことを私は知っている」とも指摘し、動員されたデモだという見方も示した。

しかし、選挙戦が正式にスタートした二〇一二年二月四日、モスクワでは下院選後最大規模の反プーチンデモが開かれた。参加者は警察発表で三万六千人。主催者は一二万人が集まったと主張した。「長期政権にはどんな国民もうんざりする」という自分の過去の発言がプーチンの頭をよぎることもあったのではないだろうか。

プーチンは下院選での不正疑惑を受けて、大統領選では投票所すべてに監視カメラを設置する方針を打ち出した。九万五千カ所の投票所に設置されたカメラは二〇万台に上ったと伝えられた。

そして迎えた投開票日。ふたを開けてみれば、プーチンは六三・六%を得票。一七・二%を得票して二位となった共産党のジュガーノフに大差をつけて一度で勝利を決め、四年ぶりに大統領に返り咲くことが決まった。

思わぬ健闘を見せたのが、大統領選に初挑戦した実業家のプロホロフだ。八%を得票して三位。ベテラン政治家のジリノフスキー、ミロノフを上回る結果は事前の各種予測を超えていた。モスクワでは、ジュガーノフを上回り第二位につけた。東京のロシア大使館や大阪、札幌、新潟にあるロシア総領事館で在外投票を行った一二〇四人に限ってみれば、プロホロフは三九・七％を得票。六・一％のプーチンを上回り、なんと日本国内では首位に立ったのだった。都市部で育ってきた中産階層や知識人層を中心にプーチンが飽きられつつあることをまざまざと示す結果となった。

開票が進み、当選が確実となった四日午後一一時前、プーチンは支持者が集まったクレムリンに近いマネージ広場に姿を見せた。

「有権者の圧倒的多数の、圧倒的な支援のおかげで勝利した。清い勝利を手に入れた。ロシアに栄光あれ！」

こう叫んだプーチンの目はみるみるうちに潤んでいき、涙がほおを伝った。支持者から「プーチン、プーチン」の声が上がると、しばし言葉に詰まる様子も見せた。

プーチンはその後選対本部に移動。涙の理由を聞かれて「風だよ風。本当に風のせいだ」と答えた。しかし、感極まっていたことは誰の目にも明らかだった。

大統領選から二カ月後の二〇一二年五月七日。モスクワのクレムリンで大統領就任式が行われ、プーチンは正式に三期目をスタートさせた。首相にはプーチンに代わって四年間大統領を務めたメドベージェフが据えられた。

就任式のあいさつでプーチンは、今となっては皮肉にも聞こえるような言葉を語った。

「我々は世界の中で、信頼でき、開かれた、正直で、予測可能なパートナーとして尊敬されるような、成功したロシアに住みたいし、住むことになるだろう」

ボランティアに日本旅行をプレゼント

首相野田佳彦は当選の翌日に電話でプーチンに祝意を伝えた。首相官邸の発表によると、野田は「プーチン大統領が就任したら、『始め』の号令をかけて、大統領と共に日ロ関係の次元を高めるべく協力していくことを楽しみにしている」と伝えた。三月一日のインタビューでプーチンが「始め」と言ったことを早速採り入れたのだった。

しかし、野田政権は長くは続かなかった。その年の一二月一六日に投開票された衆院総選挙で民主党は惨敗。安倍晋三率いる自民党と公明党の連立政権に交代することになる。

短い間に、野田はプーチンと二回首脳会談を行っている。いずれも、国際会議で同席する機会を利用した比較的短時間の会談だった。六月一八日には、主要二〇カ国・地域（G20）の首脳会議が開かれたメキシコのロスカボスで初顔合わせ。このとき日本側は発表しなかったが、野田が九月にウラジオストクで開かれるAPECに出席した後、改めて二〇一二年中にロシアを訪問することでプーチンと合意していた。ただ、野田が退陣したことで、この訪ロが実現することはなかった。

ロスカボスの首脳会談では、野田がプーチンに秋田犬を贈りたいという秋田県の提案を伝えた。プーチンは喜んで受け入れた。後にプーチンに届けられた秋田犬「ゆめ」は、二〇一四年二月に冬季五輪が開かれているソチを訪問した安倍晋三をプーチンと共に出迎えた。二〇一六年一二月の訪日前のインタビューでもプーチンと共に登場。日本とロシアの懸け橋としての役割を果たしている。

二〇一二年九月に行われたウラジオストクＡＰＥＣで、日本側にとってのハプニングが起きた。八日に行われた日ロ首脳会談で、ＡＰＥＣでボランティアを務めた若者たちに日本旅行をプレゼントしたいので、急いでビザを用意してほしいとプーチンが野田に要請したのだ。

プーチンはこの計画について、翌九日に発表した。ＡＰＥＣを締めくくる記者会見を終えたプーチンは、会議をサポートしたボランティアの若者らを集めて語った。

「みなさん全員と言いたいところだが、技術的な理由でそうはいかない。しかし数百人、私たちは五〇〇人とお願いしているのだが、船旅で横浜まで行ってもらいたいと思う。数日間の旅になるだろう。もちろん問題は、全員がすぐに日本のビザを取らなければならないということだ。私はこのことについて昨日日本の首相と話をした。彼は『できることはすべてするが、ただ出発はいつなのか』と尋ねた。私が明後日だと言うと、彼は呆然としていたよ」

実際、ウラジオストクの日本総領事館にとっては寝耳に水の話だった。職員総出で夜を徹した突貫作業を行い、なんとか五〇〇人分のビザを間に合わせたという。

ロシアの学生ボランティアらの一行は九月一一日朝にウラジオストク港を出発。一三日に横浜と東京を見学して、その日の夜に成田空港から帰国した。

プーチンがサプライズプレゼントに日本を使ったのは、これが初めてではない。大統領二期目の二〇〇六年三月六日、トリノ冬季五輪のメダリストと会見した際、男子選手にトヨタ・ランドクルーザーを、女子選手にはレクサスをプレゼントすると発表したのだ。当時、サンクトペテルブルクでトヨタがロシアで初めてとなる自動車組み立て工場を建設していた。プーチンはプレゼントにトヨタを選んだ理由を説明した。

「日本の友人がサンクトペテルブルクで生産を始めるのを待たずに、みなさんにトヨタ車をプレゼントすることにした」

このときも、トヨタ側には事前にはなんの連絡もなかったという。トヨタの関係者によると、後になって連絡してきた大統領府側から、値引きの要求などはなかったという。

「しっかり商売をさせてもらいました」とこの関係者は語った。

ちなみにプーチンは、サンクトペテルブルクのトヨタの工場の起工式にも、生産開始式典にも出席している。

これらのエピソードは、プーチンが日本に対して、少なくとも悪い感情は抱いていないことを物語っていると言えるだろう。ただし、ウラジオストクＡＰＥＣのビザの一件は、プーチンが日本のことを「無理を言っても聞いてもらえる相手」だと見切っていることを示しているようにも思える。

第二次安倍政権誕生

日本では二〇一二年一二月二六日に第二次安倍政権が誕生した。二〇〇七年九月二六日に首相を辞任して以来、五年三カ月ぶりの首相の座だった。安倍は一二月二八日、早速プーチンに就任あいさつの電話をかけた。実際にプーチンと顔を合わせるのは、翌年の四月末のことになる。安倍は日本の首相として小泉純一郎以来一〇年ぶりとなる公式訪ロを実現した。

安倍の訪ロの地ならしの役割を果たしたのが、元首相の森喜朗だった。安倍に先立つこと約二カ月、二月二一日にクレムリンを訪れてプーチンと会談したのだ。

会談の中で森はプーチンに、「引き分け」とはどういう意味なのかを尋ねた。プーチンは「引き分けとは、勝ち負けなしの解決だ。双方、受け入れ可能な解決を意味する」と説明したという。

森は、安倍の父親の元外相安倍晋太郎が当時のソ連との関係改善に、病で倒れるまで取り組んでいたこと、安倍がその当時父親の秘書官として間近に見ていたことを説明し、「彼にも日ロをなんとかしようという思いが私のようにある。父親との関係で」とプーチンに説明した。

場が大いに盛り上がったのは、森がプーチンに二月二〇日付の朝日新聞朝刊を見せたときのことだ。そこには針すなおの政治漫画が掲載されていた。プーチンと森が柔道着を着て、畳の上で組み合っている。しかし、右手では握手をして、頭の中では二人とも「引き分け」を考えている、という絵柄だ。プーチンは大いに喜んで「これは無差別級だな」と冗談を飛ばした。巨漢の森と比較的小柄なプーチンが組み合うのは無差別級の試合だ、ということだった。プーチンはそこで手元の紙に四角い柔道場を描いて見せた。そして、その隅っこを指し示し、「ここでは試合ができない。真ん中に戻さないといけない」と語った。

会見で見せた底力

安倍とプーチンはクレムリンで二〇一三年四月二九日に行った首脳会談で、北方領土交渉を再スタートすることで合意した。安倍がプーチンに二〇一四年に公式訪問するよう招待したのに対して、プーチンは感謝の言葉を述べた。日ロ双方に安定した政権が誕生し、腰を落ち着けて交渉する条件が整ったように見えた。

この首脳会談をめぐって、はからずもプーチンの人間性の一面が浮き彫りになる一幕があり、私（駒木）に強い印象を残した。それは、会談後の共同記者会見の場面だった。

質問は事前に、ロシア側メディアに二問、日本側メディアに二問が割り当てられた。最後となる四問目に立った日本人記者は、ロシアが外国企業も参加させて北方領土のインフラ整備や開発を進めている問題を取り上げた。安倍に対しては「日本にとって受け入れ難い状況と思うが、どのような認識か」と見解をただし、プーチンに対しては「ロシア政府は今後も同じような政策を北方領土に対して継続する考えか。その場合、日本との領土交渉への影響についてはどのように考えるか」と聞いたのだった。

安倍は、現状が日本側の立場と相容れないことを認めた上で、そうした状況を根本的に解決するためにも北方領土問題を解決する必要があるという考えを示した。無難な答えだと言ってよい。

問題は、プーチンの答えだった。

「私は見ていたのだが、あなたは今、紙に書かれている質問をきまじめに読んでいた。あなたにそれを読ませた人に、このように伝えてほしい」

プーチンはこう言って、少しほほえんだ。

「この問題は、私たちが作り出したものではなく、私たちの元に残されたものだ。ほぼ一〇〇年も前のことになる。そして、私たちは、双方共に受け入れられる条件でそれを解決したいと心から考えている。もしもみなさんが私たちを助けようというのなら、それは可能なことだ。互いに好意的な関係を作るための条件を作り出し、信頼できるような状況を作り出すことだ」

ここで、プーチンは表情を引き締めて続けた。

「だが、もし邪魔をしようというのであれば、それもまた可能なことだ。厳しい、直接的な質問をぶつけ続ければよい。そうすれば、同じように厳しい、直接的な答えが返ってくるだろう」

「私が言いたいのは、現在、この領域にはロシア国民が住んでおり、彼らは、他のどの場所に住んでいる我が国民と何も変わらないということだ。私には彼らのことを考える義務がある。彼らの生活水準を考える義務がある」

「平和条約締結について、ロシアの立場はよく知られている。しかし、私たちが今日集まったのはそのためではない。平和条約についての話し合いを再開するためだ。そして、この問題を解決する道を探すためなのだ」

最後に、プーチンは日本語で付け加えた。

「ありがとう」

そして、満足そうにほほえんだのだった。

このやりとりは、当時ネット上などでずいぶん話題になった。「失礼な質問でプーチンを激怒させた」「せっかくの雰囲気をぶちこわした」など、質問した記者を批判する意見があふれかえった。

こうした批判が当を得ていないことは論をまたない。相手が誰であれ、必要ならば記者が厳しい質問をするのは当然のことだ。質問が的外れであるとか、質問のレベルが低いという批判はあり得るが、厳しいということを理由に批判されるいわれはない。

もちろん厳しい質問は、相手を怒らせることが目的ではない(相手が怒った場合、その人間性や弱点が明らかになる、というケースもあるが)。いかに、中身のある答えを引き出すかが問題だ。私たちがプーチンとの「引き分け会見」を前に、直前まで質問を作り替えたのも、プーチンの機嫌を取るためではない。プーチンに身を乗り出させ、少しでも多くの言葉を引き出すためだった。

記者というのは、記者会見やインタビューの場では受け身の存在だ。すべては相手の返事次第。なんとか言葉を引き出そうと、内心涙目になりながらいろいろな角度から質問を繰り出すこともある。だから、記者を困らせようとして、怒ったり反論したりしても効果がないことが多い。それも立派な答えだからだ。本当に記者を困らせたかったら黙ってしまうのが一番だ。聞き手としてはお手上げである。

少し脱線したが、「プーチンを激怒させた」「プーチンがぶち切れた」といった批判は的外れであるだけでなく、事実認識としても誤っている。プーチンは決して怒っていなかった。口調や表情もそうだが、答えの内容は非常に冷静で、細かいところにまで気配りが行き届いたものだった。その意味では、「中身のある答えを引き出す」という点でも質問は成功していた。

それもおそらく、質問作成者の予想を超える内容だった。以下、順番に見ていこう。

まず、プーチンは記者に対して直接答える形をとらずに、「質問を作った人に伝えてほしい」と言っている。これは、それ以降に述べる批判的な言葉が、質問者に向けられたものではないことを明確にする発言だ。ロシアでは、プーチンが記者個人を否定する場面がロシアメディアを通じて流れた場合、プーチンの意向を忖度《そんたく》することに必死な末端の役人や、跳ね上がりの愛国者などが何をするかわからないという恐れがある。プーチンは回答の冒頭で、まず質問者を悪者にする意図はないことを明らかにしたのだ。

質問をした記者が事前に用意された質問を読み上げていたという指摘も、実際その通りだった。このような共同会見での質問数は両国の記者それぞれ二問程度に限られることが多い。こうした場合、日本側は首相に同行している各社の記者が相談して質問文を作り、代表者が代表して読み上げるのが通例だ。

続いてプーチンは、北方領土問題の解決を「心から」望んでいること、そのためにはふさわしい雰囲気を作ることが大切だという考えを表明した。これは朝日新聞主筆の若宮らとのインタビューなどの場で繰り返し述べてきたプーチンの原則的な立場だ。

さらに注目されるのは、その次の部分だった。プーチンは「そこにはロシア国民が住んでいる」と述べた。「そこはロシアの領土だ」とは言わなかった。

北方四島は第二次世界大戦の結果、戦勝国ロシアの領土になったというのがロシア政府の立場だ。プーチンは、会見の場でそう言うこともできた。しかし、実際に口にしたのは「そこにはロシア人が住んでいる」という客観的な事実と、「彼らの生活のことを考えるのはロシア大統領の義務だ」ということだけだ。

これは、まさに「日ロ双方にとって受け入れ可能」な表現だ。プーチン自身が述べているように、この日の首脳会談で両首脳は平和条約交渉、つまりは北方領土交渉を再開することで合意した。その成果を発表する記者会見の場で「そこはロシアの領土だ」とプーチンが言ってしまえば、出だしからけちがつくことになる。プーチンは、周到にそうした言い方は避けた。

一方で、質問に対して必要な反論はしっかりとしている。大統領として国民を守るという姿勢も示した。ロシア国内からも、文句の出ようがない回答だ。

こうして見ると、決してプーチンがぶち切れたり怒りにまかせて答えたりしていたわけではないことがわかるだろう。最後に日本語で「ありがとう」と言うあたりも、心憎いばかりの気配りだ。

わずかな時間の中で、日本側、ロシア国内、そして質問した記者に対する配慮を盛り込んだ周到な回答を作り出す能力は、やはり非凡というしかない。プーチンのそうした能力も、プーチンが日本との交渉の雰囲気を損ないたくないという強い気持ちを持っていることも、日本で批判を浴びたあの質問のおかげで、私たちは知ることができたのである。

臆測呼ぶ「二等分論」

さて、二〇一三年四月二九日に行われたこの首脳会談をめぐっては、数日後になってから、一部の日本メディアが当日は発表されなかったプーチンの発言を報道した。

プーチンが安倍に対して、ロシアが国境を接する国との間で領土問題を解決する際に、面積を半々に分け合う二等分方式を採用した前例を紹介したというのだ。

ロシアは二〇〇八年、アムール川（中国名・黒竜江）とウスリー川の合流点の中州にある大ウスリー島を二分することで、中国との国境を画定した。二〇一〇年にはノルウェーとの係争海域を二等分し、四〇年に及ぶ境界線論争に終止符を打った。

報道によると、プーチンは首脳会談でこうした例を紹介して、「面積を半分ずつにした」と説明。その上で「これらの例は第二次世界大戦に起因するものではないという点で、難しい話ではなかった」と指摘したのだという。

安倍自身は五月一日、報道について「そうした事実はない」と否定した。しかしこれは、首脳会談の中で相手側が述べた言葉は公表しないという外交上の約束事を守るためのロシア側への配慮だろう。プーチンが会談の中でこうした発言をしたことは、おそらく間違いない。

しかし、「プーチンは日本との間でも面積二分論を考えているのではないか」という日本の一部で広がった受け止め方は、当を得ていないだろう。プーチンの発言が事実だったとして、注目すべきは「これらの例は第二次世界大戦に起因するものではないという点で、難しい話ではなかった」という部分だ。言葉を換えれば、北方領土問題は第二次世界大戦に起因するのだから、面積二分で解決できるほど簡単な話ではない、ということになる。

何度か述べたように、ロシアは第二次世界大戦の戦勝国であることを国家のアイデンティティーの基盤に据えている。北方領土をその成果と位置づける理屈を取る限り、それを見直すことは非常に困難だ。

実際、ロシアが領土問題で「面積二分論」を取らなかった例がある。ロシアとエストニアの国境がそれだ。北方領土問題とは経緯が異なるが、こちらも、第二次世界大戦終戦に伴って生じた領土問題である。

一九四〇年、ソ連はエストニアに軍隊を送り込んでソ連に編入した。エストニアにとっては屈辱の歴史だ。その後、第二次世界大戦が勃発。エストニアは一時ナチス・ドイツに占領されたが、ソ連軍が一九四四年に奪還した。ソ連からすると「解放した」ということになる。

ソ連は終戦後の一九四五年、共にソ連の一部となっていたエストニア共和国とロシア共和国の間の境界線を大きく西に移動させ、東京都に匹敵する約二三〇〇平方キロメートルの領土をロシア側に移した。

ソ連崩壊で再び独立を手にしたエストニア国内では、国境をかつての位置に戻すよう求める声が高まった。エストニア憲法には、エストニアが独立国だった一九二〇年当時にソ連と結んだ条約で定めた境界線が自国国境であると宣言する条項まで盛り込まれている。

しかしロシアはエストニアの要求には一切応じず、そのまま国境を画定させた。

ロシアから譲歩を引き出すことなく国境画定を受け入れたエストニアの外相パエトは、二〇一三年六月、私のインタビューに応じてその理由を説明した。

「国民の中には『もう少し待ってみるべきだ。もしかしたら将来、もっとよい合意ができるかもしれない』と言う者もいるだろう。しかし、国民の多くは、ロシアとの国境を最終的に法的に決定することの重要性を理解していると私は思う。それは安全保障の問題でもあるからだ。この問題には、感情的な側面がある一方で、現実的、実利的な側面もある。残念なことではあるが、二〇世紀初頭の欧州の地図を今日と比べると、当時のまま残っている国境は非常にわずかだということも事実なのだ」

第二次世界大戦後、日本とソ連の国交を回復させたのが、プーチンがことあるごとに言及する一九五六年の日ソ共同宣言だ。そこには、平和条約締結後に歯舞群島と色丹島を日本に引き渡すことが盛り込まれているが、日本への「返還」という言葉は使われていない。「ソ連は日本国の要望に応え、かつ日本国の利益を考慮して、歯舞群島及び色丹島を日本国に引き渡すことに同意する」と書かれている。ソ連が不法に奪い取った島を日本に返すという理屈ではない。あくまで、ソ連が好意に基づいて、日本が求めている島を「引き渡す」という論理構成だ。そして、当時の日本もそれを受け入れて、署名、批准するしかなかった。

おそらく今後も、仮に指導者が交代したとしても、ロシアが北方領土を実効支配したことの不法性を認める可能性は極めて低いだろう。

第一七章　プーチン訪日への模索

ソチ訪問を大歓迎

二〇一三年四月末、モスクワで行われた首脳会談において北方領土交渉の再スタートで合意したプーチンと安倍は、その後も順調なペースで会談を重ねていった。

二〇一三年六月一七日、G8サミットが開かれた英ロックアーンで会談。九月五日、G20サミットが開かれたロシアのサンクトペテルブルクで会談。一〇月七日、APEC首脳会議が開かれたインドネシア・バリ島で会談。

このうち、サンクトペテルブルクG20での首脳会談でプーチンは、二〇二〇年五輪開催に立候補していた東京への支持と協力を約束した。九月七日、アルゼンチンのブエノスアイレスで開かれた国際オリンピック委員会（IOC）総会で東京五輪開催が決まると、一〇日に安倍に電話をかけて、祝意を伝えた。

二人の関係がぐっと近づいたのは二〇一四年二月のソチ冬季五輪開会式だった。ロシアが前年六月に成立させた反同性愛法を批判する欧米首脳の多くが欠席する中、安倍は中国国家主席の習近平らと共に出席に踏み切った。プーチンは安倍の決断を高く評価した。開会式翌日には、ソチ郊外の公邸で会談し、昼食を共にした。公邸でプーチンは、秋田県から二〇一二年に贈られた秋田犬「ゆめ」を連れて安倍を出迎えるという心配りまで見せた。

会談冒頭、プーチンは安倍の来訪に礼を言った。

「五輪開会式への出席を重視し、感謝する。両国間で最も難しい問題解決のための良い環境ができあがっている」

北方領土交渉のための環境整備が整いつつあるという認識だ。この会談の最大の成果は、二〇一四年の秋にプーチンが訪日することで合意したことだった。プーチン大統領の報道官は会談後、早速プーチンの訪日が一〇月か一一月になるだろうという見通しを示した。ロシア側も訪日に前向きだったのだ。

ソチの現場で取材した私（駒木）にとって印象に残った場面があった。会談の冒頭のあいさつで安倍が「開会式は素晴らしかった。ウラジーミルが心血を注いだ五輪開催を心から祝福したい」と述べた。ウラジーミルとは、プーチンのファーストネームだ。この言葉の「ウラジーミルが心血を注いだ五輪」の部分を日本側の通訳官は「ウラジーミルが、血の最後の一滴まで注ぎ込んだ五輪」と訳した。「血の最後の一滴まで」というのはロシア語の慣用句ではあるが、戦時のスローガンなどで使われる少し物騒な響きがある言葉だ。

この言葉を聞いたプーチンは、ちょっとびっくりしたような顔を見せて、身をのけぞらせるようなおどけたしぐさを見せた。「今日のプーチンは機嫌が良さそうだな」と感じたのを覚えている。

　二〇一三年四月の首脳会談以来、安倍とプーチンの会談はこのときで五回目。北方領土問題打開に向けた道筋はまだ見えないが、率直な話し合いをする環境は徐々に整いつつあるように感じられた。

ウクライナ危機の影

　だが、蜜月は長くは続かなかった。ソチ五輪前からくすぶっていたウクライナ情勢が、劇的な展開を見せたのだった。

　ウクライナの首都キエフの中心部で行われていた反政府デモに対する銃撃で多数の死者を出す悲劇が起きる中、ヤヌコビッチ大統領が首都を脱出。政権が崩壊したのは、ソチ五輪閉会式の前日、二〇一四年二月二二日のことだった。ウクライナには、親欧米路線を鮮明にする暫定政権が誕生した。

　ソチ五輪の閉会式で、本来なら得意の絶頂のはずのプーチンは、ほとんど笑顔を見せることもなく、厳しい表情のままだった。

　ロシアはこの後、世界のほとんど誰もが想像していなかったウクライナ南部クリミア半島の併合へと突き進む。一方の政府の同意もないまま、第二次世界大戦後例を見ない規模で領土を拡張する暴挙だった。

　その後、ウクライナ東部で、暫定政権に抵抗する親ロシア派とウクライナ政府軍の戦闘が激化する。プーチンは、ウクライナ東部のロシア系住民を保護することを名目に、ロシア軍をウクライナ領内に展開するための承認をロシア上院から取り付けた。後にこの承認はプーチン自らの要請で撤回されたが、その後も実際にはロシア軍関係者がウクライナ領内で活動していた。

こうした事態が日々進んでいく中、日本は欧米主要国と足並みをそろえてロシアへの制裁に踏み切った。

三月一八日、ロシアがクリミア半島併合を宣言する直前に、日本政府は制裁第一弾を発表。ただこれは、「制裁」という名に値しないほどの軽微なものだった。日ロ間を行き来する両国民へのビザ発給手続きを簡略化するための協議を中断し、新投資協定などをめぐる日ロ間の新たな交渉開始を見合わせる、という内容だ。実質的には日ロ関係になんの影響も及ぼさないといってよいものだった。

四月二九日には外相の岸田文雄が追加制裁を発表した。ロシア政府関係者ら計二三人に対して日本のビザ発給を停止するという内容。第一弾に比べれば少し踏み込んでいるが、それでも日本側は欧米と異なり、誰を制裁の対象としているかは発表しなかった。対ロ関係を傷つけたくないという配慮からだった。

プーチンがこうした日本の制裁について初めて自分の考えを語ったのは、五月二四日。サンクトペテルブルクで開かれた国際経済フォーラムの機会に、世界の主要通信社の幹部と会談したときのことだ。日本の共同通信から北方領土問題の展望を聞かれたプーチンは次のように答えた。

「我々に対話の用意があるか？　ダー（イエス）。用意はある。しかし、我々は最近日本が制裁に加わったと聞いて、とにかく驚いている」「よくわからないのは、日本はこの問題（北方領土問題）についての対話のプロセスも中断するつもりなのかということだ。従って、我々は用意ができているが、日本にその用意があるのかがわからない。聞いてみたいところだ」

日本の対ロ制裁が北方領土交渉の障害になるとプーチンが考えていることが、明らかになった。ただ、プーチンのこのときの発言には前向きと受け止められるような部分もあった。日本の交渉担当者らの関心を引いたのは、日本側が求めている歯舞、色丹、択捉、国後の四島すべてが交渉の対象になるという考えをプーチンが初めて明らかにしたことだ。

北方四島のうち、歯舞群島と色丹島については、平和条約締結後にソ連から日本に引き渡されることが一九五六年の日ソ共同宣言に明記されている。プーチンは日ソ共同宣言に言及した上で、こう語った。

「この二島も、四島すべても、我々の協議の対象なのだ」「日本も、そしてロシアも、この問題を解決したいと真剣に考えている」

共同宣言に盛り込まれなかった択捉、国後も交渉の対象になることをプーチンが明言したことで、プーチンは交渉を続けたいというメッセージを送っているのではないかと考える者も日本側にはいた。

しかし、ウクライナをめぐる事態はその後も悪化を続ける。特に、七月一七日にウクライナ東部でマレーシア航空機が撃墜され、二九八人が死亡した事件は世界に衝撃を与えた。日本はこれを受けて、八月五日に制裁第三弾に踏み切った。クリミア半島の併合やウクライナ東部の紛争に関与している四〇人の個人と二つの団体について、日本国内の資産を凍結。さらに、クリミア産品の輸入を制限するという内容だった。

日ロ関係は急速に冷え込み、二月にソチで約束した秋のプーチン訪日の準備どころではない状況になっていった。

対話のレールになんとか戻そうと安倍が頼ったのは、柔道を通じてプーチンと親しい関係を築いてきた山下泰裕、そして首相時代にプーチンと信頼関係を深めた森喜朗だった。

顔色を変えたプーチン

二〇一四年八月三一日。ウラル山脈南部の都市チェリャビンスクで開かれた柔道世界選手権は最終日を迎えていた。

会場の貴賓席にプーチンと共にいた山下は、機会をうかがって、安倍から託された言葉をプーチンに伝えた。

「安倍首相は、プーチン大統領と二人のリーダーシップで、日ロ関係を劇的に改善させたいと考えておられます。私にも協力してくれとおっしゃっています」

その瞬間、それまでにこやかだったプーチンの顔色がさっと変わった。

「山下さん。安倍首相はあなたにそう言ったのかもしれないが、日本が今やっていることは、その言葉とは正反対じゃないか」

山下は、このときのプーチンの表情をはっきりと覚えている。

「すーっと、これまで見たことのないようなおっかない顔になった」

だが、プーチンの顔はすぐに緩んだ。はっと我に返ったように、山下にいつも見せる穏やかな表情に戻って、つぶやいた。

「まあ、それをここで話してもしかたがない。じゃあ、ヨシに直接聞いてみよう」

「ヨシ」とは、元首相森喜朗のことだ。プーチンは、森のことを親しみを込めて「ヨシ」と呼ぶ。森は、柔道世界選手権閉幕直後の九月初めに開かれる日ロ関係のシンポジウムに出席するためモスクワ訪問を予定していた。プーチンはその機会に森と直接会って、安倍の真意を確認することを、この瞬間に決めたのだった。

プーチンは最後に、山下にこう言った。

「しかし山下さん、あなたがそこに加わるというのは良いことだ」

プーチンは、右手の親指をぐっと立てて満面の笑みを見せた。安倍が、日ロ関係改善のために山下に助力を仰いだという話がいたく気に入った様子だった。山下の手元には、親指を立てた瞬間のプーチンを捉えた写真が残されている。

この話には前段がある。

プーチンはこの日山下と会うまで、まもなく森がモスクワに来るということを知らなかったのだ。

山下は、プーチンとの会話の冒頭で森の予定を伝えた。

「実は来週、森先生がモスクワに来られます。森先生は大統領にお会いしたいという気持ちを持っておられます。大変お忙しいとは思いますが、できたら時間を作っていただけないでしょうか」

それを聞いたプーチンは首をひねったという。

「ヨシが来る？　そんなことは聞いていないな」

そして、「この日だったら私はモスクワにいる」と、自分の予定を山下に伝えたのだった。

森は、かねて九月にロシアを訪問する機会にプーチンと会いたいと考え、さまざまなチャンネルを通じてロシア側に伝えようとしていた。だが、訪問の一週間前になっても肝心のプーチン本人のところにその情報が届いていなかったのだった。それは、ウクライナ危機後の日ロ関係の変調を象徴していた。

森とプーチンの対話

山下に約束した通り、プーチンがモスクワのクレムリンで森喜朗と会ったのは、二〇一四年九月一〇日の深夜だった。森は、安倍晋三からの親書を託されていた。

山下とプーチンのやりとりを伝え聞いた安倍は、モスクワに発つ前の森に電話をかけてきた。

「話は山下さんから聞いた。プーチンと会うのなら、ぜひ親書を持っていってほしい」

森は山下と並んで、プーチンの友人と言える数少ない日本人の一人だ。初対面から響き合うところのあった二人の出会いについては、本書の第一部で紹介した。

森とプーチンの会談は、クレムリンの一室で行われた。紅茶と菓子が並ぶ小さな丸いテーブルを囲んだのは、プーチン、森、通訳と、わずかな随員だけだった。約二五分間の会談は、森の証言を元に再現すると、以下のような形で進んだ。

まず、二〇二〇年に開催が決まった東京五輪が話題にのぼった。森は、東京五輪の組織委員会会長を務めている。

「オリンピックの準備は進んでいるか」

プーチンが尋ねた。

「今着々とやっています」

「何が問題なのかね」

「当初よりもだいぶお金がかかるようで、施設を何カ所か変えたり、昔のものを使ったり。そういうことで今大変苦労しています」

「それはいいことだ、やはり無駄なことはしない方がいい」

「ソチ五輪では、ボランティアが非常に良かった」

「あれは私たちが、非常に力を入れたことだ。二五ぐらいの組織を作って、あらゆる勉強をやらせた。日本はどうしているんだ」

「日本は今、五三〇ぐらいの大学と協定を結んで、これからの段階です」

森はプーチンに、東京五輪開会式への出席を要請した。

「二〇二〇年のオリンピックのときは、ぜひ大統領、開会式に来てください」

「二〇二〇年のいつかな？」

「七月二四日です」

プーチンは、補佐官に日付を記録させてつぶやいた。

「できれば行きたいものだ」

「私はそれまで生きているかわかりませんが、元気であなたの手を引っ張って、いやあなたに手を引かれて階段を上がるかもしれませんね」

森が言うと、プーチンも笑顔を見せた。

場がなごんだところで、森は、安倍から託された親書をプーチンに手渡した。プーチンはその場で封を開けて読んだ。

「ありがとう。安倍首相に、くれぐれもよろしく伝えてほしい」

親書の中身は明らかになっていないが、プーチンとの対話を続け、ロシアとの関係改善を果たしたいという安倍の考えが書かれていたはずだ。

森は、日ロ交渉に影を落としているウクライナ問題、特にマレーシア航空機撃墜事件について、踏み込んでいった。

「私は、ウクライナの問題であなたに同情している。私はあなたのことが好きだし、尊敬もしている。そのあなたが世界中から非難を受けるというのは、私は友人として耐えられないんだ」

森は続けた。

「あなたの理屈はわかるけれど、世の中に説明がつかないことがある。一番悪いのは、やっぱりマレーシア航空機を落としたことだ」

プーチンは口を挟んだ。

「おい、あれは私が落としたんじゃない」

「だが、それは結果的にそういうことになってしまう。あそこから流れは変わってしまった。だから今度は、あなたが主導して停戦から休戦へと持っていってほしい。話はそれからだ」

森は、クリミアをめぐる歴史的な経緯を勉強したことをプーチンに伝えた。ソ連時代には長くロシアの保養地として親しまれていたこと。一九五四年に当時のソ連の指導者フルシチョフの独断でロシアからウクライナに引き渡されてしまったこと。ロシアの国民感情を理解していることを伝えた上で、森は本題に切り込んでいった。プーチンが山下に見せた怒りを解きほぐし、「ロシアと関係を築きたい」という安倍の考えを伝えるのが狙いだ。

「安倍は、あなたのこと、ロシアのことをすごく考えているんだ。制裁にしても米国が『やれ、やれ』と言うから。だけど、実質的にはロシアにはなんの被害も与えないようにやっているはずだ」

　プーチンは答えた。

「そんなことはわかっている。しかし、私はそれを安倍本人の口から聞きたい」

「安倍もあなたに電話したいのは、やまやまらしいよ。だけど、あなたに電話をすると全部米国にキャッチされる。それが安倍には耐えられないんじゃないかな」

「そんなこと、気にすることはない」

　プーチンは上機嫌に応じた。

「自分はドイツのメルケルと話すときも、フランスのオランドと話すときも、全部向こうに聞かれていることを承知の上でやっている。先日も、ある大事な用件でメルケルと電話した。メルケルが『わかりました。じゃあ、この話は私からオバマに伝えておきましょう』と言うから、『そんな必要はない。もう向こうに我々の話は聞こえているはずだ』と言って、大笑いになったんだ」

　森は話を引き取って言った。

「わかりました。とにかく、安倍の方から電話するようにしましょう」

「いや、ちょっと待ってくれ。九月二一日は安倍の誕生日だったな」

　森は、プーチンのこの言葉に驚かされた。実は森自身、安倍の誕生日をはっきりとは覚えていなかった。しかたなく、「ああ、そうですね」と生返事を返した。

「じゃあ、私の方からかけることにしよう」

森はもう一点、プーチンに念を押した。

「これから安倍とは、国際会議の場で何回も会うことになると思うが、そのときは必ず、安倍のところに行ってほしい。肩をたたくとか、立ち話をするとか、みんなの見ているところでやってくれないか。それと一度はじっくり時間をとって会談をしてもらいたい」

プーチンは「わかった、それは約束しよう」と請け合った。

森との会話の中で、プーチンが「日本は友人だと思っていたんだが」と愚痴をこぼす場面もあったという。

森はプーチンに対してこんな説明をした。

「大事なことを言っておきたい。北朝鮮が核兵器を持っている。中国も、あなたのお国のロシアも、インドも持っている。日本は丸裸だ。一億数千万の国民の命を誰が守ってくれるのか。あなたが守ってくれるというのなら、ハラショー（結構なこと）だ。しかし、やはりここは米国に守ってもらうしかない。だから、米国に気をつかっているというわけではなくて、日本の国民の利益を考えたときに、米国の考え方は一番大事だ。そこは理解してもらわなければ困る。だけどいずれロシアと平和条約を結べば、米国ともっと対等になる。それを我々は考えている」

プーチンも「それはわかった」と応じたのだという。

かかってきた電話

森は帰国して、プーチンとのやりとりを安倍に報告した。だが、プーチンが安倍の誕生日に電話をすると言ったことについては明かさなかったという。「そんなことを言って、もしもかかってこなかったらがっかりするじゃないか」という、いかにも森らしい気配りだった。

しかし、森の心配は杞憂に終わった。九月二一日、プーチンは安倍に電話をかけてきて、六〇歳の誕生日を祝った。一〇分ほどの電話だったが、二人が直接会話を交わすのは、二月にソチで会って以来だった。

一〇月七日、プーチンの六二歳の誕生日に、今度は安倍がプーチンに電話をかけた。ロシア大統領府の発表によると、この日プーチンに電話をかけた外国首脳は、安倍以外にはカザフスタン大統領ナザルバエフ、ベラルーシ大統領ルカシェンコ、アゼルバイジャン大統領アリエフ、アルメニア大統領サルグシャンだった。元首脳としては、プーチンの大親友、イタリアの元首相ベルルスコーニがかけている。

欧米がロシアに制裁を科す中、プーチンの誕生日を電話で祝った現職首脳は旧ソ連の国々以外では安倍だけ。このことは当時、モスクワの外交関係者の間で大いに話題になったものだ。

このときの電話で、安倍とプーチンは、一一月に北京で開かれるＡＰＥＣの首脳会議の機会に日ロ首脳会談を行うことで合意する。「国際会議の場で一度はじっくり会談をする」

という森との約束はこうして果たされることになった。

二人は誕生日プレゼントも交換した。プーチンからはロシア伝統の陶器「グジェリ」のティーセット。安倍からは地元山口で作られた釣り具のセットが贈られた。

北京での再会

こうして実現したのが、二〇一四年一一月九日に北京で開かれた日ロ首脳会談だった。その前日の八日、プーチンは北京に向かう大統領専用機に搭乗する直前に、モスクワ市内で開かれていた日本武道の演武会に立ち寄った。二〇一三年四月に安倍がモスクワを訪問した際に翌年の開催で合意した「日ロ武道交流年」にちなんで開かれた催しだ。柔道、剣道、相撲、合気道など、さまざまな日本の伝統武道を実演し、ロシアの愛好家に本物に触れてもらおうという趣向だ。

ちなみにこの一カ月前に東京の日本武道館前広場で開かれた日ロ交流イベントでは、安倍の妻昭恵がなぎなたを披露し、日ロの関係者から喝采を浴びた。

モスクワの演武会に参加した日本代表団の団長を務めたのは、自民党副総裁で元外相の高村正彦。副団長が山下泰裕だった。プーチンは演武会が開かれた体育館のＶＩＰ席で高村、山下と握手を交わした。高村が「わざわざ来ていただいてありがとうございます」と礼を言うと、「山下さんがぜひ来てほしいと言っていたので」と応じた。友人の顔を立てようとするプーチンらしい一言だった。

プーチンはしばらく演武を見守った後、ヘリコプターで大統領専用機が待つ空港へと向かった。場内ではプーチンが来たことはアナウンスされなかったため、来場に気がつかなかった観客も多いほどだった。

翌日の安倍との首脳会談は、プーチンが宿舎にした北京の釣魚台《ちょうぎょだい》迎賓館で開かれた。冒頭のあいさつで、プーチンはまず、演武会について語った。

「昨日、モスクワで行われた日本武道の演武会に出席じたばかりだ。ロシアの愛好者にとって大変楽しみのある催しだった。安倍首相をはじめ、準備に力を入れていただいた日本側のみなさんに感謝したい。これは単なるスポーツではなく、日本文化の大事な一部だ。それこそが、ここ数年間成功裏に進展してきた経済分野や政治分野も含む、二国間関係の発展のための最も良い基盤となっている」

柔道に長く親しんでいるプーチンならではの言葉だった。プーチンはさらに続けた。

「私が政治分野という言葉を使うときには、平和条約の締結に関する話し合いの再開ということも意味している。この関連で本日、APECの場で再会できることは大変うれしいことだ」

日本側が対ロ関係で最も重視する平和条約締結問題、つまり北方領土問題に自ら触れたところが、日本側への配慮だった。

この首脳会談の最も大きな成果は、翌年、つまり二〇一五年の「適切な時期」にプーチンの訪日を実現させることを目指して準備を進めることで両首脳が合意したことだった。

二〇一三年四月に安倍が訪ロした際には、プーチンが二〇一四年に訪日することで基本合意していた。さらに二〇一四年の二月にソチで行われた首脳会談で、訪日の時期を「秋」とすることが決まっていた。しかし、ウクライナ情勢を受けて年内訪日は実現不可能となっていた。北京での首脳会談は、ほとんど凍結状態になってしまっていた日ロ関係を再び溶かして動かそうという意図を両首脳が持っていることを確認しあう意味が大きかった。

こうして切れかかっていた安倍とプーチンのパイプはかろうじてつながった。

日本側代表団の会談後の説明によると、会談の中でプーチンは、あれほど山下に対して不快感を示していた日本の対ロ制裁について批判めいたことは口にしなかった。

北京での首脳会談は約九〇分間に及んだ。最後の一〇分間は人払いをして、プーチンと安倍が二人だけで話し合っている。プーチンが森喜朗に伝えた「安倍首相本人の口から説明を聞きたい」という要望を、安倍がこの一〇分間にかなえたのではないだろうか。

停滞する交渉

北京で行われた日ロ首脳会談で、プーチンと安倍は、「二〇一五年の適切な時期にプーチン大統領の訪日を実現させるための具体的な準備の開始」で合意した。

しかし、実際には、プーチンの訪日準備はいっこうに進まなかった。最大の理由は、クリミア半島を併合したロシアを国際社会から孤立させるべきだと主張している米国が強く反対したことにあった。日本の外交関係者によると、米国からはプーチン大統領の訪日は認められないという「ほとんど命令と言えるようなメッセージ」が繰り返し日本側に伝えられた。

二〇一五年五月二一日、安倍が日本を訪れていたプーチンの側近、ロシア下院議長セルゲイ・ナルイシキンと会談したときも、米国はその日のうちに反応した。東アジア・太平洋担当の国務次官補ダニエル・ラッセルが記者会見で「今の状況ではロシアと通常の関係を持たないとする原則を、日本政府が守ることを信じている」と述べたのだ。ナルイシキンは米国やEUの対ロシア制裁リストに名を連ねている。安倍が会うことに政府内には慎重論があったが、安倍があえて会談に踏み切ったのは、プーチンへの前向きなシグナルを送る狙いからだったのだろう。そうした動き一つひとつに、米国は目を光らせていた。

日本外務省を含む政府内には、唯一の同盟国である米国の意向を尊重するべきだという意見は根強くあった。一方で、ロシアを孤立させても事態を悪化させることはあっても改善は望めないという意見もあった。日本とロシアは隣国であり、不断の意思疎通が欠かせないのだから、米国の理解を得つつロシアとの対話は進めるべきだという考えだ。

安倍自身は、米国の強い反対を押し切ってでも、なんとかプーチンの訪日を実現させようとしていた。

六月八日には、G7サミットが開かれたドイツで記者会見を行い、「北方領土の問題を前に進めるため、プーチン大統領の訪日を本年の適切な時期に実現したい」と述べて、年内にプーチンを迎える意欲を表明した。

だが、実際には米国の了解が得られず、具体的な訪日日程案をロシア側に示すことができない状態が続いていたのだ。

ロシアはしびれを切らしたのか、北方領土問題打開への日本の期待を打ち砕くかのような動きを見せ始めた。

七月二三日、ロシア首相メドベージェフは、モスクワ郊外で開いた閣議で、近く北方領土を訪問する意向を表明。「あそこに行ったことがない者は行ってみるべきだ。いずれにしても、私は行くことを計画している」と述べた。また、北方領土を国境防衛の拠点として整備する考えも示した。

日本政府は訪問を中止するよう要請したが、メドベージェフは耳を貸さずに、八月二二日に択捉島に入った。ちなみにメドベージェフは大統領時代の二〇一〇年一一月に、ソ連・ロシアの指導者として初めて北方領土の国後島を訪問、首相に復帰した二〇一二年七月にも国後を訪れている。

二〇一三年末の時点で、メドベージェフの側近は私（駒木）の取材に対して「首相が北方領土を訪問する計画はない」と語っていた。日ロ関係を悪化させたくないという意図があったことは間違いないだろう。そのメドベージェフが択捉訪問を強行したことは、ロシアの日本を見る目が厳しさを増していることを物語っていた。

択捉島に入ったメドベージェフは「日本とは仲良くしたいが、ロシアの一部であるクリル諸島（北方領土と千島列島のロシア側呼称）と結びつけてはならない」と、牽制した。さらに、現地で開かれていた「青年教育フォーラム」に出席した。メドベージェフは択捉訪問の前に、クリミア半島で開かれた青少年向けのフォーラムにも出席していた。クリミアも北方領土も同様にロシアの不可分の領土であることを誇示するかのようだった。

日本政府はメドベージェフの択捉訪問に抗議したのに対して、ロシア外務省は「第二次世界大戦終結から七〇年という国際社会にとって重要な日を前に、日本は広く受け入れられている大戦の結果に異を唱え続けていることを示した」と、逆に日本を批判する声明を発表した。北方領土は第二次世界大戦の正当な結果としてソ連のものとなり、それをロシアが引き継いだという主張だ。ロシア外務省で日本との交渉を担当している外務次官モルグロフはロシアが対日戦勝記念日としている九月二日、インタファクス通信に対して「日本とは『クリル問題』についてはいかなる協議も行わない。この問題は七〇年前に解決された」と述べた。

この年、七月から九月にかけて、メドベージェフと相前後して、保健相スクボルツォワ、副首相兼極東連邦管区大統領全権代表トルトネフ、極東発展相ガルシカ、教育科学相リワノフ、農業相トカチョフ、交通相ソコロフが相次いで北方領土を視察し、政府要人の訪問ラッシュの様相となった。

閣僚たちの訪問が、プーチンの了承の上で行われたことは間違いないだろう。ただプーチン自身は、二〇一八年一〇月現在も、北方四島訪問を見合わせている。クリミアを何度も訪れていることを考えれば、日本との対話を断ち切ってしまわないように最低限気を配っているとみることができる。

ロシアが態度を硬化させる中、安倍は二〇一五年九月二八日、国連総会が開かれているニューヨークでプーチンと短時間会談した。二人が直接顔を合わせるのは前年一一月の北京以来、約一一カ月ぶりだった。安倍首相は引き続き年内のプーチン訪日を実現させたいという意欲を語ったが、具体的な日程を固めることができなかった。

この会談で注目されたのは、日程の都合で当初の予定より遅れて会談場所に到着した安倍の振る舞いだった。笑顔を浮かべて小走りでプーチンに駆け寄り、手を取って握手する様子を、ロシアのネット民は「安倍晋三がプーチン先輩に駆け寄る」「プーチンへの正しいアプローチ。西側首脳のお手本」などと評した。

日本側の説明によると、安倍はこの会談で、メドベージェフの択捉訪問への抗議は避けた。プーチンの訪日をなんとか実現させたいという思いからだったろう。

二人の次の顔合わせは一一月一五日。トルコの保養地アンタルヤで、G20首脳会議の合間に行われたわずか三〇分ほどの会談だった。安倍があれほど望んでいたプーチンの年内訪日が実現不可能だということは、すでに誰の目にも明らかだった。

安倍は当初、この会談で翌年春のプーチン訪日にめどをつけたいと考えていた。しかし、プーチンはこの機会に、安倍にまったく逆の提案をぶつけた。

「ロシアのどこかの地域で首相に会えたらうれしい」

自分が日本に行く前に、安倍とロシアの地方都市で非公式な会談を行い、率直に意見交換する機会を持ってはどうか、というアイデアだった。これに日本側も「選択肢の一つだ」（外務省幹部）と飛びつくことになる。プーチンを日本に迎えるよりは米国を説得しやすいという計算もあっただろう。ロシア側が外務省を筆頭に態度を硬化させる中で、いきなりプーチンの公式訪日を実現させたとしても、ほとんど成果が望めないという状況でもあった。

年が明けて二〇一六年。一月二二日に安倍はプーチンと電話をした。クレムリンによると、日本側からの申し出だったという。この電話で、実現のめどが立たないプーチン訪日の前に、まず安倍がロシアを非公式に訪問して首脳会談を開くことで原則合意した。

安倍はこの後、反対を続ける米国を押し切って、五月にロシア南部ソチを訪れることになる。この決断をプーチンは高く評価した。その結果動き出した日ロ交渉とその帰結については本書のプロローグで述べた通りだ。

プーチンは、首相のメドベージェフらには北方領土に行かせる一方で、自分は踏みとどまっている。ロシア外務省が強硬姿勢を見せつける中、安倍にロシアの地方都市を訪問してもらうという選択肢を示して、交渉を袋小路から救い出した。

確かにプーチンは、日本を大事に思っているというシグナルを折に触れて発しているようにも見える。日本側に「日ロ関係を真剣に考えているのはプーチンだけだ」「プーチンを動かすことがカギだ」という期待が生まれるのも無理からぬところもある。プーチンと一対一の時間を長く過ごした安倍にしてみればなおさらだろう。

だが、そう思わせること自体が、プーチンのしたたかさだ。日本だけでなくロシアも痛みを伴うような「引き分け」を本気でさぐり合うような機会が訪れるのかは、まだ見えてこない。

エピローグ

二人の「皇帝」

二〇一五年九月三日、北京。

空は青く晴れ上がり、突き刺すような日差しが降り注いだ。この日行われた「中国人民抗日戦争・世界反ファシズム戦争勝利七〇周年」を記念する軍事パレードのために、中国政府があらゆる手を尽くして用意した好天だった。式典の二週間前から、北京市内の交通量は通常のほぼ半分に制限された。北京と周辺のほか、山東省や山西省などでも、工場の操業や建設工事が中断された。

およそ北京らしくない青空の下、プーチンは中国国家主席の習近平と共に、毛沢東の巨大な肖像が掲げられた天安門の楼上中央に陣取った。現代の東西の「皇帝」が並んだようにも見える光景だった。

一時間を超えるパレードの間、プーチンは終始笑顔で習と言葉を交わしていた。軍事パレードに参加したロシア軍の儀仗部隊が行進したときには、プーチンが指でさしながら習に説明。プーチンが習の袖を引っ張って、顔を寄せて何事かをささやくような場面もあった。欧米主要国の首脳に対しては久しく見せていない、くつろいだ表情だ。

二人が肩を並べる姿を世界に見せつけるのは、初めてではない。この四カ月前の五月九日にモスクワで開かれた対ナチス・ドイツ戦勝七〇年記念式典でも、二人は赤の広場で並んで、ロシアの軍事パレードを見守った。

欧米主要国の首脳が参加を見合わせたロシアと中国の軍事パレードで、プーチンと習は互いを最高の賓客《ひんきゃく》としてもてなした。

プーチンは二日間の北京滞在を通じて、今や中国がロシアにとって最重要のパートナーとなったこと、そして習近平が自身の親しい友人となったことを、誰の目にも見えるように示した。式典を前にロシアのテレビ局は中国特集を繰り返し放映。ロシア政府が発行する「ロシア新聞」は九月四日付の紙面で、二人が並んで食事をとる写真を一面に大きく掲載。政権あげて中国をプロモートしていた。

プーチンは北京訪問を前に、中国国営新華社通信のインタビューに応じて、次のように語っている。

「今日、ロシアと中国の絆は歴史上最も高い水準に達しており、さらに着実に発展を続けている。ロシアと中国のパートナー関係の基盤にあるのは、国民同士の心からの友情と親近感、お互いに対する深い尊敬と信頼、互いの重要な国益に対する配慮、そして私たちの国が発展することへの関心だ」

　プーチンは歴史問題でも、中国に歩調を合わせた。

「今日、欧州でもアジアでも、第二次世界大戦の歴史を偽造し、特に戦前戦後の時期の出来事について、事実に基づかない歪曲《わいきょく》された解釈を押し通そうとする試みが見られる。いくつかの国は戦犯やその共犯者を英雄視したり名誉回復したりすることで、（ナチス・ドイツの戦犯を裁いた）ニュルンベルク裁判や（日本の戦犯を裁いた）東京裁判の決定を踏みにじろうとしている」「歴史をもてあそぶ目的は明らかだ。あやしげな地政学的なゲームの中で利用して、国々や諸国民を仲違いさせようとしているのだ」

　ここでプーチンが念頭に置いているのは、ウクライナだ。プーチンは一貫して、二〇一四年二月のウクライナのヤヌコビッチ政権の崩壊は「憲法違反のクーデター」だったと批判している。当時の大統領ヤヌコビッチが大統領選挙の繰り上げ実施などの譲歩で野党指導者らと合意したにもかかわらず、それに納得しないデモ隊が政権中枢部になだれ込んで、崩壊に追い込んだ。このとき、ネオナチや極右民族主義者がデモ隊を扇動していたというのが、ロシアの主張だ。クリミア半島に住むロシア系住民をネオナチから救うというのが、併合を正当化する理屈にもなった。

　歴史をさかのぼると、一九三九年にスターリンによってソ連に併合された西ウクライナでは、独立を目指すウクライナ民族主義者が一時ナチス・ドイツに協力した過去がある。こうしたウクライナの民族主義者を「ソ連からの独立を目指した英雄」として評価する考えが、現代ウクライナの反ロ的な民族主義者の間で共有されていることも事実だ。

こうした経緯を背景に、ロシアに敵対的なウクライナの現政権をかつてのナチス・ドイツへの協力者と重ね合わせて、ロシアに対する批判を「歴史を歪曲しようとする試み」として退けようというのが、プーチンのロジックだ。

注目すべきは、プーチンが中国の共感を得るために、ニュルンベルク裁判と共に東京裁判に言及した点だ。ロシアは歴史の見直しと戦っている点で中国の同志だ、というメッセージを発しているわけだ。この文脈の中では、アジアにおいてロシアと中国が警戒すべき相手は日本ということになる。

進む中ロ接近

ロシアの中国への接近は歴史認識だけにとどまらない。

プーチンは新華社通信のインタビューに対して、国連安全保障理事会、主要二〇カ国・地域（G20）、中ロと中央アジアの国々で作る上海協力機構、ブラジル、インド、南アフリカと作るＢＲＩＣＳといった国際的な枠組みで中国と協力が進んでいることを高く評価した。さらに、経済面でも、次のように語っている。

「ロシアと中国のパートナー関係を広げることは、両国の発展という戦略的目的に合致している。私たちが（ロシアが進める）『ユーラシア経済連合』と（中国が進める）『シルクロード経済圏』の統合についての共同声明を今年五月に採択したのは、まさにこうした理由からだ」

本書の中で何回か触れたように「ユーラシア経済連合」は、ロシアが旧ソ連圏に広げようとしている経済共同体である。ウクライナの参加は得られなかったが、ロシアのほか、カザフスタン、ベラルーシ、アルメニア、キルギスが加盟している。また、プーチンがここで言う「シルクロード経済圏」は、習近平が打ち出した「一帯一路」のことを指す。中国と欧州を結ぶ陸上、海上二つのルートを現代の経済圏として復活させる構想だ。ロシアと中国の構想を連携させようというのが、五月にプーチンと習が交わした合意だった。

プーチンは、かつてあれほど熱を込めて語っていた「リスボンからウラジオストクまで」という言葉を最近ほとんど口にしなくなっている。二〇一五年六月には、イタリアの新聞のインタビューに対して、不満をにじませて言った。

「私は個人的に、ずいぶん以前から『リスボンからウラジオストクまで』の統一経済圏を作る必要があると言ってきた。誰もこれに反対する者はいない。口をそろえて『そうだ、必要だ。それを目指すべきだ』と言うのだ。しかし、実際に起きていることはどうだろうか?」

EUから統合を拒否されたのだから、ユーラシア経済連合は一帯一路との連携に活路を見いだすしかない。プーチンの言い分はそういうことなのかもしれない。

実際、プーチンは中国との連携に突き進んでいる。

二〇一七年七月四日、プーチンはモスクワを訪問した習近平に対して、ロシアで最高位の「聖アンドレイ勲章」を授与した。外国の首脳としては、アゼルバイジャンの故ヘイダル・アリエフ、カザフスタンのナザルバエフに次いで三人目。ただ、アリエフとナザルバエフは旧ソ連時代からそれぞれの国を率いてきた大物だ。本当の意味での外国指導者への授章は、習が初めてだと言ってよいだろう。

プーチンは授与式のあいさつで、中ロ両国の「全面的なパートナー関係と戦略的協力の発展と両国民の友好強化への貢献」に対して感謝の言葉を述べた。「戦略的」という言葉に、プーチンの中国観が示されている。

二〇一七年一二月、ロシア北部、北極海に突き出すヤマル半島の液化天然ガスプロジェクト「ヤマルLNG」が本格的に生産を開始した。最初の砕氷タンカーが出港した八日には、プーチンも式典に駆けつけた。ロシアにとって、サハリンⅡに続く二番目のLNG生産拠点である。プラントの建設には日揮や千代田化工が参加。商船三井がタンカーの一部を運航するなど、日本にも縁が深いプロジェクトだ。しかし、資金の多くを負担したのは中国国営の金融機関だった。ロシアへの制裁を実施している欧米の金融機関からの資金調達が困難な中、中国に頼ることなしに実現不可能なプロジェクトだった。

二〇一八年、中ロ両国は軍事協力でも新たな段階に踏み出した。九月に行われたソ連崩壊後最大規模の軍事演習「ボストーク２０１８」に、初めて中国人民解放軍が参加したのだ。ロシアの四つの軍管区（西部、南部、中央、東部）で持ち回りで年一回実施される大規模な軍事演習のうち、東部で行われるのが「ボストーク」。四年に一度巡ってくる。前回までは、仮想敵の一つとして中国を想定した演習が行われていた。その演習に今回、あえて中国軍を参加させた。アジア太平洋地域では中ロが連携して日米同盟に対抗していくという、政治的なメッセージだった。

ロシアと中国の戦略的な接近。それは、日本が一貫して懸念してきた事態だ。

世界を揺るがしてきた内部告発サイト「ウィキリークス」が暴露した在日米国大使館の公電が、そのことを示している。

問題の公電は二〇〇七年六月に米国務省に送られたものだ。直前にドイツのハイリゲンダムで行われたG8サミットの機会に行われた安倍晋三首相とプーチン大統領による首脳会談の様子と、日本の対ロシア外交方針について、米国大使館が日本外務省幹部から受けた説明の内容を記している。

この公電によると、日本外務省幹部は「ロシアがアジア太平洋地域により大きな関心を示すようになっている」という分析を披露した上で「日本は、ロシアの地域への統合を助ける用意がある」と語っていた。さらに、ロシアの姿勢がアジア重視に変化してきた理由として「中国の発展に対する懸念がある」と指摘。さらに「建設的な形でロシアを地域に統合させることに失敗すれば、ロシアが中国と戦略的関係を深める危険が高まる」という危機感を表明し、米国に助力を求めていた。

この幹部はもっと端的な言葉も米国に伝えていた。

「日本は、ロシアと中国の間にくさびを打ち込みたいのです」

日本外務省の当時の狙いは、日米にロシアを加えた三国で、中国の台頭に伴って起きるさまざまな問題に取り組むような枠組みを作ることにあったようだ。そうすれば、地域の不安定要因となっている北方領土問題は三国が協力して解決しなければならない課題として位置づけられることになる。米国から側面支援を得やすくなる、という思惑もあっただろう。

「ロシアと中国にくさびを打ち込む」。この言葉がすでに画餅《がべい》に終わったことは明らかだ。ロシアによるクリミア併合以降、日本の外交関係者から、ロシアを国際社会で孤立させようという米国のかたくなな外交姿勢が、ロシアを対中接近に追いやっているといういらだちの声を聞くことも多い。

ではプーチンは、このまま欧米に背を向けて、中国との連携に突き進んでいくのだろうか。当面はそうした局面が続くかもしれない。しかし、プーチンの残りの任期の二〇二四年まで、そのまま後戻りなく進んでいくとは限らない。

まず、プーチン自身の欧州への深い思い入れがある。本書で見てきたように、プーチンはKGB時代、東ドイツで幸せな五年間を過ごした。サンクトペテルブルクの第一副市長時代は、欧州の企業や資本の誘致に奔走した。二〇〇〇年のインタビューでは、かつてのドイツ首相コールから「ロシアのない欧州など想像すらできない」と聞かされたことを心からうれしく思ったことを率直に語っている。「どこに住んでいようと、極東であろうと南部であろうと、我々はヨーロッパ人なのだ」という言葉は、プーチンの本音とみてよいだろう。大統領就任後に知り合ったイタリアの元首相ベルルスコーニやドイツの前首相シュレーダーとは、今も親友だ。二〇一二年の大統領選直前に行い、「引き分け」発言が飛び出したグループインタビューに招かれたのは、欧州、カナダ、日本の主要新聞だった。中国メディアとはこうしたインタビューは行っていない。

できるものならやはり欧州との間で居心地のよい関係を築きたい。それがプーチンの考えではないだろうか。

さらに、中国との経済協力はロシアが期待するほどには順調ではないという実態もある。ロシアが期待をかける中国への天然ガス輸出計画も、思惑通りには進んでいない。トルクメニスタン、カザフスタン、ミャンマーからも天然ガスパイプラインを引いている中国が、価格面でロシアを揺さぶっているという状況もあるようだ。

軍事力はともかく、経済力を比べると、二〇一七年の中国の国内総生産（GDP）はロシアの八倍近い。大人と子供だ。「ユーラシア経済連合」全体で見ても、とても対等なパートナーとは言えず、中国にのみ込まれてしまう危険も大きい。中国だけを戦略的な連携相手とするのは危うい選択だということはプーチンも強く感じているのではないかと思われる。

プーチンは今後、欧州との関係をどう立て直していくのか。それに欧州側はどう応え、米国はどう反応するのか。複雑な思惑が交錯する中、ロシアの隣国であり、北方領土問題を抱える日本も、外交の創造力が問われている。

謝　辞

本書は、多くの方々の協力なしには世に送り出すことができなかった。まずは私たちのインタビューに快く応じてくださった、この本の登場人物のみなさんにお礼を申し上げる。プーチンを支持する人、支持しない人、その立場はさまざまだが、いずれも日本の読者がプーチンのことを知り、考えることに意義を見いだして、私たちの質問に真摯に答えてくださった。

ロシアと欧州に勤務する朝日新聞の同僚記者たちにも大いに助けられた。連載企画を始めるに当たって重ねた話し合いでは、数々の有益な意見を聞くことができた。また、取材のための出張で任地をしばしば離れる私たちの留守中を、その都度しっかりと守ってもらった。

取材対象者の多くを捜し当て、連絡を取り、面会の約束を取り付けてくれた朝日新聞ヨーロッパ総局、モスクワ支局、パリ支局、ベルリン支局の現地スタッフのみなさん、さらにフランス人ジャーナリストのマリー・ギトンさん、在セルビアの朝日新聞取材助手、アルトゥール・デメクさんにも大変お世話になった。

朝日新聞紙面での連載期間中は、ツイッターなどに投稿される毎日の読者の感想が大いに励みになり、またインスピレーションを与えられた。

朝日新聞出版の編集者、三宮博信氏には、魅力的な本にするために多くの提言をいただいた。厚くお礼申し上げる。

そして最後に、今この本を手にとってくださっている読者のみなさんに最大限の謝意を捧げる。少しでも面白いと思っていただける部分があったとしたら、この上ない喜びである。

二〇一五年九月

駒木明義
吉田美智子
梅原季哉

追記

『プーチンの実像』が朝日文庫として刊行されることになった。大幅に加筆する機会をいただいたことも含めて、関係者の皆様に感謝申し上げる。

私は二〇一七年八月末、四年半勤務したモスクワから帰国し、その後は日本からプーチンをウォッチしている。新局面を迎えた日ロ平和条約交渉の行方だけではない。二〇二四年の任期切れをプーチンとロシアがどう迎えるのかは、世界に大きな影響を与えるだろう。今後もプーチンは私にとってホットなテーマであり続け、書き加える材料も増えていくに違いない。

最後になったが、今回の文庫版の刊行にあたっては、朝日新聞出版の大原智子氏に大変にお世話になった。厚くお礼を申し上げたい。

二〇一九年二月

駒木明義

本書関連年表

西暦	プーチンの履歴	日本と世界の動き
一九五二年	一〇月七日　レニングラード（現サンクトペテルブルク）で生まれる	一月　韓国の李承晩大統領が「李承晩ライン」を設定 四月　サンフランシスコ平和条約が発効
一九五五年		五月　北大西洋条約機構（ＮＡＴＯ）に対抗するソ連中心のワルシャワ条約機構が発足
一九五六年		一〇月　日ソ共同宣言に署名。　一二月に発効。日本とソ連の国交回復 一〇～一一月　ハンガリーの民衆蜂起をソ連軍が鎮圧した「ハンガリー動乱」
一九五七年		一〇月　ソ連が世界初の人工衛星「スプートニク一号」の打ち上げに成功
一九六〇年	レニングラード第一九三学校に入学	一月　改定日米安保条約に署名。ソ連が反発し、日本からの外国軍撤退を歯舞、色丹両島の引き渡しの条件とする
一九六一年		四月　ソ連のガガーリンが人類初の宇宙飛行 八月　ベルリンの壁建設開始

一九六二年		一〇月　キューバ危機
一九六四年	このころアナトリー・ラフリンの指導で柔道を始める	八月　トンキン湾事件。米軍がベトナムに本格介入 一〇月　東京五輪開催 同月　ソ連のフルシチョフが失脚。後任の共産党第一書記にブレジネフが就任。後に書記長と改称
一九六八年	第二八一学校（レニングラード国立技術大学付属の化学専門学校）に入学 このころ、ＫＧＢ支部を訪ねて「ここで働きたい」と告げる	八月　「プラハの春」にワルシャワ条約機構軍が介入（チェコ事件）
一九七〇年	レニングラード国立大法学部に入学	
一九七二年		二月　ニクソン米大統領が訪中 五月　沖縄返還 九月　田中角栄首相が訪中、日中国交正常化
一九七五年	レニングラード大卒業 ソ連国家保安委員会（ＫＧＢ）に入る	四月　サイゴン陥落、ベトナム戦争終結 七月　ソ連の宇宙船ソユーズと米国の宇宙船アポロがドッキング 一〇月　ソ連の物理学者サハロフ博士がノーベル平和賞受賞
一九七六年	柔道レニングラード市チャンピオン	九月　ソ連軍のベレンコ中尉がＭｉＧ25戦闘機で函館に着陸、米国に亡命
一九七九年		一月　米中が国交樹立 一二月　ソ連軍がアフガニスタンに侵攻

一九八〇年		七月　モスクワ五輪。日米などがボイコット
一九八二年		一一月　ソ連のブレジネフ書記長死去。後任にアンドロポフ前KGB議長
一九八三年	元国内線客室乗務員のリュドミラ・シュクレブネワと結婚	九月　ソ連領空を侵犯した大韓航空機をソ連軍機が撃墜。乗員乗客二六九人が死亡
一九八四年		二月　ソ連のアンドロポフ書記長死去。後任にチェルネンコ 七〜八月　ロサンゼルス五輪。柔道無差別級で山下泰裕が金メダル
一九八五年	長女マリヤが誕生 東ドイツ・ドレスデンに赴任	三月　ソ連のチェルネンコ書記長が死去。後任にゴルバチョフ
一九八六年	次女カテリーナが誕生	四月　チェルノブイリ原発事故
一九八七年		五月　西ドイツの青年が操縦するセスナ機がモスクワの赤の広場に着陸 一二月　ワシントンの米ソ首脳会談で中距離核戦力全廃条約に署名
一九八九年	一二月　ドレスデンのKGB支部に詰めかけた群衆に単身立ち向かい、解散させる	一月　昭和天皇崩御 二月　ソ連軍、アフガニスタンから撤退完了 六月　北京で天安門事件 一一月　ベルリンの壁崩壊 一二月　ゴルバチョフ書記長とブッシュ米大統領（父）がマルタ島で会談、冷戦終結を宣言

一九九〇年	一月　ドレスデンからレニングラードに異動 レニングラード国立大学学長補佐 五月　サプチャーク・レニングラード市ソビエト議長の補佐官	二月　ソ連共産党が党の指導的役割を規定した憲法六条の削除や大統領制の導入を決定 三月　ゴルバチョフ、ソ連初代大統領に就任 一〇月　ゴルバチョフ大統領にノーベル平和賞決定
一九九一年	六月　サプチャークの市長当選に伴い、市の渉外委員長 八月　KGBを辞職	一月　リトアニアのテレビ局をソ連軍が占拠。抵抗する市民に発砲、少なくとも一三人が死亡 四月　ゴルバチョフ大統領が訪日、海部俊樹首相と会談。日ソ共同声明に北方四島の名前が記載される 六月　ロシア共和国大統領選でエリツィンが当選 七月　ワルシャワ条約機構解散 八月　ソ連保守派がゴルバチョフを軟禁、クーデター未遂 一二月　ソ連崩壊。ゴルバチョフ大統領辞任
一九九三年		一〇月　エリツィン大統領が訪日し、細川護煕首相と会談。四島の帰属の問題を解決して平和条約を結ぶために交渉を続けるとの内容を東京宣言に盛り込む
一九九四年	三月　サンクトペテルブルク市第一副市長	一二月　ロシアからの分離独立を求めるチェチェン共和国にロシア軍が本格的に武力行使開始（第一次チェチェン紛争）

一九九五年	二月　日本外務省の招聘で、東京、大阪、京都を訪問	一月　阪神・淡路大震災 三月　地下鉄サリン事件
一九九六年	六月　サンクトペテルブルク市長選でサプチャークの敗北に伴い、辞職 八月　大統領府総務局次長	
一九九七年	三月　大統領府副長官、大統領監督総局局長	六月　米国のデンバー・サミットにエリツィン大統領が出席 一一月　東シベリアのクラスノヤルスクでエリツィン大統領と橋本龍太郎首相が会談。二〇〇〇年までの平和条約締結を目指すことで合意
一九九八年	五月　大統領府第一副長官 七月　連邦保安局（ＦＳＢ）長官	二月　長野冬季五輪 四月　エリツィン大統領訪日、静岡県・川奈で橋本首相と会談。橋本首相が国境線画定による平和条約締結を提案 八月　ロシアが通貨切り下げと対外債務支払いの一時停止を発表 一一月　小渕恵三首相が訪ロ。モスクワでエリツィン大統領と会談。大統領が川奈提案への対案を示す
一九九九年	三月　安全保障会議書記（ＦＳＢ長官と兼務） 八月　首相 一二月　エリツィン大統領辞任に伴い大統領代行	三月　チェコ、ハンガリー、ポーランドがＮＡＴＯ加盟 三〜六月　コソボ紛争でＮＡＴＯ軍がユーゴスラビアを空爆 九月　モスクワなど数都市でアパート連続爆破。

二〇〇〇年	三月　大統領選で、得票率五三％で当選 四月　森喜朗首相とサンクトペテルブルクで会談 五月　大統領に就任 七月　沖縄サミットに出席 九月　日本を公式訪問、森首相と会談。柔道の山下泰裕と講道館で初対面	三〇〇人以上が死亡 同月　ロシア軍がチェチェンへの攻撃開始（第二次チェチェン紛争） 一二月　エリツィン大統領が辞任 四月　小渕首相が脳梗塞で倒れ退陣。後任に森喜朗 八月　ロシアの原子力潜水艦クルスクが沈没。乗組員一一八人が死亡 一一月　米大統領選でブッシュ（子）が大接戦の末勝利
二〇〇一年	三月　イルクーツクで森首相と会談 七月　Ｇ８サミットが開かれたイタリア・ジェノバで小泉純一郎首相と会談	四月　森首相退陣。後任に小泉純一郎 九月　米国同時多発テロ 一〇月　米国がアフガニスタン攻撃開始 一二月　米国がＡＢＭ制限条約からの脱退をロシアに通告
二〇〇二年		六月　カナダのカナナスキス・サミットで、サミットへのロシアの完全参加が決定 九月　小泉首相が北朝鮮を訪問。金正日総書記が拉致を認める 一〇月　モスクワで劇場占拠事件。特殊部隊の突入で観客一二九人が死亡
二〇〇三年	一月　ロシアを公式訪問した小泉首相と会談	三月　米国主体の有志連合がイラク戦争開始 一〇月　ロシアの民間石油会社ユコスのホドルコフスキー社長逮捕

		一一月　ジョージア（グルジア）で「バラ革命」。シェワルナゼ大統領が辞任
二〇〇四年	三月　大統領選で七割を超える得票率で再選 五月　大統領二期目の就任	三月　エストニア、スロバキア、スロベニア、ブルガリア、ラトビア、リトアニア、ルーマニアがＮＡＴＯ加盟 九月　ロシア南部ベスランの学校で立てこもりテロ。特殊部隊が突入し生徒ら三三〇人以上が死亡 一一月　ブッシュ米大統領が再選 同月　ウクライナ大統領選の不正疑惑に市民が抗議。一二月の再選挙で親欧米派のユーシェンコ大統領誕生（オレンジ革命）
二〇〇五年	一一月　日本を公式訪問、小泉首相と会談	
二〇〇六年	七月　サンクトペテルブルクで開いたＧ８サミットで議長	一〇月　北朝鮮が初めての核実験 一二月　天然ガスプロジェクト「サハリンⅡ」にガスプロム社の参画決定
二〇〇七年	七月　グアテマラで開かれたＩＯＣ総会で二〇一四年冬季五輪の招致演説。ソチ開催を勝ち取る 一二月　翌年の大統領選に向けて、メドベージェフ第一副首相を後継指名。自身は首相に就任する意向を表明	
二〇〇八年	四月　ロシアを非公式訪問した福田康夫首相と会談	二月　コソボが独立宣言 三月　ロシア大統領選でメドベージェフ第一副

	五月　メドベージェフ大統領の就任に伴い、首相に就任	首相が当選 七月　北海道洞爺湖サミットにメドベージェフ大統領が参加 八月　ジョージアが分離独立を求める南オセチアを攻撃。ロシア軍が介入し、ジョージアと衝突 一一月　米大統領選でオバマが当選
二〇〇九年	五月　首相として訪日、麻生太郎首相と会談	四月　アルバニア、クロアチアがＮＡＴＯ加盟 九月　日本で政権交代。鳩山由紀夫首相就任
二〇一〇年		一一月　メドベージェフ大統領が北方領土の国後島訪問
二〇一一年	九月　翌年三月の大統領選への立候補を表明	三月　東日本大震災 五月　パキスタンでアルカイダのビンラディン容疑者殺害 一〇月　リビアのカダフィ大佐殺害 一二月　ロシア下院選挙。不正疑惑が浮上、反政権デモが繰り返される
二〇一二年	三月　朝日新聞主筆らによるインタビューで「引き分け」による北方領土問題解決を提唱 同月　大統領選で六四％を得票し当選 五月　四年ぶりに大統領に復帰 九月　ウラジオストクで開いたアジア太平洋経済協力会議（ＡＰＥＣ）首脳会議で議長	五月　米国キャンプデービッドのＧ８サミットにメドベージェフ首相が代理出席 一一月　米国のオバマ大統領が再選 一二月　衆院総選挙で自民党が勝利。安倍晋三首相就任

二〇一三年

四月　公式訪ロした安倍晋三首相と会談。北方領土交渉の再スタートで合意
六月　リュドミラ夫人との離婚を公表
九月　サンクトペテルブルクで開いたG20サミットで議長

二〇一四年

二月　ソチ冬季五輪の開会を宣言。翌日、安倍首相と会談。秋の訪日で合意
三月　ウクライナ領内にロシア軍を派遣することへの許可を上院に要請
同月　ウクライナ南部のクリミア半島のロシアへの編入を宣言
五月　日本の対ロシア制裁を批判し、北方領土交渉の中断の可能性に言及
八月　チェリャビンスクで開かれた世界柔道選手権で山下泰裕と話を交わす
九月　モスクワを訪れた森元首相と会談
一一月　APEC首脳会議が開かれた北京で安倍首相と会談。二〇一五年の訪日に向けて準備することで合意

二〇一五年

二月　ベラルーシのミンスクで、ドイツのメルケル首相、フランスのオランド大統領、ウクライナのポロシェンコ大統領と徹夜で協議を行い、ウクライナ東部の停戦合意をまとめる

二月　ロシアのウラル南部チェリャビンスク州に隕石落下
三月　中国の習近平が国家主席就任
六月　CIAのスノーデン元職員がモスクワに渡航
九月　二〇二〇年五輪の東京開催が決定

二月　ウクライナのヤヌコビッチ大統領がロシアに亡命
六月　ブリュッセルでロシア抜きのG7サミット開催
七月　ウクライナ東部上空でマレーシア航空機が撃墜される

二月　モスクワの路上で野党指導者のネムツォフ元第一副首相が射殺される
五月　モスクワの赤の広場で対ナチスドイツ戦勝七〇年記念軍事パレード
一〇月　ロシアのチャーター旅客機がエジプト

	三月　クリミア併合時に核戦力を臨戦態勢に置く可能性があったことを認める 九月　国連総会が開かれたニューヨークで、安倍首相と会談 同月　シリアのアサド政権の要請でシリア領内での空爆開始を発表 一一月　G20が開かれたトルコのアンタルヤで安倍首相と会談	のシナイ半島で墜落。後にテロと断定 一一月　パリで同時多発テロ 同月　シリア・トルコ国境付近でロシアの戦闘爆撃機がトルコ軍機に撃墜される 一二月　COP21で気候変動対策のパリ協定採択
二〇一六年	五月　ソチで、安倍首相と会談。「新しいアプローチ」で交渉を進める方針で一致 九月　ロシア極東ウラジオストクで安倍首相と会談。一二月に山口県を訪問することで合意 一一月　APEC首脳会議が開かれたペルーのリマで安倍首相と会談 一二月　訪日を前に日本テレビと読売新聞のインタビューに応じ、日米安保条約への懸念を語る 同月　山口県長門と東京で安倍首相と会談。北方四島での共同経済活動を目指すことで合意	一月　北朝鮮が四度目の核実験 四月　熊本で最大震度七の地震 五月　伊勢志摩サミット。オバマ米大統領が広島訪問 六月　英国の国民投票でEU離脱支持が過半数 七月　トルコでクーデター未遂 八月　リオデジャネイロ夏季五輪 九月　北朝鮮が五度目の核実験 一一月　米大統領選でトランプが勝利
二〇一七年	四月　モスクワで安倍首相と会談 七月　G20が開かれたハンブルクで、トランプ米大統領と初会談。安倍首相とも会談 九月　ウラジオストクで安倍首相と会談	一月　トランプ米大統領就任 二月　北朝鮮の金正日総書記の長男金正男がクアラルンプール国際空港で暗殺される 四月　ロシア・サンクトペテルブルクの地下鉄

	一一月　ＡＰＥＣ首脳会議が開かれたベトナムのダナンで安倍首相と会談	で爆破テロ 同月　トランプ政権がシリアのアサド政権による化学兵器使用を断定、ミサイルで攻撃 五月　フランス大統領選決選投票でマクロンがルペンを破る 九月　北朝鮮が六度目の核実験 一〇月　日本で衆院選 一一月　トランプ米大統領訪日
二〇一八年	三月　七六％を超える得票で大統領四選を決める 五月　大統領就任式 七月　ヘルシンキでトランプ米大統領と会談 九月　ウラジオストクで安倍首相と会談。その後の討論会で、前提条件無しで年内に平和条約を結ぶよう提案 一一月　東アジア・サミットが開かれたシンガポールで安倍首相と会談。一九五六年の日ソ共同宣言を基礎に平和条約交渉を加速させることで合意 一二月　G20が開かれたブエノスアイレスで安倍首相と会談。両国外相を平和条約の交渉責任者とすることで合意	二月　平昌冬季五輪 四月　米国がシリアに二度目のミサイル攻撃 韓国の文在寅大統領と北朝鮮の金正恩委員長が板門店で会談 六月　トランプ米大統領と金正恩委員長がシンガポールで会談、朝鮮半島の非核化と北朝鮮の体制保証で合意 同月　サッカーワールドカップ　ロシア大会開幕。七月まで 九月　北海道で最大震度7の地震 自民党総裁選で安倍首相が三選 一一月　米国で中間選挙。野党民主党が下院で過半数を確保
二〇一九年	一月　モスクワで安倍首相と会談	二月　米国がロシアに中距離核戦力（ＩＮＦ）全廃条約からの離脱を通告

解説

佐藤優

本書は、朝日新聞の駒木明義モスクワ支局長、吉田美智子ブリュッセル支局長、梅原季哉ヨーロッパ総局長（いずれも肩書きは、本書の単行本が二〇一五年に刊行された当時）によるプーチンを直接知る人への丹念な取材に基づいた国際水準でも第一級のノンフィクション作品だ。

著者のうち、駒木氏は、朝日新聞の政治部と国際報道部で北方領土交渉を長年取材しており、私がとても尊敬するジャーナリストだ。駒木氏の『検証　日露首脳交渉――冷戦後の模索』（佐藤和雄氏との共著、岩波書店、二〇〇三年）は、日本外務省の交渉当事者から外交機密を含む機微に触れる情報を多々引き出した上で、冷静な分析を加えた北方領土交渉に関する基本書である。

『プーチンの実像』には、インテリジェンスのプロが読むと、「これはすごい」という感想を抱く情報がいくつも盛り込まれている。

吉田氏は、プーチンが旧東ドイツ・ドレスデンのＫＧＢ（ソ連国家保安委員会）支部に勤務した時代のエピソードをいくつか紹介している。一九八九年一二月五日、ドレスデンのシュタージ（東ドイツの秘密警察）支部が群衆によって占拠されたとき、約一〇〇メートル離れたところにあるKGB支部を占拠しようとしてやってきた一五人ほどのグループの前にプーチンが一人で対処したときのエピソードが面白い（本書38〜50頁）。プーチンの胆力が伝わってくる。

梅原氏の、プーチンのセルビア訪問に関する記述（216〜221頁）も興味深い。セルビアに対する思い入れはまったくない。ロシアの対西欧外交カードの一つとしてセルビアを利用しているにすぎないプーチン的プラグマティズムが表れている。

駒木氏は、ロシア、ドイツはもとよりイスラエルの情報源にもあたってプーチンの素顔に迫っている。特に旧ソ連からユダヤ人を脱出させる秘密工作に従事していたイスラエルの情報機関「ナティーブ」（ヘブライ語で〝道〟を意味する）の長官をつとめたヤコブ・ケドミの見方が興味深い。

プーチンがエリツィン大統領の後継者に選ばれた理由について、ケドミは、利権のしがらみがない「無菌状態」にあったからと見ている。ベレゾフスキーやエリツィンの娘のタチヤナらは、「無菌状態」のプーチンならば、操りやすいと考えた。しかし、そうはならなかった。

〈ケドミは語る。

「プーチンは誰かに仕えるということに慣れた人間だ。そして、愛国的な精神に浸って教育された。彼は共産主義やその理想に心服したわけではない。国家そのものに心服したのだ。愛国的な人間として、自分の義務を『国家に仕えること』だと心得たのだ。これに対して、エリツィンの取り巻きたちは、上昇志向の持ち主だ。必要とあらば今日は共産主義を信奉するけれど、明日には神や皇帝に仕える、といったたぐいの人間たちだ。プーチンはまったく異なる」

プーチンを自分たちと同じタイプの人間だと考えたことが、彼を大統領に据えたベレゾフスキーたちの誤算だったのかもしれない。〉（本書169～170頁）

プーチンは本質において国家主義者なのだ。そして、プーチンが目指すのは、「非共産主義的ソ連」のような帝国をロシアに形成することである。

プーチンの、皇帝のような独裁的権力構造も、意図して構築されたものではない。〈ケドミによると、プーチン自らが知らず知らずのうちにこうした権力構造を招き寄せてしまった面があるというのだ。前にも紹介したように、プーチンはKGB時代から指揮を執るという経験に乏しく、誰かに仕えることに慣れた人間として行動してきた。そして、プーチンは、意図したかどうかは別にして、自分と似たタイプの人間で周りを固めていったというのだ。

「彼がどんな人物を取り立てたのかを、注意深く見る必要がある。それは、（KGBなどの）特務機関の人間か、軍の人間だ」

旧ソ連共産党の官僚組織で力を発揮したようなタイプは遠ざけられた。プーチンは、そうした人材に安心できなかったのだろう。

「ＫＧＢは、常に共産党の官僚組織とは緊張関係にあった。地位が高くなればなるほどそうだった。ＫＧＢの言うことを聞いていればソ連の崩壊は避けられ、国家として生き残ったという主張を私は聞いたことがある」「プーチンは、共産党の人材を採用せず、服従することに慣れた人を重用していった。そして、権力を自分の手に集めるやり方に次第に習熟していったのだ」〉（本書２５１〜２５２頁）

プーチンに服従する者は、そのことによって何らかの見返りを得る。ロシアには、軍、諜報機関、石油ロビー、ガスロビー、軍産複合体などさまざまなグループがある。どのグループもプーチンに権力が集中していた方が好都合であるという構造が形成されているのだ。これらのグループの権力バランスの上に立って、プーチンは皇帝のように振る舞っているにすぎない。だから、プーチンが指令を出しても、支持基盤となる勢力の一部が本気でサボタージュすることもある。その場合、プーチンの思惑は実現しない。プーチンが全能の独裁者でないことを前提としてロシア情勢を分析することが重要と私は考えている。

プーチンの対日観について、駒木氏はこう述べる。

〈プーチンは、首相のメドベージェフらには北方領土に行かせる一方で、自分は踏みとどまっている。ロシア外務省が強硬姿勢を見せつける中、安倍にロシアの地方都市を訪問してもらうという選択肢を示して、交渉を袋小路から救い出した。

確かにプーチンは、日本を大事に思っているというシグナルを折に触れて発しているようにも見える。日本側に「日ロ関係を真剣に考えているのはプーチンだけだ」「プーチンを動かすことがカギだ」という期待が生まれるのも無理からぬところもある。プーチンと一対一の時間を長く過ごした安倍にしてみればなおさらだろう。

だが、そう思わせること自体が、プーチンのしたたかさだ。日本だけでなくロシアも痛みを伴うような「引き分け」を本気でさぐり合うような機会が訪れるのかは、まだ見えてこない。〉（本書364〜365頁）

行間から、北方領土問題の解決にプーチンが消極的であるという評価がうかがわれる。二〇一八年一一月一四日、シンガポールで行われた日露首脳会談でプーチンと安倍首相は「一九五六年の日ソ共同宣言を基礎に平和条約交渉を加速させること」で合意した。その後、北方領土交渉が本格的に再開した。同年一二月一日にはアルゼンチンのブエノスアイレス、二〇一九年一月二二日にはモスクワで首脳会談が行われた。日ソ共同宣言では、平和条約締結後にロシア（当時はソ連）が歯舞群島と色丹島を引き渡す約束をしている。シンガポール首脳会談後のプーチンの対日外交について本書の続編を是非読みたい。

（さとう　まさる／作家・元外務省主任分析官）

プーチンの実像《じつぞう》
孤高《ここう》の「皇帝《ツァーリ》」の知《し》られざる真実《しんじつ》

朝日文庫

2019年３月30日　第１刷発行
2022年３月30日　第２刷発行

著　　者　朝日新聞国際報道部《あさひしんぶんこくさいほうどうぶ》
　　　　　駒木明義《こまきあきよし》　吉田美智子《よしだみちこ》　梅原季哉《うめはらとしや》

発 行 者　三 宮 博 信
発 行 所　朝日新聞出版
　　　　　〒104-8011　東京都中央区築地5-3-2
　　　　　電話　03-5541-8832（編集）
　　　　　　　　03-5540-7793（販売）
印刷製本　大日本印刷株式会社

ISBN978-4-02-261959-4

朝日文庫

青木　理
安倍三代
安倍首相の、父方の系譜をたどるルポルタージュ。没後なお、地元で深く敬愛される祖父と父。丹念な周辺取材から浮かび上がる三代目の人間像とは。

アントニー・ビーヴァー著／堀　たほ子訳
スターリングラード
運命の攻囲戦　1942－1943
第二次世界大戦の転換点となった「スターリングラードの大攻防戦」を描く壮大な戦史ノンフィクション。《解説・村上和久》

白戸　圭一
ルポ　資源大陸アフリカ
暴力が結ぶ貧困と繁栄
豊富な資源の眠るアフリカ大陸で暴力の嵐が吹き止まないのはなぜか？　現役記者が命の危険も顧みず取材を敢行！　渾身のルポ。《解説・成毛　眞》

朝日新聞取材班
【増補版】子どもと貧困
風呂に入れずシラミがわいた姉妹、菓子パンを万引きする保育園児……。子どもの貧困実態を浮き彫りにする渾身のノンフィクション。

池上　彰編・著
世界を救う7人の日本人
国際貢献の教科書
緒方貞子氏をはじめ、途上国で活躍する国際貢献の熱いプロフェッショナルたちとの対話を通じ、池上彰が世界の「いま」をわかりやすく解説。

開高　健
ベトナム戦記　新装版
ベトナム戦争とは何か。戦火の国をカメラマン秋元啓一と取材した一〇〇日間の記録。濃密な言葉で綴る不朽のルポルタージュ。《解説・日野啓三》